ΦΙΛΟΛΟΓΙΑ
爱言：古典语文学
古典音韵学系列

古音三书
古典希腊语语音

Vox Graeca　　　　　　　　William Sidney Allen
A Guide to the Pronunciation of Classical Greek

［英］威廉·西德尼·阿伦 著　黄瑞成 译

西北大学出版社
·西安·

项目资助

古典辞书编纂与古典语文学研究

(2020CDJSK47ZH07)

国家社科基金重大项目"《古典拉丁语汉语大辞典》编纂"

(16ZDA214)阶段性成果

中文版"古音三书"序一

语言首先由声音构成。文字书写固然重要,究竟是第二位的。语料的声音,极富深义。语言的韵律,更是如此。语言的声音及其韵律,构成了语言的音乐性。希腊语和拉丁语韵律事关重大,不惟就诗而言如此:作为语言实质的韵律,其影响无所不在。

中国(汉语)语文学,有极为悠久的语音学乃至音韵学分析传统。这种学术兴趣发生在西方,较中国晚近得多,但西方的理论音韵学和历史音韵学后来居上,发展成为一个体量庞大的学术领域,阿伦(William Sidney Allen)关于希腊语和拉丁语发音的贡献即属此列。他的理论尽管不可避免会引起争议,却仍然是这一领域的基本经典,所有更进一步的讨论都必须参考。将他的著述介绍到中国学术界,将使得东西方历史语文学的一项对话成为可能,这种对话是每一位有志于将语文学全球化的学者的兴趣所在。

黄瑞成教授独具慧眼,精心译成阿伦这三部经典著作,为中国的历史音韵学研究的全球化做出了贡献。特别令人欣慰的是,他对原作的所有前言和导论都给予恰当关注,这为进入西方历史音韵学史领域提供了极好洞见,也为我们就如何翻译相关古代文献展开有历史眼光的富有成效的对话开辟了道路。

应当强调指出,阿伦在一个关键问题上与瑞典音韵学家高本汉(Bernhard Karlgren)观点一致:他们都不关注抽象的音韵学系统，而关注在历史中变迁的音韵学系统在发音上的实情。所以，比较研究希腊语和汉语在音韵学系统和发音模式上的变迁细节，将是一项极具学术吸引力的工作，黄教授翻译的"古音三书"为这项重要学术课题提供了必要准备。我期待着一个时日的到来：能够对中国和希腊两千五百年间的语音变迁，着眼于其语文学和理论细节，作出深入比较研究。到那时候，音韵学史——这个长时段（longue durée）——将会变成一种全球语文学。黄教授愿为此富有雄心的未来学术课题铺路。但此时此刻，就目前而言，他为任何关于希腊语和拉丁语究竟如何发音的讨论，提供了极为重要的出发点。

"古音三书"的翻译出版，是我们全球范围内依然太过狭隘的语文学实现全球化进程中的一个重要时刻。

何莫邪（Christoph Harbsmeier）

丹麦哥本哈根

2022 年 12 月 19 日

中文版"古音三书"序二

阿伦(1918—2004)是过去一百年间为数不多能将发声语音学高水平专业知识,与希腊语、拉丁语和梵语文学的渊博学识相结合的杰出学者之一。阿伦的研究涵盖范围极广:从对高加索阿巴扎语的详尽阐明("Structure and system in the Abaza verbal complex", *Transactions of the Philological Society*, 1956, 127—176)——这是对位母语为阿巴扎语的受访者(Major Huseyin Kumuz)超过100小时的语音研究成果——到关于梵语语音学和梵语语法学家的两部研究著作(*Phonetics in Ancient India*, London Oriental Series, 1, London, 1953, and *Sandhi: the Theoretical, Phonetic, and Historical Bases of Word-junction in Sanskrit*, The Hague, 1962)。

读者面前的"古音三书",是阿伦专门研究希腊语和拉丁语韵律和语音的著作。《古典拉丁语语音》首版于1965年,再版于1978年;《古典希腊语语音》首版于1968年,再版和三版于1974和1987年。这两本书至今畅销不衰,广为学生和老师阅读使用。它们为想要诵读古代著作家,如维吉尔或荷马诗作的读者,提供了简明易懂的指导,还广泛运用于古代戏剧的现代排演中。在中小学以及大学中,这两本书已成为标准参考书目。第三本书《重音与节奏:拉丁语和希腊语的韵律特点》,是为不同于《古典拉丁语语音》和《古典希腊语语音》的读者对象写就的。这本书不会出现在中小学图书馆里，也不大可能出现在本科生的阅读书目中。然而，如莱昂斯（John Lyons）在《古典语音学家阿伦》中所言："这部著作因其对所有相互关联主题的权威处理而受到普遍认可，且很可能被各相关学科的同行专家评为他的遗作中最为重要的部分。"

这三本书出版以来，在希腊语和拉丁语语音学领域已有了长足进展，我只能简单概述其中最重要的一些著作。按照阿伦作品的出版顺序，我将首先介绍研究拉丁语发音的新著，其次是研究希腊语发音的著作，然后转向研究拉丁语和希腊语音节划分与格律的著述，当然就这三个方面不可避免有相互重叠的著作。关于拉丁语发音，首先我要谈及韦斯（Michael Weiss）的《拉丁语历史与比较语法纲要》（*Outline of the Historical and Comparative Grammar of Latin*, Ann Arbor, 2020）第二版，这本书有一小节针对拉丁语发音（pp. 61—70），其中包括对拓展书目的完整标注；这本书也对音变作了最为全面的考察，这些音变在历史上和上古都影响了拉丁语的发音。2021年去世的伟大拉丁语学者亚当斯（Jim Adams），在其人生最后二十年间出版的主要作品中，同样探讨了拉丁语音韵学和正字法的诸多方面。对拉丁语方言差异（或拉丁语正字法练习）感兴趣的读者，推荐其参考亚当斯《公元前200—公元600年拉丁语的区域多样化》（*The Regional Diversification of Latin 200 B.C.—A.D. 600*, Cambridge, 2007）一书中有关"拼写"或"元音"等条目的"索引"。亚当斯的《社会变异与拉丁语》（*Social Variation and the Latin Language*, Cambridge, 2013, 29—198）关于"音韵学与正字法"的长篇章节，也对我们认识拉丁语发音有重要价值。同样重要的是罗伯卡洛（Michele Loporcaro）对拉丁语元音和罗曼语系元音变化长达一本书篇幅的研究:《从拉丁语到罗曼语的元音音长》(*Vowel Length from Latin to Romance*, Oxford, 2015)。

关于希腊语发音,由吉安纳基斯(Georgios K. Giannakis)牵头的团队主编的《希腊语与语言学百科全书》(*Encyclopedia of Greek Language and Linguistics*, Leiden, 2014,也有在线版)中,有许多涉及希腊语发音的条目,包括"重音""音韵学""音节""半元音"等。关于后古典时代的希腊语发音,尤为有用的是霍罗克斯(Geoffrey Horrocks)的《希腊语:关于这门语言及其使用者的历史》(*Greek: A History of the Language and its Speakers*, 2nd edition, Chichester, 2014),以及维塞拉(Carlo Vessella)的《复杂巧妙的语言使用者:阿提卡词汇中的阿提卡式发音》(*Sophisticated Speakers: Atticistic Pronunciation in the Atticist lexica*, Berlin, Boston, 2018)。在此同样值得指出,阿伦将其作为希腊语字母 *eta* 在公元前5世纪演变为前高元音的例证所提到的一些学校课本(p. 74 fn. 22),如今可追溯至罗马时期,或许迟至公元5或6世纪(参见 Leslie Threatte, *The Inscribed Schist Fragments from the Athens Academy Excavations*, Athens, 2007)。关于希腊语方言的新发现和新研究,也在不断揭示细节:一个典例便是多苏纳(Julián Méndez Dosuna)最近与帕克(Robert Parker)合作的一篇文章("The Pronunciation of Upsilon and Related Matters: A U-Turn", in Robert Parker and Philippa M. Steele eds., *The Early Greek Alphabets: Origin, Diffusion, Uses*, Oxford, 2021, 119—145)。

《重音与节奏》面世以来,其所涵盖的研究主题,已由阿伦的观点获得巨大推进。这本书有一个不尽完美之处,或许会导致一些学者过于草率地轻视其结论,那就是它坚持由斯泰森(R.H.

Stetson)提出的"肌动理论"(Motor Theory),这是一种解释音韵单位即音节的方法。斯泰森提出了一种理论(详见 *Motor Phonetics*, Amsterdam, 1951),认为音节有其生理基础,他所谓"胸部搏动"参与了单位发音的产生。20 世纪 50 年代,语音学家拉迪福吉德(Peter Ladefoged)领导的实验显示,斯泰森在这一点上是错误的,语音学家通常已不支持肌动理论。阿伦知道拉迪福吉德对斯泰森理论的批评(见《重音与节奏》页 44—45),但仍认为这一模型具有强大的解释作用。阿伦之后,那些关于古代音韵学问题的研究,对肌动理论的充分性并不十分确信。在《希腊语言说中的韵律》(*The Prosody of Greek Speech*, Oxford, 1994)中,德瓦恩(A.M. Devine)和史蒂芬斯(Laurence D. Stephens)运用出自其他语言的证据,以不足一页的篇幅(p. 73f.)批驳了肌动理论,尽管他们也确实利用了阿伦这部著作很多方面的内容。《重音与节奏》还有其他方面,也为后续成果所取代,例如,阿伦认为罗马语法学家和研究拉丁语重音的作家"盲目地将希腊语系统误用在对拉丁语的说明中",最近的研究(Philomen Probert, *Latin Grammarians on the Latin Accent*, Oxford, 2019)证明,这是低估了罗马人描述重音现象的复杂巧妙。

然而,在承认阿伦的《重音与节奏》不乏缺陷的同时,我们也应注意到这部作品的洞见之深刻、阐述之原创和理论之大胆。这本书中讨论的许多问题仍具争议,且尚无普遍认可的理论来解释。随着音韵学诸理论的变革,学者们也在依据不同理论基础来解释希腊和罗马的韵律证据。尽管如此,《重音与节奏》仍具有持久重要性,因为,阿伦的证据搜集和深刻分析,在新理论出现时,对检验它们仍具有重要性。

新的发现仍在使希腊语和拉丁语的韵律和语音学版图复杂化，同时也在增长我们的学识。举个简单的例子，阿伦在《重音与节奏》（页 268）中指出，没有证据表明，公元 4 世纪以前，希腊语诗行中重音音峰与格律节拍相符合，后者是每行诗的强音位置。怀特马什（Tim Whitmarsh）最近的一篇文章《少关注，多重读：一首来自罗马帝国的格律诗》（"Less Care, More Stress: A Rhythmic Poem from The Roman Empire", *The Cambridge Classical Journal*, 67, 2021, 135—163），发掘了一首早期希腊语诗歌的优秀代表作，它明显具有"重读格律"，从而将希腊语重音性质转变的时期，推溯至比阿伦的设想更早的年代。

对希腊语和拉丁语韵律和语音的研究，仍将在阿伦等人打下的基础上推进。我希望，这三本书的中译本，会促进几辈中国学者更全面地研究这些引人入胜的主题。这些著作是他们最好的研究指南，且毫无疑问，这些著作的翻译将引领未来的学者重新思考希腊语和拉丁语的语音和韵律，并为尚未解决的难题提出新理论和新对策。

克拉克森（James Clackson）
比较语文学教授
剑桥大学耶稣学院
（黄卓尔 译）

Je ne croy pas qu'il y ait personne qui ne voye quelle misère c'est de ne rien comprendre en cette Langue que par les yeux.

(C. LANCELOT, *Nouvelle Méthode pour apprendre facilement la Langue Grecque*)

我不信,有谁看不出,那该有多么地可悲:若在这门语言中,除了用眼睛,其他什么也理解不到。

——朗西罗,《易于学习希腊语的新方法》

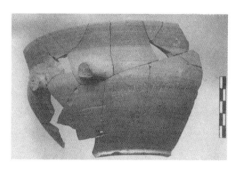

雅典陶杯（Cup: Athens, *c.* mid-7 C. B.C.）铭文：
Θαρίο εἰμὶ ποτέριον.［我是塔里奥的陶杯。］（参见页 70 以下，73，75）

雅典的图书馆警示牌（Library notice: Athens, ? early 2 C. A.D.）铭文：
βυβλίον οὐκ ἐξενεχθήσεται, ἐπεὶ ὠμόσαμεν.
ἀνυγήσεται ἀπὸ ὥρας πρώτης μέχρι ἕκτης.
［勿将书带出，因为，我们发过誓。
图书馆 1—6 点开放。］（参见页 68，81 和注释 51）

两图由雅典美国古典研究学院（American School of Classical Studies at Athens）免费提供。

目 录

第三版前言	001
第二版前言	004
第一版前言	005
缩略语	011
语音学导论	017
（i）音节、元音与辅音	017
（ii）辅音	019
（iii）元音	021
（iv）重音	024
（v）言说与书写	026
1. 辅音	031
（i）清破裂音	034
（ii）浊破裂音	054
（iii）唇腭音	058
（iv）鼻音	058
（v）流音	067
（vi）擦音	074
（vii）半元音	076

（viii）送气音［h］　　084
　　（ix）由单个符号表示的辅音组合　　089
　　（x）ττ/σσ　　094

2. 元音　　097
　　（i）单元音　　097
　　（ii）双元音　　118
　　（iii）"长"双元音　　124

3. 元音音长　　130
　　"隐藏音量"　　133

4. 元音关联　　138

5. 音量　　148
　　音量与音长　　148
　　音节划分　　150
　　"阿提卡方言缩减发音"　　151
　　音量与时长　　157
　　分解与收缩　　158
　　"强音"问题　　161

6. 重音　　163
　　重音音标　　174
　　转变为重读重音　　181
　　希腊语的重音问题　　182

附录 A　　193
　　1. 英格兰的希腊语发音　　193

2. 希腊语的口语重读　　　　　　　　205
附录 A 文献选目　　　　　　　　218

附录 B　　　　　　　　220
1. 古代语法学家及其他作家语录　　　220
2. 文献作者年表　　　　　　　　233

附录 C　　　　　　　　235
希腊语字母表中的字母名称　　　　235

希腊语术语索引　　　　　　　　242
文献选目　　　　　　　　243
建议发音概说　　　　　　　　246

跋"古音三书"　　　　　　　　249

插图目录

1. 语音器官　　015
2. 古典阿提卡方言的元音系统　　097
3. 阿提卡方言长元音和"短"双元音（排除了前元音位置）演变年表略图　　117
4. "长"ι-双元音的演变　　127
5. 元音关联的类型　　141
6. "阿提卡方言缩减发音"的影响范围　　156
7. 西西鲁斯墓志铭　　167
8. 希腊语元音和双元音的传统英语式发音演变　　202

第三版前言

有需要再次重印这本书,这为做些增补和修订提供了机会。

第一版"前言"中,我提到迫切需要一部"新迈斯特汉斯"(New Meisterhans),以提供更为完备的阿提卡铭文材料;在第二版"附注"中我提到,哈佛大学特莱阿泰(Leslie Threatte)的博士论文,让我们看到了在不久的将来满足这一需要的希望。这些希望在特莱阿泰1980年出版的《阿提卡铭文语法》(*The Grammar of Attic Inscriptions*)第一部分(音韵学)中完全获得实现。因此,如今才有可能对若干语音变化作出比以往更为详尽准确的描述,还有大量修订都参考了这部著作。在此方面,可以认为新版本至少要比前两版更具有确定性。

本书第二版面世以来,还出现了泰奥多尔森(Sven-Tage Theodorsson)的《纪元前400—前340年阿提卡方言的音位体系》(*The Phonemic System of Attic Dialect 400—340 B.C.*,1974),继之以氏著《托勒密王朝的通俗希腊语音韵学》(*The Phonology of Ptolemaic Koine*,1977)和《希腊化时期的阿提卡方言音韵学》(*The Phonology of Attic in the Hellenistic Period*,1978)(=《哥德堡希腊语和拉丁语研究》[*Studia Graeca et Latina Gothoburgensia*,32,36,40])。泰奥多尔森广泛收集的材料在正词法变化方面特别有价值;但他对变体的解释往往令人惊讶,所引出的结论是:在纪元前4世纪中叶,阿提卡方言的元音系统事实上已然就是现代希腊语的元音系统。泰奥多尔森重视相对罕见的"进步性"变体，胜过了数量更多的"保守性"变体形式，认为后者只代表有教养的少数人的言语。可是，他必须承认（1977，参见页 256），这是阿提卡行政管理部门的标准，也是阿提卡地区以外的人民所采用的阿提卡普通话的标准；只有这样，他才能解释这一事实（页 257）："某些音韵学上的变化，在亚历山大（Alexander）以前已经在阿提卡方言中发生了，只是在一两个世纪以后才在埃及得以完成。"没有人会否认，存在语言学上保守的少数派，或正词法本身就具有保守之倾向。但有可能会过高估计偶然变体的存在，后者可以有多种解释，包括方言的影响；泰奥多尔森的证据的有效性是可疑的。这里不是详尽批评他的观点的地方；但我认为自己大致赞同瑞吉（C. J. Ruijgh）的观点，他对泰奥多尔森首本书的批评见《谟涅摩叙涅》（*Mnemosyne*，31，1978，pp. 79—89）。

我此次还补充了一个关于希腊语字母表中的字母名称的附录，为《古典拉丁语语音》第二版中的同类附录提供了一个对应物和历史背景。

十分感激剑桥大学出版社，同意此次将对第一版的补充材料令人满意地纳入正文，而非（像第二版那样）将其降格为书末的附注。[①]我尤其修订了关于古典希腊语中的重读的部分，对我最近

[①] 前两版前言重印而未作修订，但有两点补充需提及。在首版讨论证据类型时（页 xiii），在证据（3）中应包括出现在希腊语中的外来词；更进一步的证据也可由印欧语言比较来提供。至于现代希腊语中的方言变体（页 xiv，注释 6），萨姆（Thumb）的信息可以由牛顿（Newton）作出有益补充（参见"参考文献"）。

在前两版中，出现在"参考文献"中的著作，援引时仅提及作者名，必要之处用字母以示分别；较为频繁引述的作者的两部著作，仅以 *VL*（《古典拉丁语语音》）和 *AR*（《重音与节奏》）标明。

就此问题的思考作了解释。讨论难免要求更具有学术性，而非像在本书中那样笼而统之；但由于这对实用建议无实质性影响（参见页 114 以下，页 138 以下），无须为较少理论倾向的读者过分操心。论音量的部分也作了大幅重订。

威廉·西德尼·阿伦

于剑桥

1984 年 11 月

第二版前言

本书首版面世以来,有大量与希腊语发音相关的更进一步的研究出版或引起了我的关注,重印之需要使我有机会对其作出说明。我还增补了大量参考书目,以便有兴趣的读者追究某些更重要或更具争议的要点。在此期间,我的《重音与节奏》(*Accent and Rhythm*, C.U.P., 1973)也面世了,其中暗示要重新解释各种"韵律"现象(诸如音节、音长和音量),并推进了本书 120 页及其以下简单提及的关于古典希腊语的重读理念。参考《重音与节奏》的地方简写为 *AR*。

为了节省开支,同时也为了避免改变分页,新增补的内容采用"附注"方式,而不纳入正文当中(除了几处小的修订,保持不变)。以剑号 ⳨ 标示此处有"附注"。

"文献选目"也作了修订和扩充。

威廉·西德尼·阿伦

于剑桥

1974 年 2 月

第一版前言

就其目的、原则和总体布局而言,本书是《古典拉丁语语音》（Cambridge,1965,缩写为 VL）的姊妹卷,两书多有互参。但我们并不认为需先阅读前一本书,本书在某些较为常规的主题上有一定程度的重复,也不可避免。尤其,"语音学引论"重复了前书,尽管也有些许修正。增加了一个"文献选目"（除正文和注释中的具体引述,尽管数量多于《古典拉丁语语音》,但也仅限于最为相关的研究著作）;[②] 如在《古典拉丁语语音》中那样,内容的分类安排使附加一个字母索引成为多余之举,在这样一个索引中,最有可能查考的条目就是希腊语字母,所有涉及详细讨论这些字母的文献,都已在"字母发音总表"中给出了。对传统的或推荐的价值观念的直截了当的评述,在正文中通过强调作了进一步筛选。

正如拉丁语之情形,一种奇特的英国式古希腊语发音,直至晚近几年仍在盛行,如今大体上为一种接近原始语言的改革所超越,但几乎难免受土生土长的英语言说习惯的局限。某些情况下,以较为熟悉的发音代替正确的发音,实践上自有其教学法优势;但可取的做法是,在这些情况下,应对确切的发音心知肚明——而所知之限度,与我们对拉丁语的语音重构一样勉强。

[②]"文献选目"中的著作,在其他地方引述时,仅标出作者名,必要之处用字母以示分辨。

总体而言，与斯特蒂文特（Sturtevant）《希腊语与拉丁语的发音》(*Pronunciation of Greek and Latin*)中的结论一致，但尤其关注一些不同要点。一本对象不仅是学者也是一般读者和学生的书，就不是提出新的和可能有争议的结论的地方。但看来将对希腊语音调重音的修正描述纳入其中，确有其合理性，这种修正描述将使以前的说明更为合理，而非与之相矛盾；而简要提及一项研究的结论，也有其合理性，此项关于古希腊语重读的研究，最近发表在别处，这一主题迄今几乎被忽略了，但也许与格律现象尤具相关性。

在提出实际建议方面，似乎现实主义向来是比追求完美更好的忠告，并且，除了一项例外，在其中找不到具颠覆性的（revolutionary）提议。此项例外，关涉我们对希腊语重音的英语式处理，这些处理方式持论似乎偏向于放弃当前实用，而采纳某种广为接受的读法，并认为历史先例更好。我这种建议，当然是在具体的有历史根据的、分析性的和结合实际的讨论之后才做出的。

任何有历史根据的研究结论，都与其所依据的证据的有效性成正比。因此，本书的一项主要内容致力于对此作出描述和评估。语音重构过程中所使用的资料的主要类型是：(1)当代或接近当代的语法学家和其他著作家的陈述；(2)各种双关语、当代词源学和拟声法；(3)其他古代语言中的陈述；(4)后来的演变；(5)拼写惯例和变体；(6)语言本身的内在结构，包括其格律模式。这些证据类型与用于拉丁语的证据类型一样；但在一个方面，有两项重构任务殊为不同。拉丁语中的变体，其功能发挥很大程度上展现在时间维度上（早期—古典时代—晚期），语言的时间跨度相对较短。在其存在（its life）的任何既定时期，我们可以不犯大的错误，并且更具体地谈论书面语言，说"拉丁语就是拉丁语就是拉丁语"（Latin is Latin is Latin），而不管是在哪里发现的拉丁语。在其存在末期，作为一种方言，以一个分裂过程为标志，拉丁语分裂为许多不断扩散的方言，这些方言很快获得了不同种类语言之地位；而比较语言学的技巧，往往能让我们利用这种差异性，查实紧接分裂前的**语言状况**（*état de langue*）。

另一方面，希腊语展示出一种殊为不同的图景。在我们最早有记录的时代，它就已经处在极为发达的分散进程中了，③ 展现为很多广为不同的方言——当然可以认为它们都是希腊语，④ 但它们中有些彼此殊为不同，即使在同一时期；如梅耶（Meillet, p. 79）所论，"对于来自不同城邦、说不同方言的希腊人，必定有困难，即使不难把握大意，也至少难以彼此确切理解"⑤。譬如，一位不谙世事的安提卡访客到了克里特的高尔屯（Gortys in Crete），要好好查阅那部著名的法典，若非如此，显而易见，如果他不幸通奸被抓并且一直不缴纳赎金，捉拿他的人有可能"**任意**"处罚他——按照法典规定，επι τοις ελονσι εμεν κρεθθαι **οπαι κα λειοντι**［捉拿他的这些人有权**任**

---

③ 甚至迈锡尼希腊语（Mycenaean），尽管它出现的年代久远，却离代表一种无差别的"原始-希腊语"（Proto-Greek）相去甚远。

④ 参希罗多德（Herodotus, viii. 75）：τὸ Ἑλληνικὸν ἐὸν ὅμαιμόν τε καὶ ὁμόγλωσσον.［希腊同血缘也同语言。］

⑤ 然而，希腊文献本身，极少涉及相互的（不）可理解性问题；作为一项孤立的例外，海恩斯沃斯先生（Mr. J. B. Hainsworth）将我的注意力引向鲍萨尼阿斯（Pausanias, ix. 22. 3，涉及科琳娜［Corinna］）。

意处罚他]。进而言之,在某些情况下,如梅耶所见,书写形式还会进一步掩盖言说中的不同——譬如克里特方言 κρεθθαι 中的 θ,很可能在阿提卡人的耳朵听来是一个陌生的发音。

后来,唯一一种言说形式,"通俗希腊语"(Koine),占据了支配地位,而其他方言,除了极少数例外(如拉科尼亚语[Laconian]),逐渐凋零。幸存的方言,遵循语言演变的常规进程,⑥ 包括"借用"(borrowing),但本身并未生发出一系列新的语言——当然也出现了一些方言变体,⑦ 但相较于罗曼语族,变化微不足道,仍有一套普遍接受的规范。

希腊语和拉丁语,由其最早可证实的阶段以来的演变模式,可用一个很简单的图表,⑧ 作如下对比:

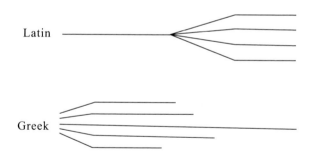

所以,要描述古代希腊语的发音,选择必须既顾及时间,也顾及地点;而且,不出所料,我们选择作为探究目标的正是 5 世纪的

---

⑥ 只涉及口语:在此我们不涉及"纯正希腊语"(Katharevusa)。
⑦ 语音学细节在萨姆(Thumb)著作的第二部分中有极好的研究。
⑧ 譬如,不考虑希腊语中的趋同现象,后者尤其是消除方言以支持通俗希腊语之前时期的标志;参见查德威克(Chadwick, p. 4)。

阿提卡方言——不过，为了有助于聚焦在连续体中的这一点上，我们往往有时会涉及其他方言，涉及阿提卡方言的早期或晚期阶段。当然，这并非意指要朗读其他时期和方言中的文献，而是设想大致像5世纪的雅典人那样去读；就晚期文献而言，这难免是一种人为的做法，但无论如何，5世纪与4世纪阿提卡方言之间的差异微不足道，并且，就语音学目的而言，两者都可以包括在上位术语"古典希腊语"（classical Greek）之下。也为后期阶段给出了合理数量的信息，从而使有此倾向的纯粹主义者未雨绸缪，以免犯下时代错误；这样的信息也有意提供与现代语言的关联。然而，有一种情况，就是对一种非阿提卡形式的言语给予了相当多的关注，自有其理由——这就是荷马"方言"，因为，一种阿提卡方言的表现方式，不能解释某些格律上的特殊性；这并非提议尝试一种"荷马式的"发音，而是给予充分解释以使这些现象变得可以理解。

就阿提卡碑铭材料，我主要依据迈斯特汉斯-施韦泽尔（Meisterhans-Schwyzer）精细核对过的《阿提卡铭文集成》（CIA）中的例证；而《希腊碑铭补遗》（SEG）**尤其**提供了证据，使得如今可以获取大量新材料，往往可以为更为准确地确定语音变化提供更好的例证。某些情况下，我能够将这样的发现吸收进来，但直到我们拥有一部"新迈斯特汉斯"（New Meisterhans），开掘更多新材料总是一项耗时费力才偶有所得的事情。

整体而言，关于铭文证据，应当指出的是，音的变化通常必定先于其拼写上的首次出现，更不要说先于新拼写的普遍采用了。因为，正如英语正词法十分雄辩地表明的那样，拼写有为语法学家所保守和固化的倾向。因此，也因为，在更有教养的共同体圈子的实际言说中，许多发音变化很可能长期遭到抵制，所以，正是教育程度较低的古代抄写员，我们的很多发音知识都是受惠于他们。

我要感谢剑桥大学出版社的理事们鼓励我承担此项更进一步的研究任务，感谢查德威克（John Chadwick）审读整部书稿并提出若干改进意见；感谢汤普逊教授（Professor Homer A. Thompson）和雅典美国古典研究学院（American School of Classical Studies at Athens）提供并容许复制本书 70 页所对应的照片。

威廉·西德尼·阿伦
于剑桥
1967 年 1 月

缩略语

1. 期刊、丛书等

AC 《古典古代》(*L'Antiquité Classique*)

AJA 《美国考古学杂志》(*American Journal of Archaeology*)

AL 《语言学报》(*Acta Linguistica*)

ArchL 《语言学档案》(*Archivum Linguisticum*)

BCH 《希腊通讯简报》(*Bulletin de Correspondance Hellénique*)

BSOAS 《东方和非洲研究学院简报》(*Bulletin of the School of Oriental and African Studies*)

BZ 《拜占庭杂志》(*Byzantinische Zeitschrift*)

CHL 《人文评论(芬兰科学学会)》(*Commentationes Humanarum Litterarum* [*Societas Scientiarum Fennica*])

CIA 《阿提卡铭文集成》(*Corpus Inscriptionum Atticarum*)

CIL 《拉丁语铭文集成》(*Corpus Inscriptionum Latinarum*)

CJ 《古典杂志》(*Classical Journal*)

CP 《古典语文学》(*Classical Philology*)

CQ 《古典季刊》(*Classical Quarterly*)

CR 《古典评论》(*Classical Review*)

DAWB 《德国柏林科学院刊》(*Deutsche Akademie der Wissenschaften zu Berlin*)

GG 《希腊语语法学家》(*Grammatici Graeci* [Teubner;

1867—1910，repr. 1965 ］）

GL 《拉丁语语法学家》（*Grammatici Latini*［Teubner；1857—1880］）

HSPh 《哈佛古典语文学研究》（*Harvard Studies in Classical Philology*）

ICPS 《国际语音学研究会》（*International Congress of Phonetic Sciences*）

ICS 《伊利诺伊古典研究》（*Illinois Classical Studies*）

IG 《希腊语铭文（柏林）》（*Inscriptiones Graecae*［Berlin］）

IGA 《上古希腊语铭文》（*Inscriptiones Graecae Antiquissimae*［ed. Roehl］）

JA 《亚洲杂志》（*Journal Asiatique*）

JHS 《希腊研究杂志》（*Journal of Hellenic Studies*）

KZ 《（库恩杂志=）比较语言学研究杂志》（［*Kuhns Zeitschrift*=］*Zeitschrift für vergleichende Sprachforschung*）

MF 《语音学家》（*Le Maître Phonétique*）

MH 《瑞士博物馆》（*Museum Helveticum*）

NTS 《挪威语言学杂志》（*Norsk Tidsskrift for Sprogvedinskap*）

PhW 《语文学周刊》（*Philologische Wochenschrift*）

REG 《希腊研究评论》（*Revue des Études Grecques*）

RhM 《莱茵语文学博物馆》（*Rheinisches Museum für Philologie*）

RIL 《伦巴多研究所（古典文学和道德与历史科学部）报告》

(*Rendiconti dell'Istituto Lombardo* [CL. di Lettere e Sc. Mor. e Stor.])

RL 《语言学研究》(*Richerche Linguistische*)

SbAWB 《柏林普鲁士科学院语文学—历史学会会议报告》(*Sitzungsbrichte der k. Preuss. Akademie der Wissenschaften zu Berlin, phil.-hist. Kl.*)

SC 《古典研究》(*Studii Clasice*)

SEG 《希腊语碑铭补遗》(*Supplementum Epigraphicum Graecum*)

SIFC 《意大利古典语文学研究》(*Studi Italiani Di Filologia Classica*)

TAPA 《美国语文学会会刊》(*Transactions of American Philological Association*)

TCLP 《布拉格语言学界著作集》(*Travaux du Cercle Linguistique de Prague*)

TLP 《布拉格语言学著作集》(*Travaux Linguistique de Prague*)

TPS 《语文学会会刊》(*Transactions of the Philological Society*)

WSt 《维也纳研究》(*Wiener Studien*)

YClS 《耶鲁古典研究》(*Yale Classical Studies*)

ZPh 《语音学杂志》(*Zeitschrift für Phonetik*)

2. 语法专著版本

C. M. Consbruch (Hephaestion, *Enchiridion, cum Commentariis veteribus*. Teubner, 1906)

H A. Hilgard (*Scholia in Dionysii Thracis Artem Grammaticam* = *GG*, 1. iii)

  A. Hilgard (Theodosius, *Canones*; Choeroboscus, *Scholia in Theod. Can.*, i = *GG*, IV. i. Choeroboscus, *Scholia*, ii = *GG*, IV. ii) .

K H. Keil (*GL*, i—vii)

L A. Lentz (Herodianus Technicus = *GG*, III. i/ii)

M H. S. Macran (Aristoxenus, *Harmonics*. Oxford, 1902)

S R. Schneider (Apollonius Dyscolus, *Scripta minora* = *GG*, II. i)

U G. Uhlig (Dionysius Thrax, *Ars Grammatica; Supplementa Artis Dionysianae vetusta* = *GG*, I. i)

  G. Uhlig (Apollonius Dyscolus, *De Constructione* = *GG*, II. ii)

UR H. Usener & L. Radermacher (Dionysius of Halicarnassus, *Opuscula*, ii. Teubner, 1904—1929)

WI R. P. Winnington-Ingram (Aristides Quintilianus, *De Musica*. Teubner, 1963)

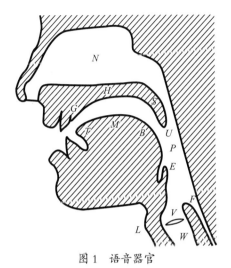

图 1 语音器官

B 舌根（Back of tongue）

E 会厌（Epiglottis，吞咽时盖住器官）

F 食道（Food-passage）

G 齿龈（Gums [alveoli]）

H 硬腭（Hard palate）

L 喉头（Larynx，带"喉结"[Adam's apple]）

M 舌中（Middle of tongue）

N 鼻腔（Nasal cavity）

P 咽腔（Pharynx）

S 软腭（Soft palate [velum]，位置更低）

T 舌尖（Tongue-tip）

U　小舌（Uvula）

V　声带、声门（Vocal cords [glottis]）

W　气管（Windpipe）

——依据瓦德《英语语音学》

（Ida C. Ward, *The Phonetics of English*）

语音学导论
Phonetic Introduction

(i) 音节、元音与辅音

在任何一门语言中，任何一段延续的口头表达中，都存在着声学力量或"响度"（sonority）强弱交替的情形，若以一个图表来展示口头表达，将会包括一系列高低有别的点。这些点将占据不同水平的响度阶位，不过它们的位置对应着前起后继的音，而这些音是直接关联在一起的。[①] 一段口头表达中的音节（SYLLABLES）数，一般对应着相同数目的高点。习惯上，出现在这些高点上的音叫作元音（VOWELS），与此同时，出现在低点上的那些音，习惯上称为辅音（CONSONANTS）。

然而，有些类型的音，会占据与其相邻的音高低有别的点；将这种音归为元音，是按其占据高点发挥着（"核音"[nuclear]）功能，但通常称为半元音，而将这种音归于辅音，是按其占据低点发挥着（"界音"[marginal]）功能。很多语言使用不同符号以示其

---

① 还应提到的是，我们目前只关注声音**固有的**（inherent）响度，而不考虑"韵律"因素，诸如重读、音高和时长，这些因素整体而言对强调也有作用（cf. Jones [a]，§§208ff.；Gimson，pp. 216 ff.）。

功能有别（所以，英语的 y 和 w，是与元音 i 和 u 相对应的辅音）；可是，在古典希腊语中，ι 和 υ 的界音功能（marginal function）严格受限，远甚于在英语或拉丁语中，却没有特定的符号来标示它们。

最后，两个前起后继的元音，可以作为独立构成音节的核音（syllabic nuclei）出现，必要的边界由缩减两者之间的发音能量造成，尽管它们具有同等的固有响度，譬如在 ὄγδοος、Διί、铭文 αθηναα 中（虽然这种情形在阿提卡方言中少见，通过"缩合"为单一的音节来解决，如 Ἀθηνᾶ）。

2   一个定义音节、元音和辅音的替代进路，在《重音与节奏》（AR，页 40 及其以下）中有详尽讨论。这就是由斯泰森（Stetson）开拓的肌动理论（参见"文献选目"），这一理论进入难题的进路是音节进程的生理学立场，而非其声学后果。虽然斯泰森实验的多数细节遭到质疑，这一理论却为解释诸如音长、音量和重读这样的"韵律"（prosodic）特征提供了一个强有力的理论模型，有助于理解各种格律现象。

这一理论的主要特点可简述如下。音节由一组胸肌收缩发动，"喷出"一股气叠加于更大规模的呼吸活动之上（"就像波浪上的波纹"）：从而斯泰森将音节称为一种"胸部搏动"（chest-pulse）。这种活动属于"冲击"（ballistic）类型（与"控制"[controlled] 类型相对），意指"释放"（release）后紧接一段自由活动，并由"阻止"（arrest）终结。阻止可由一组相反的胸肌的收缩造成，或（主要）由口腔完全或部分闭合阻塞了空气出口。释放亦可由口腔闭合助力，引起空气压力上升，从而当闭合放松时造成更为有力的释放。

自由运动时段的空气流出（音节的"音峰"），通常使得声带振动，如此产生的声门音调（glottal tone），以各种方式由口腔过滤来调节，形成了不同元音的发音；而各种类型的口腔闭合，与音节运动的阻止相关，或与助力其释放相关，形成了不同的辅音。

(ⅱ) 辅音

辅音的基本分类是浊辅音（VOICED）和清辅音（VOICELESS）两个范畴。浊音牵涉声带两边的接近，所以，当气流通过时，造成一种典型的振动，学术上称为"声门音调"（glottal tone）或浊音（VOICE）；清辅音牵涉声带的清晰分离，所以，不会出现前述振动。两者的区分，可举英语的（浊辅音）z 和（清辅音）s 来例证。如果捂住耳朵，说话者可以清晰地听到前者的振动；将一个手指放在甲状软骨（thyroid cartilage，"喉结"）的凸起上，也可以感受到这种振动。

按照发音时所牵涉的位置或器官，可进一步对辅音作出分类。所以，唇音（LABIAL，或双唇音［BILABIAL］）牵涉双唇的发音（譬如英语中的 p），唇齿音（LABIO-OENTAL）牵涉上齿和下唇的发音（譬如英语中的 f），齿音（DENTAL）牵涉舌—唇和上齿的发音（譬如英语中的 th），齿龈音（ALVEOLAR）牵涉舌—唇和上齿龈的发音（譬如英语中的 t），腭音（PALATAL）牵涉舌中部和硬腭的发音，软腭音（VELAR）牵涉舌后部和上腭后部的发音（譬

如英语中的 *k*）。

如果言说器官完全封闭，气流避免流过口腔，直至封闭释放，这样所发出的音，称为闭塞音（STOP）。闭塞音进一步分为破裂音（PLOSIVES）和破擦音（AFFRICATES）。英语中的破裂音有 *p*, *b*（双唇音：清辅音和浊辅音），*t*, *d*（齿龈音），*k*, *g*（软腭音）。关于破擦音，参见下文。

如果在一个闭塞音释放后声带短暂保持开放，会产生一种听得见的"h 音"（*h*-sound）紧接其后，正在讨论的这个闭塞音称为送气音（ASPIRATED）——譬如在英语中，重读的词首音节的开头，都有清闭塞音的清晰送气。另一方面，在法语中，声带两边的接近几乎与闭塞音的释放同时，结果就发出了一个相对的非送气音（UNASPIRATED）。

除闭塞音以外的辅音，可以概括地归为连续音（CONTINUANTS），后者也许有各种类型。如果唇或舌构成封闭，容许气流经由鼻腔逸出（通过降低软腭），结果就造成一个鼻音（NASAL，有时候，如在《古典拉丁语语音》中那样，称其为鼻闭塞音，由于口腔是闭合的）。在大多数语言中，鼻音都是固有的浊辅音；英语中的鼻音有 *m*（双唇音）、*n*（齿龈音）和歌唱中的 *ng*（软腭音）。

如果发声器官不完全封闭，但发声器官的通道狭窄，以至于在气流通过时引起一种可以听见的音效，这种音称为擦音（FRICATIVE）。英语中的例证，有 *f* 和 *v*（唇齿擦音 [labio-dental]：分别是清辅音和浊辅音），有如 *thin*（清）和 *then*（浊）中的齿音 *s* 和 *z*（齿龈音），还有"腭齿龈音"（palato-alveolar），如在 *ash*, passion（清）和 *pleasure*（浊）中；在苏格兰语 *loch* 中可以听到一个清软腭擦音。送气音（ASPIRATE）*h*，有时候也称为"声门擦音"（glottal fricative）。擦音音效也可以由逐渐释放一个闭塞音产生，这就是破擦音（affricates）的特征；英语中的例证如 *chest*（清）和 *jest*（浊）中的腭齿龈音。

如果舌的一边闭合，另一边让气流自由流动，[②] 结果就是一个边音（LATERAL），就像英语中的 *l*。这样的辅音，有时与 *r* 音一道归类为"流音"（liquids，参见页 39★）。

(ⅲ) 元音

元音音质的变化，主要受舌面不同部位抬升以接近上腭影响，也受此抬升之不同程度导致舌与上腭之间的空隙之大小程度影响。如此，元音的分类根据有二：(*a*) 其发音的前（FRONT）和后（BACK）之程度（也就是说，牵涉舌与上腭之间的区域更靠前或更靠后），(*b*) 其闭（CLOSE）或开（OPEN）之程度（也就是说，牵涉舌抬升的程度大小）。

元音彼此之间关系，就可以合宜地按照一个二维分布表来展示。如此展示的元音，趋向于落入一个三角形或四边形模型[③]，具体

---

② 或者，可以让舌中间闭合，而两边有气流。
★ 此类括注页码均指原著页码，即本书页边码。——译注
③ 这样的模型，事实上基于一种听觉、声学和发音标准的混合：参见拉迪福吉德（P. Ladefoged）《语言学语音学初步》（*Preliminaries to Linguistic Ponetics*, pp. 67 ff.）。

如下:

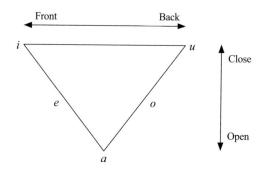

介于前元音和后元音之间的称为央元音(CENTRAL),介于闭元音和开元音之间的称为中元音(MID,标准的英国南方英语中的所谓"中"(neutral)元音,如在 *sofa* 或 *finger* 末尾,是中—央元音[mid central vowel])。

与已论及的特点有关的是各种等级的圆唇音(lip-ROUNDING);总而言之,后元音关联圆唇音,前元音关联圆唇音的匮乏(展唇音[lip-spreading])。所以,英语中的 *u* 和 *i*,譬如在 *put*, *pit* 中,分别是后闭圆唇音(close back rounded)和前闭非圆唇音(close front unrounded)。可是,有时候圆唇音关联前元音,而展唇音关联后元音——所以,法语中的 *u*,德语中的 *ü*,还有古典希腊语中的 υ,都是前圆唇元音,在某些语言中还有后圆唇元音。

元音的发音通常鼻腔闭合(抬升软腭[velum]),但如果鼻腔打开,就形成鼻化元音(NASALIZED vowel,譬如法语中的 *on*,语音转录为 ɔ̃)。

双元音(DIPHTHONGS)构成:先发出一个元音,然后在同一音节中，形成一个渐变的发音（或"滑音"[glide]），朝向另一个元音。最常见但并非必然的情形是，双元音的第一个元素比第二个元素较为敞开。所以，英语 high 中的双元音包含一个滑音，由 a 滑向 i；how 中，由 a 滑向 u；hay 中由 e 滑向 i。考虑到一门语言的音韵结构，有时候将一个双元音解释为一个元音和一个半元音（y 或 w）的结合是恰当的。

在很多语言中，元音的音长（LENGTH）分为两个等级：长元音（LONG）和短元音（SHORT）。大体上，两者的区分，与音的长短相对应——但并非总是如此。其他特点，尤其是紧张度和音质，也许至少也具有重要性（譬如在区分英语 bit 中的所谓"短"元音和 beat 中的所谓"长"元音时）。

音长也许还关涉音节进程。胸阻（chest arrest，参上文），作为一种相对较慢的运动，牵涉元音的持续，尽管它会产生音效——所以，也许关联着长元音。另一方面，口阻（oral arrest），是一种相对迅速的运动，从而关联着短元音（如果将元音拉长，就为胸阻介入提供了时间，而口腔发音不会提供阻止，参见页 91）。

短元音也许还关联着一种类型的运动，在此运动中，紧随其后的音节的释放，反超了前一音节的阻止，造成其产生不受阻止的音效：进一步细节，参见《重音与节奏》，页 62 及其以下。

音质的不同，也许与时长的不同有关，因为，时长越短，对于某一特殊的元音而言，发音器官由其"中"部位置向"最佳"位置移动的时间越短。

(iv) 重音

除了构成一个词的元音和辅音，词的某一特殊分段（譬如音节或元音）的特征，也可以由某种叠加于其上的特点体现出来，这种特点使此特殊分段与其他不具有此特点的分段形成对照。这样一种特点就叫作重音（ACCENT），有时候据说具有一种"高昂"（culminative）功能，可以说形成了词在语音上的顶点。

重音可以是固定的（FIXED），也可以是自由的（FREE）。前一种类型的例证有在捷克语（Czech）、冰岛语（Icelandic）或匈牙利语（Hungarain），在这些语言中，重音通常落在每个词的首音节上；亚美尼亚语（Armenian）的重音落在末音节上；或波兰语（Polish）的重音大多数情况下落在次末音节上（penultimate）。拉丁语的重音也是固定的，尽管其规则有更为复杂的程式（参见 VL, 页 83）。自由重音的典型，譬如英语或俄语（Russian），每个词的重音不会局限于特殊的位置；④ 这种重音定位上的自由，不像重音固定之情形，使其能够区分词义，若非如此就会具有同样的词义，譬如英语的 *ímport*［名词：进口］, *impórt*［动词：进口］；⑤

---

④ 然而，若考虑语法，则如在转换生成—创成音韵学（transformational-generative phonology）中那样，英语的重音很大程度上可以按照规则来预见——尽管规则十分复杂。尤参乔姆斯基与哈勒（N. Chomsky & M. Halle）的《英语的语音模式》(*The Sound Pattern of English*)。

⑤ 然而，英语更为常见的拼写，是模糊一语双关的动词形式与名词形式元音之间的不同，譬如 convict 的首音节，present 的两个音节——还有 analysis 的四个音节。（英语 import，重音在首音节，作名词；impórt，重音在末音节，作动词。——译注）

fórbears［名词:祖先］, forbéars［动词:忍耐］（还有 fóur béars［四只熊］）。俄语的 múka 意为"折磨"，muká 意为"面粉"；pláču 意为"我哭泣"，plačú 意为"我偿还"。

从身体角度讲，重音特点可由两种方式中的任何一种来体现：通过声音的音高（PITCH）变化（"旋律重音"［MELODIC accent］），或通过重读（STRESS，"动力重音"［DYNAMIC accent］）。然而，重读尽管主要通过增加肌肉方面的努力来发挥作用，却是一种复杂的现象，音高和时长也是在其中发挥重要作用的因素。

区分旋律重音与语调（INTONATION）的确具有本质意义。前者指在个别单词中发挥作用的种种音高模式（pitch-patterns），而"语调"指在整个从句或句子中发挥作用的一种音高模式。当然，在这两类模式之间，也许有并且通常的确有相当重要的相互作用；所以，某一给定的单词的音高模式，有可能发生巨大变化，以与句子的（还有处境中其他词的）音高模式相一致；这种效应，有时候称为词语旋律学（word-melodics）上的一种"摄动"（perturbation）。

在此关联中，"旋律的"（melodic）这个术语，严格说来，应与"音调的"（TONAL）区别开来，因为后者在语言学中往往有特殊内涵，指语言"**每一个音节都具有词法上的重要性、对比性和相对性的音高**"，譬如汉语（Chinese）就是如此（派克［K. L. Pike］，《音调语言》［*Tone Languages*，p. 3］）。⑥

---

⑥ 参见费舍尔－约尔根森（E. Fischer-Jorgensen）《古典拉丁语语音》（*AL*, 6［1950］, pp. 54 f.）。

（v）言说与书写

研究一门"死"语言，不可避免主要强调书面词语。但应当记住，书写次于言说，并且无论如何都会大为偏离言说，书写以言说为其最终基础。书写符号，多少以完整方式对应于言说的音韵学（phonological）或语法（grammatical）要素；如马蒂内（André Martinet）指出的那样，"音质（vocal quality）直接决定言说之线性（linearity），进而决定书写之线性"[7]。因此，在某种意义上，将书写符号说成发音，的确是一种误导——毋宁要反过来用另一种方式说，书写符号代表言说要素。但就古希腊语而言，既然大多数口头表达都由对书写文本的朗读构成，那么，关于"发音字母"（pronouncing letters）的传统术语学有理由得到接纳，事实上本书就持这种立场。

在古希腊语中，亦如在现代欧洲语言中，符号（字母）与音韵学要素具有对应关系，而且要比在某些语言，诸如英语、法语或现代希腊语（或爱尔兰语、藏语）中，更为规范，如所周知，这些语言使用不同的符号或符号组合表达同样的音。

有时候，据说一种理想的书写系统，会有一个符号来对应每一个音——这种书写系统事实上是一种"可视的言说"（visible speech）。然而，由于音的数目在一门语言中是无限的，"同一个"

---

[7]《一种语言的功能观》（*A Functional View of Language*，p. 25）。

音很可能永远也不会精确重现，这种要求完全不可行。其实也无必要，因为字母表从非常早的时期就已确定下来了。符号的数目可以缩减到易于控制的比例而不会有任何歧义，这一过程长久以来已无意识地得到遵循，尽管其理论基础也只是在近十年间才得到揭示。

要求并非一音一符号，而是一音位（PHONEME）一符号（符号组合）。一个"音位"是一类相似的音，与其他音**根本**不同，譬如英语 *tin*, *hat* 等中的 *t* 音类，或 *din*, *had* 等中的 *d* 音类。（清辅音）*t* 音位和（浊辅音）*d* 音位，它们在英语中是不同的音位，故而要求使用不同符号，因为 *tin* 与 *din* 含义不同，*hat* 与 *had* 含义不同，如此等等；在专门的术语学上，*t* 和 *d* 两个音位的成员（members）"平行分布"（parallel distribution）——也就是说，在其他相同的即时环境中，它们彼此对比显著，也与其他音位的成员对比显著，如 (-)*in*，*ha*(-)，等等。

另一方面，英语中词首的 *t*（如在 *tin* 中），要比词末的 *t*（如在 *hat* 中）送气更强，这一事实并不决定任何含义上的区分，因为两种变化只出现在不同语境中，彼此无可比性——它们关系"互补"而非平行分布。所以，它们是同一 *t* 音位的两个成员（或"同位音"[allophones]）；只需要一个符号来书写它们，因为音的区分由其语境可以预知，也就是说，词首或词末位置依情况而定。然而，应当注意，音的音位分布，各门语言有别；譬如在印地语（Hindi）这样一门语言中，送气和不送气的 *t* 音属于单独的音位，因为出现一个或另一个音位，由语境无法预知，而它们的对比也许十分显著（譬

如印地语 *sāt* 意为"七"，*sāth* 意为"与"[with])。

一门语言中的音位数目各不相同；譬如辅音的数目，在夏威夷语（Hawaiian）中有 8 个，英语中有 24 个，梵文（Sanskrit）中有 32 个，高加索尤比克语（Caucasian Ubykh）中有 80 个。按照所采用的分析法⑧，拉丁语原生词汇中有 15 到 18 个辅音音位，而古典希腊语中有 14 到 18 个辅音音位。在有极大规模辅音体系的语言中，元音音位的数目相对较少（在某些高加索语言中只有 1 或 2 个），因为元音音位需要很多语境（同位音）变体，以便提供额外线索来识别原本十分细微的辅音差别。分析为分散的音位，事实上模糊了实际言语的很多复杂性。人类语言演化以适应不够完美的声学条件，为此而具有高度的内嵌"冗余"（redundancy）；故而甚至在英语这门语言中，譬如 *cat* 和 *pat* 的区分，也不单单基于辅音的区分，而很大程度上还基于随后元音的过渡段——以至于错误的元音变体易于导致对辅音的误解，反之，正确的元音变体引致对辅音的识别，甚至在省略后者的情况下。⑨

此外，这种"音位"原则是一种经济原则，减少冗余和确保最小数目的符号与无歧义的言说表达相一致。⑩但是，希腊语的后欧

---

⑧ 基于：是否将 ŋ（参见页 39）设定为一个单独的音位，是否按其非音节功能将 ι 和 υ 作为辅音来对待（参见页 47 以下，页 81 以下），以及将强送气音视为一个辅音还是一个元音变体（参见页 53）。

⑨ 参见沙茨（Carol D. Schatz）《感知闭塞音时语境所起的作用》("The role of context in the perception of stops")，见《语言》(*Language*, 30[1954], pp. 47 ff.)。

⑩ 进一步以"词素音位"（morphophonemic）方法来减少冗余之可能性（参见 Allen, *Sandhi*, pp. 16 f.；E. P. Hamp, *CP*, 62[1967], p. 44；

几里得（post-Eucleidean）拼写，相当接近于符合音位。主要短板，（a）就元音而言，在于无法区分 α，ι，υ 是长元音还是短元音（参见页 90 以下）；（b）就辅音而言，在于运用特殊符号（"单字母"[monograph]）表示某些双音位组合，也就是 ζ，ξ，ψ（参见页 56 以下）。

当用某个音标符号表示特殊的音时，习惯上将其放在方括号中，譬如用 [tʰ] 表示英语 tin 的首音；另一方面，音位符号通常置于斜线之间，譬如用 /t/ 表示 tin 的首音和 hat 的尾音。在一本主要对象是古典作品的普通读者而非语言学和语音学专家的书中，想来可取的做法是将语音符号保持在最少范围。部分出于同样的理由，在某些情况下，对国际音标字母（International Phonetic Alphabet）的规定作了调整，采用更为常见的形式——譬如，用 [y] 而非 [j] 来表示上腭半元音（palatal semivowel，后者有可能误导普通英语读者），用长音符号（macron）而非冒号（colon）来表示长元音。[11] 无论如何，遗憾也罢，国际音标并无标准地位（no canonical status）；这其实并非事实（如《古典拉丁语语音》的一位评论者所

---

also p. 39 below），在此不予考虑，以免过于学术化。

转换—生成音韵学语法（Transformational-generative grammar）无须一种陈述的自治音位平面（an autonomous phonemic level of statement），而以"区别特征"（distinctive features）集合展示其音韵学组分。不过，对于一种综合语法而言，无论这种方法的有效性和价值如何，对于本书而言都会导致无法接受亦无必要的复杂化——还根本不要说对所列述的"特征"尚无普遍共识这一事实了。

⑪ 讨论希腊语的元音系统及其演变，运用同样的基本符号，带有恰当的音符，有确定的优势，对于所有中前元音和所有中后元音都是如此（譬如国际音标 [e:]，[ɛ:]）。

言）：" 国际音标的符号用法是标准 " ——的确，譬如在美国就并非如此；问题的关键，与其说在于其符号之形状，不如说在于对其价值的解说。

注意：当为希腊语语音给予英语中的等价物时，除非另有说明，均参照英国南部英语的标准或 " 标准发音 " （Received Pronunciation，R.P.）。选择这种形式的英语作为比较的根据，纯粹出于实用之需要。引例要同等程度适用于英国的所有民族和方言是不可能的，而一个人必须只选择一个标准；" 标准发音 " 到目前为止是最好的记录在案和为人熟知的此类标准。

1. 辅音
Consonants*

在具体研究单个辅音之前，有一点需要强调：任何时候，规范拼写在书写一个**双**辅音（double consonant）时，都表示一个相应地延长了的音。① 这一点可以清楚地从它对前面的音节的音量的影响看得出来，譬如 ἵππος 或 ἐννέα 的首音节总是"重音节"（heavy，参见页 104），尽管其中的元音是短元音。而且，单元音与双元音的区分，有可能导致含义不同，正如 ὄρρος 意为"臀部"比之 ὄρος 意为"山"，或 ἐκαλύπτομεν 意为"我们隐藏了"比之 ἐκκαλύπτομεν 意为"我们揭示"。在英语中，双辅音分开发音，只有当（如在 ἐκκαλύπτομεν 中那样）可以划分为不同的词或复合词的成分时——譬如 *hip-pocket*, *leg-glide*, *disservice*, *unnamed*（不同于 *unaimed*）。在其他处境中，双辅音的写法别无功能，除了指示它们前面的元音是短元音——譬如 *sitting*, *shilling*, *penny*, *copper*。②

＊ 术语后的星号＊表示：这个术语在"语音学导论"部分已有解释。
① 铭文拼写往往显示一组辅音中的第一个辅音成双，尤其当这个辅音是 σ 时（譬如，纪元前 5 世纪的阿提卡方言 μαλισσα）；但这样的重叠并无特殊之处，其目的并不确定，也许只意在表明，这一组辅音要分属于两个音节。
② 在中世纪英语中，两个辅音前的长元音一般会变短（参 *wisdom* 比之 *wise*）；而在早期现代英语中，两个元音之间的双辅音会变成单辅音；但由于辅音重叠的写法，作用是表示元音是短元音，这种写法得以保留，并扩展到原本只有一个辅音的单词（如 *peny*, *coper*）。

因此，英语中的复合词提供了希腊语中的双辅音发音模式。

在早期希腊语铭文中，双辅音写作单辅音（参见 VL，页 11）；但在雅典（Athens），双辅音的写法出现于纪元前 6 世纪末。

在纯正的阿提卡方言中，重叠形式 σσ 只出现在 συσσιτεῖν（源于 συν-σιτεῖν）这样的复合词中。因为，在某些词语中，其他各种方言中有 σσ，阿提卡方言（像伊奥尼亚方言 [Ionic]）则简化为 σ：譬如 ἔσονται, κατεδίκασαν, μέσος 比之莱斯博斯方言（Lesbian）εσσονται, κατεδικασσαν, μεσσοσ；③ 在其他单词中，当其他大多数方言使用 σσ 的地方，阿提卡方言（像波奥提亚方言 [Boeotian]）表示为 ττ：譬如 γλῶττα, τέτταρες, πράττειν 比之伊奥尼亚方言 γλῶσσα, τέσσερες, πρήσσειν。但是，就像很多书面语言那样，书面阿提卡方言受制于严格限于这种口头方言的地区以外的影响，尤其受伊奥尼亚方言影响最多。而这种影响的最典型特征之一，就是以 σσ 替代了"纯正"阿提卡方言的 ττ，后者的例证是铭文。④

---

③ 铭文的展示形式，原初并无重音或气音标号或标志词尾的 ς；但使用通行的词语分隔形式。

④ 从一开始，这些铭文都以 ττ 展示，除了在非阿提卡方言名称如（纪元前 5 世纪的）ηαλικαρνασσιοι。在纪元前 4 世纪，开始出现以 σσ 展示的形式：譬如，在 338 年有一例 θαλασσα（但在 3 世纪，θαλαττα 仍然十分普遍），到这个世纪末有通俗希腊词 βασιλισσα，后者一直这样拼写。其他阿提卡方言铭文继续展示为 ττ，直至奥古斯都（Augustus）时代。然而，θαλασσα 例证出现在一道法令中，后者包括一条由马其顿的菲利普（Philip of Macedon）所要求的誓言，出自喀罗尼亚战役（Chaeronea）后科林多联盟（League of Corinth）成员，而特莱阿泰（页 538）主张，这种拼写形式应归因于文本的邦际特征。其他 4 世纪的 -σσ- 形式，见于诗歌文本。

甚至在奥古斯都以后，-ττ- 形式继续见于某些词语，譬如 φυλαττειν 比之纪元后 150 年左右的 θαλασσα。

事实上，在悲剧中，还有在散文作品中，直至并且包括修昔底德（Thucydides），几乎完全不用阿提卡方言中的 ττ。即使使用规范的阿提卡方言语法，也普遍采用了阿提卡方言音韵，却似乎认为 ττ 具有某种方言特征，与讲希腊语的世界的其他地区大多使用 σσ 有明显差异——更视其为"猪一样的波奥提亚人"（συοβοιωτοί）的典型措辞而加以避免；宁愿犯有虚假的伊奥尼亚方言特点（Ionicisms，尤其 ἡσσᾶσθαι 与阿提卡方言的 ἡττᾶσθαι 和伊奥尼亚方言的 ἑσσοῦσθαι 形成对照），也要避免这种陈旧的拼写方法。

尽管阿提卡方言的形式越来越为书写所接受（还不止在方言形式格外贴切的悲剧和演说辞中），⑤ 但没过多久，通俗希腊语的影响再次开始强化希腊语普遍使用 σσ 的主张。所以，虽然色诺芬（Xenophon）偏爱拼写形式 ττ，人们已然可以在塔克提库斯（Aeneas Tacticus, 4—3 C. B.C.）那里发现，比之 24 次使用 ττ，使用 σσ 有 78 次；而且，即使"阿提卡方言派"（Atticists）人为复兴了 ττ，通俗希腊语中却少有此例证（最显见的是 ἡττᾶσθαι；亦请注意，现代希腊语的 πιττάκι 源于阿提卡方言的 πιττάκιον）；的确，连阿提卡方言派也容易忽视而偶尔使用 σσ，若其关注点在其他方面。

纯正的阿提卡方言中的 ττ 是某个等语线（isogloss）的一部分，这个等语线的起点很可能就在波奥提亚方言中（其中甚至有，譬如

---

⑤ 据说，伯里克利（Pericles）在演说辞中首选 ττ 形式（参见迪奥尼修斯［Aelius Dionysius, fr. 298 Schwabe］），声称是为了好听（参见喜剧家柏拉图［Plato Comicus, fr. 30 Kock］：ἔσωσας ἡμᾶς ἐκ τῶν σίγμα τῶν Εὐριπίδου［你把我们从欧里庇得斯的 σ 中救了出来］，明显映射《美狄亚》（Medea 476 f.）。亦参斯坦福（Stanford, pp. 7 f., 53 f.）。

μεττω, εψαφιττατο, 比之阿提卡方言的 μέσου, ἐψηφίσατο）。这个 ττ 并非直接源于出现于其他方言中的 σσ；而是 ττ 和 σσ 分别由一个更早的更为复杂的音演变而来，这一事实引发了关于它们所代表的音的性质的某种思考。这一点在下文有更为详尽的讨论（页 60 以下）。

合乎正词法的 γγ 的音质，在 γ=[ŋ] 部分（页 35 以下）单独讨论，而 ρρ 的音质在 ρ 部分（页 41 以下）讨论。⑥

(i) 清 * 破裂音 *

在希腊语中，如在一些现代语言中那样，有两类截然不同的清破裂音，不送气音 *（π, τ, κ）和送气音 *（φ, θ, χ）。它们之间的区别，由具有细微差别的成对的词得以显明，诸如 πόρος/φόρος, πάτος/πάθος, λέκος/λέχος。类似的语音对立，见于梵语和源于它的现代语言（譬如，印地语 kānā 意为"独眼的"/khānā 意为"吃"），也延及浊破裂音（譬如，印地语 bāt 意为"事物"/bhāt 意为"煮熟的大米"）。送气破裂音和不送气破裂音，的确也都见于英语，譬如 *top* 词首的 *t* 显然是送气辅音，而 *stop* 中的 *t* 就不是。但这里的对比并非截然有别——不是"音位上的"区分，而仅仅是"音位变体"（参见页 9）；这两类辅音，从未出现于完全相同的语境，不送

---

⑥ 但是要注意，标准发音（RP）没有为重叠 [r] 音提供模型（譬如，*four elms* 与 *four realms* 之间的不同，堪比 *an ocean* 与 *a notion* 之间的不同，参见页 101 以下）。

气是 s 之后的位置的典型特点（不像在古典阿提卡方言中那样，譬如 στένω 和 σθένω）。

这两类辅音，希腊语法学家将其归类为（γράμμα）ψιλόν（"平，顺"，也就是不送气）与 δασύ（"强"，也就是送气）。这些术语的拉丁语翻译，想来就是（ittera）lenis 与 aspera（正如以 spiritus lenis/asper 对译 πνεῦμα ψιλόν/δασύ，意为"轻送气"[smooth]与"强送气"[rough]）。但事实上，拉丁语术语，譬如，见于普利斯吉安（Priscian），是 tenus 和 aspirata；tenuis 仍不时见于守旧的现代著作中，作为术语指不送气的清破裂音。

(a) 不送气辅音 *

希腊语中区分送气与不送气的破裂音这一事实，如果要避免混淆，意味着后者必须抑止送气；这种发音对于生来讲法语的人，要比讲英语或德语的人来得更容易些，后两种语言的清破裂音尤其见于词首位置，普遍要送气。除了其功能明显不同，希腊语中的 π, τ, κ 的不送气发音，有术语 ψιλόν 强有力地暗示，也进一步有表述支持：那些辅音"不送气"，"出现时不用排气"（†托名亚里士多德，《论听觉》[De Audibilibus, 804 b, 8-11]）[7]，或"轻轻送气"（†昆体良[Aristides Quintilianus]，《论音乐》[De Musica ii. II p. 76 WI.; cf. †i. 20, p. 41]）。

所有这些证据都相对晚近，但同样的发音早已有之，这出所谓

---

[7] 所涉及的文本标以（†），见页 162 以下。

"格拉斯曼法则"(Grassmann's Law)⑧的运用可以见得，按此法则，一个词中两个音节起首原本送气的辅音中的第一个辅音失去送气。在词首是元音的情况下，像(现在时)ἔχω[ekhō]这样的形式，导致词首失去送气[h](失去"强送气"[rough breathing])，与(将来时)ἕξω[heksō]形成对照，其后没有送气辅音。同一法则应用于一个词首的清破裂音，使这一类型的(属格单数)τριχός与(与格复数)θριξί形成对照。所以，τ比之θ，如不送气比之[h]——换句话说，τ表示[t]，而θ表示[th]，也就是说，τ不送气，故而可用同样的术语(ψιλόν)恰当地描述为"不送气"。

最后，不送气发音与梵语中的相关形式完全一致：所以，譬如，πατήρ=梵语 *pitā́*，由古印度语言论著可知，这个词中的 *p* 和 *t* 都不送气⑨(事实上，梵语也有其自己版本的格拉斯曼法则导致这样的变化：[现在时] *budhyate* ;[将来时] *bhotsyati*)。

不送气清破裂音，如其他类型的破裂音那样，有双唇音*(π)、齿音*(τ)和软腭音*(κ)发音。譬如，哈利卡纳苏斯的迪奥尼修斯(Dionysius of Halicarnassus)将其描述为分别"出自唇端""舌压向口腔中上齿前部"和"舌升至腭接近喉"(†《论构词》[*De Compositione Verborum* xiv，p. 56 UR])。

τ 将齿音描述为κατὰ τοὺς μετεώρους ὀδόντας[通过上齿]来发音，相当不准确，而且这个描述有可能指与齿龈*而非牙齿的

---

⑧ 1862年由数学家和语音学家格拉斯曼(Hermann Grassmann)发现。
⑨ 梵语语法学家将送气和不送气的破裂音描述为"*mahāprāṇa*"和"*alpaprāṇa*"，分别意指"有大/小气息"。参见阿伦，页37以下。

接触。可是，现代希腊语表现为一种齿音式发音，但在相对古老的时期，齿音式发音有来自普拉克里特语（Prakrit，中世纪印度语言[Middle Indian]）音标的支持，见于纪元前1世纪和前2世纪巴克特里亚（Bactria）和印度的希腊诸王的钱币。因为，在普拉克里特语中（亦如在梵语和现代印度语言中），齿辅音（罗马字母化拼写为 t，等等）与"卷舌"辅音（ṭ，等等）有截然不同的特点，后者的发音是舌尖后卷抵住上齿后的齿龈。当英语单词包含齿龈破裂音时，印度人说的英语，或借用进现代印度语言后，发音通常都受到印度卷舌音的影响，所以，譬如英语的 station 变成了印地语的 sṭeśan。但希腊语的 τ, θ, δ 合乎规律地表现为普拉克里特语的齿音而不卷舌——譬如 Evukrātidasa, Agathukreyasa, Diyamedasa=Εὐκρατίδου, Ἀγαθοκλέους, Διομήδου；所以，它们很可能是真正的齿音，如在法语中那样，而不像在英语中那样是齿龈音。

κ 如在很多语言中那样，软腭音序列的确切发音点，某种程度上会按紧随其后的元音变化，也就是说，在前元音（front）* 前会更靠前，在后元音（back）* 前会更靠后。当然，这样的变化并非截然有别，所以，按照音位原则，不会要求以符号标识，但如果出于历史偶然，碰巧可以获得一个符号，那就要其来标识（参见 *VL*，页 14 以下）。如此一来，在最古老的阿提卡方言铭文中，可以在元音 o 前发现符号 ϙ(κόππα)，它表示闪米特语小舌破裂音［q］（*qōf*），譬如（早于纪元前 550 年的）ευδιϙοσ, 而 ανδοκιδεσ。然而，这种符号用法很早就停止了，在欧几里得（Eucleides）担任执政官期间（403—402 B.C.），正式采用了伊奥尼亚方言字母（Ionic

17

alphabet），这个符号就不再存在了（例外是作为数字 =90，[10] 保留了其原初在字母表中处在 π=80 与 ρ=100 之间，后来有多种变形，譬如 ϙ，ϛ，ϥ）。这个符号在西部希腊语字母表中得以幸存，也从而变成了拉丁语的 Q（参见 Quintilian, i. 4. 9）。

古代没有 κ 在前元音前"腭化"为 [kʸ] 的证据，但这在现代希腊语中是规范。

κ 出现在介词 ἐκ 末尾，似乎已然同化为紧随其后的辅音类型，也就是说，同化为浊音或送气音（参见特莱阿泰，页 579 及其以下）。因此，我们经常可以在 5 世纪的阿提卡方言铭文中见到这类拼写：εγ βυζαντιο, εγ δελφον, εγδοι（= ἐκδῷ）, εγ λινδο, εγλεγεν（= ἐκλέγειν），还有不常见的类型，譬如 εχ θετον（= ἐκ θητῶν），εχ φυλεσ。然而，后一类拼写法止于纪元前 3 世纪初，而从纪元前 1 世纪开始，εκ 也常见于浊音起首的词之前。εκ 这种拼写法出现在浊辅音和送气辅音前，很可能成为规范，而非音形一致（phonetic，正如在英语中，我们将使用 s 表示复数普遍化了，甚至在浊音后也是如此，譬如在 *dogs* 中，发音是 [z]；这种规范拼写在我们的文本中是规则，但很可能歪曲了实际发音，就像 [eg] 在浊辅音前[11]和 [ekh] 在送气辅音 [除了 χ] 前那样）。[12]

---

[10] 进一步参见页 47，注释 85。

[11] 除了 ρ——但事实上，作为词首字母，它很可能发清音（参见页 41 以下）。在 σκ 前，κ 似乎完全失去了（所以，εσκυρου=ἐκ Σκύρου，纪元前 329 年），但也有类比恢复之情形（譬如有 ἐκσκαλεύω）。

[12] 参见页 27。

(b) 送气辅音 *

这类辅音的证据，主要是为了表明，在古典阿提卡方言中，书写为 φ, θ, χ 的音是送气破裂音，就像梵语和现代印度语言中的 *ph*, *th*, *kh*（类似于英语或德语词首的 *p*, *t*, *k*），而非如现代希腊语中的擦音 *（这里，φ= 唇齿音 * [f]，如英语的 *foot*；θ= 齿音 [θ]，如英语的 *thin*；还有 χ= 软腭音（velar）[x] 或腭音（palatal）* [ç]，分别如德语的 *ach* 和 *ich*）。毫无疑问，后来，送气破裂音演变成为擦音（参见页 23 及其以下），所以，主要的任务是证实这种演变不早于纪元前 5—前 4 世纪。

出自古代的描述的最早证据，在于 δασύ 这个术语的运用，与 ψιλόν 所指不送气音系列相对（参见页 15）。首见于前文引述的《论听觉》(*De Audib.*)，[13] 对这些音的应用的描述是"直接用这些音排气"[14]；但这个术语的使用完全可以追溯到比此文本更久远的时间。就选择 δασύ 和 ψιλόν 这两个术语，有趣的一点在于，同样的二元对反也见于非学术的、实物方面的用法——譬如，希罗多德《历史》(Hdt., iv. 175)，在此文本中，一座木桥与利比亚（Libya）其余地方没有树木形成反差；同样，在卷三章 32 (iii. 32) 中，有叶与无叶的莴苣干（lettuce-stalk）形成了对照，而在卷三章 108 (iii.

---

[13] 术语 δασύτης 和 ψιλότης，确见于亚里士多德《诗学》(*Poetics*, 1456b)，但这很可能是一段篡入的文字。

[14] 用词是 "εὐθέως μετὰ τῶν φθόγγων [直接用这些音排气]"。如果这部作品出于早期作者之手（? Straton），μετὰ 支配属格，意思应该是"用……"（with），而非（如斯特蒂文特，页 77）"……之后"，μετὰ 可解释为意指同时送气，也就是发出擦音（friction）。但使用 εὐθέως 这个副词，又使得这种解释不大可能（μετὰ 支配属格意指"……之后"，见于拜占庭希腊语 [Byzantine Greek]）。

108）中，动物有毛无毛形成对照。在所有这些情况下，都是一种"有无"（privative）对照，形成对照的是一种附加的离散特征之存在与否，而非一种与另一种固有的品质；事实上，迪奥尼修斯（Dionysius, *De Comp.* xiv, p. 57 UR）所说的 δασέα［送气音］指有"τὴν τοῦ πνεύματος **προσθήκην**［**额外的气息**］"。这样的术语建构非常符合对比送气与不送气辅音，但几乎不符合擦音与破裂音之间的区分，也就是说，不符合发音器官不完全与完全闭合之间的区分。进而言之，同样的术语建构用于区分"送"气与"不送"气⑮（参见页 15），而且，无疑送气音［h］与不送气音之间也是有无对照（参见页 52 及其以下）。

语法传统将辅音分为两个基本类型，ἡμίφωνα［半元音］与ἄφωνα［清辅音］，分别对应于连续音（continuants*）与破裂音；所以，譬如，特拉克斯（Dionysius Thrax）《语法技艺》（*Ars Gramm.*, p. 11 U），"ἡμίφωνα μέν ἐστιν ὀκτώ ζ ξ ψ λ μ ν ρ σ...ἄφωνα δε ἐστιν ἐννέα, β γ δ κ π τ θ φ χ［半元音有八个：ζ ξ ψ λ μ ν ρ σ……清辅音有九个：β γ δ κ π τ θ φ χ］"。在亚里士多德《诗学》（1456b）中，后者被描述为"有补充"（μετὰ προσβολῆς），与前者一样，但后者若无元音就没法发音。将 φ, θ, χ 配属 ἄφωνα［清辅音］，公允显示了其破裂音、非擦音性质，因为，擦音可与 σ 一道归为 ἡμίφωνα［半元音］，是连续音，从而也"可以单独发音"。同样的归类法，甚至见于更晚时期，譬如阿里斯蒂德《论音乐》（Aristides Quint. *De Mus.* ii. 11, p. 76 WI），他进一步谈及 δασέα［送气音］，说要"ἔνδοθεν

---

⑮ 譬如《迪奥尼修斯的技艺补遗》（*Suppl. Artis Dionysianae*, p. 107 U）。

ἐκ φάρυγγος [从喉咙中]"发音——这可以很好地描述送气音,但完全不适合于擦音,因为,这些音涉及的任何区分,都不在于声门活动,而只在于口腔开口度。

其他明显的证据出自这种语言本身。譬如,在 οὐκ 或省略形式 ἀπ', κατ' 中,当词末不送气的清破裂音(π, τ, κ),处在一个送气元音(也就是词首的 [h])前时,它就变成了 φ, θ, χ;这只可能意味着,在此 φ, θ, χ 表示送气音 [ph], [th], [kh],[16] 而不表示擦音[17]。在这种情况下,καθ' ἡμέραν 这类拼写,在后一单词词首元音上标注送气音标号,严格说来是冗繁之举,因为送气音已转移到前面的辅音上了;这是源于拜占庭的一种规范化传统,但在那些本来就显示为强送气的铭文中并不普遍(参见页 52 以下),正如不见于 καθημέριος 这样的复合词中。同样的送气音转移也见于元音融合(crasis),譬如,τῇ ἡμέρᾳ → θἠμέρᾳ, καὶ ὅπως → χὤπως(还要注意,ρ 介入,προ-οδός → φροῦδος,参见页 43);但是在这里,拜占庭传统也省略了原初元音的送气音标号,而以 κορωνίς [元音融

[16] 这里不妨提到 οὐθείς, οὐθέν, μηθείς, μηθέν 等形式,后者在晚期阿提卡方言和通俗希腊语中取代了 οὐδείς 等(尽管 οὐδεμία 等保持不变)。这大概显示出省略形式 οὐδέ 末尾辅音的清音化和送气,不可能的情形(就像特莱阿泰所主张的那样 [页 472])是,在此 θ 要表示一个浊送气音 [dh],因为,这样一个辅音在希腊语中将会完全孤立(而且在所有印欧语言中都是如此,除了梵语,很可能亚美尼亚语也除外)-θ- 这种拼写形式,出现了在纪元前 4 世纪的铭文中,并变成了规范,却复又在纪元前 1 世纪为 -δ- 形式所代替(如现代希腊语中的 δεν)。

[17] 一个破裂音 +h 的可比关联的擦音式发音,譬如,在 [gouθəm] 指 Gotham, N.Y.(纽约哥谭市)中,是一种"**拼写发音**"(*spelling pronunciation*),基于英语中的单音双字母 th 的非关联音质(对照 [gotəm] 指 Gotham, Notts. [诺丁汉郡**哥谭市**])。

合符号］标注元音融合，其形状与撇号（apostrophe）一样（在现代印刷中，就像不送气音标号）。在复合词和既定程式中，省音和元音融合的影响，当然并不必然证明，φ, θ, χ 的送气音、非擦音性质，对纪元前 5 世纪也有效，而只能证明其对构型的这一时期有效；但这种发音的持续，在独立的单词中显示出同样的影响。

早期一个阶段的更进一步的标志，由格拉斯曼法则所提供（参见页 15），证实在此法则起作用的时期，譬如，θ 与 τ 之间音质上的关系，和［h］与不送气之间的关系一样，也就是说，与有无送气之间的关系一样。此法则尤其明显适用于动词的**重叠**。重叠音节通常会重复词根起首的辅音——譬如 πέ-πω-κα；但如果词根起首是 φ, θ 或 χ，重叠起首就是 π, τ 或 κ——譬如 πέ-φευγ-α, τί-θη-μι, κέ-χυ-μαι。在此，要点在于重叠起首是一个**破裂音**，超出预期的情形是，如果词根起首是一个擦音（词根起首是 σ，后者是一个擦音，构成重叠音节起首要用 σ,［h］或不送气，譬如 σέ-σηρ-α, ἵ-στη-μι, ἔ-σταλ-μαι)。送气破裂发音持续到纪元前 5 世纪及其以后的证据，由偶尔新重现的这类异化所提供，如铭文拼写所揭示的那样——譬如，4 世纪的 αρκεθεωροσ 密切关联 αρχεθεωροσ。类似的标志由偶尔出现的同化给出，诸如 5 世纪晚期的 hεχον 指 ἔχον，让送气延展到词首[18]（详见 Threatte, pp. 455 ff.）。

---

[18] 这不会影响这种证据的重要性，也许这类拼写与其说在标示语音同化，不如说在标示对送气的一种分析，后者适用于一个音列而非个别的音（理论性讨论，见 Z. S. Harris, *Lauguage*, 20 [1944], pp. 181 ff.; Allen, *BSOAS*, 13 [1951], pp. 939 ff.; H. M. Hoenigswald, *Phonetica*, 11 [1964], p. 212）。

1. 辅音

进一步的证据，出于辅音的"重叠表现"规程（譬如，在"表示亲近的"ἄττα、"表示亲昵的"Δικκώ、"表示模仿的"ποππύζω 中）。因为，当重叠的辅音是 φ, θ, χ 时，所导致的形式表现为 πφ, τθ, κχ——譬如 ἀπφῦς, τίτθη, κακχάζω。这样一种拼写显示，这些辅音的延长在于其闭塞音 * (stop) 成分（π, τ, κ），如果原来的音是擦音，就不适宜延长，如果原来的音是破裂音，就全部要延长：所以，[ph, th, kh] → [pph, tth, kkh]。然而，这里的证据再次指向辅音重叠发生的时间，很多情况下，必定是纪元前 5 世纪前很久。类似的证据也由省略介词尾音的形式所提供，如荷马（Hom.）的 κὰπ φάλαρα，在此介词尾音同化为紧随其后的音，产生了一个闭塞音。

在阿提卡方言中，当鼻音 ν 后接擦音 σ 时，鼻音一般都会失去或同化为这个擦音——所以，譬如，συν+σιτεῖν → συσσιτεῖν, συν+στέλλειν → συστέλλειν。铭文显示，这并非简单继承下来的复合词的一个古代特征，因为，它们也适用于单词关联之情形——譬如纪元前 5 世纪的 εσ σανιδι, ε στελει（=ἐν στήλη）。但这种情形**不会**出现在 φ, θ, χ 前，可是 ν，要么保留，要么变成（μ, γ 在 φ, χ 前，参见页 33），变化方式与在一个不送气破裂音前一样：所以，譬如，τημ φυλην（纪元前 376 年）如 τεμ πολιν（纪元前 416 年），hιερογ χρεματον（纪元前 410 年）如 τογ κηρυκα（纪元前 353 年）。这与现代希腊语的处理方式形成对照，现代希腊语在如今的**擦音** φ, θ, χ 前，词末的 ν 失去了，在 σ 和其他连续音前同样如此——譬如宾格单数 το φίλο 如 το σουγιά，但不像譬如 τον πατέρα（= [tombatéra]）。

22

对古典时代的 φ 具有破裂音质的进一步确证，也许可由大概是拟声的 πομφόλυξ, πομφολύζειν 提供，这组词模拟了冒泡的声音；也由品达（Pindar）确为有意使用 π 和 φ 来描述一座火山所提供（《皮托凯歌》[*Pyth.* i, 40 ff.]；尤其，ἀλλ᾽ ἐν ὄρφναισιν πέτρας φοίνισσα κυλινδομένα φλὸξ ἐς βαθεῖαν φέρει πόντου πλάκα σὺν πατάγῳ [可是，在岩石的幽暗中，通红翻滚的火焰流入深广大海啪嗒作响]）。

最后，譬如在阿提卡悲剧中，当一个短元音后接一个由一个破裂音后接一个流音构成的音组，包含这个元音的音节可作为轻音节（进一步参见页 106 及其以下）。因此，极为重要的是同样的选择存在于 φ, θ, χ+ 流音之情形，譬如，索福克勒斯《俄狄浦斯僭主》（Sophocles, *O.C.*, 354—355），...Καδμείων λάθρᾳ | ἃ τοῦδ᾽ ἐχρήσθη... [……瞒着卡德墨亚人 | 所有神谕……]。同样的情形也符合清破裂音加上鼻音的情形，这种选择也还存在于 σταθμός 这种形式之情形，但不存在于一个擦音（σ）后接一个鼻音之情形，譬如 κόσμος。

所以，证据显示确凿无疑，在 5 世纪的阿提卡方言中，φ, θ, χ 代表**破裂音**（如 π, τ, κ）而非**擦音**（如 σ，或如现代希腊语中的 φ, θ, χ）。

破裂发音延续到了一个较晚时期，由下述事实得以表明：起初，拉丁语将希腊语的 φ 简单转写为 *p*，后来转写为 *ph*（譬如 *Pilipus*, *Philippus*），但在古典拉丁语时期从未转写为 *f*，后者向来适合于发擦音。事实上，另一方面，譬如拉丁语的 *Fabius*，转写为希腊语

是 Φαβιος，甚至在如此转写的时期，也没有与之相对应的符号；因为，希腊语没有其他方式来表示拉丁语的 *f*，在此情况下，以希腊语中可用的最接近的表音符号来表示完全正常，即使这个符号的发音仍然是一个破裂音 [ph]。因为，尽管擦音和送气音并不完全相同，但它们在语音上（而且往往在历史上）**有关联**，事实上，古代印度语音学家将同样的术语，[19] 既用于擦音气流，也用于破裂音的送气释放。这在现代语言中有精确的对应物，当某种印度现代语言如印地语质朴的讲说者，借用带有 *f* 的英语词汇时；由于他们的言语中没有擦音 [f]，所以，他们就以送气的破裂音来代替——所以，譬如英语 *film*，他们读如 *philam*。大概正是在此语境中，西塞罗（Cicero）嘲笑一位希腊证人不能正确发出 *Fundanius* 这个名字的第一个辅音（†Quintilian, i. 4. 14）。

然而，无疑，如现代希腊语所表明的那样，送气破裂音最终的确变成了擦音。有时所引用的证据显示，这种转变的开端也许能够追溯到纪元前 2 世纪。如上所述，希腊语法学家普遍同意，将 φ, θ, χ 与 π, τ, κ, β, δ, γ 一样归类为 ἄφωνα [清辅音]，而不归类为（σ 那样的）ἡμίφωνα [半元音]。然而，恩披里克（Sextus Empiricus）谈到（*Adv. Gramm.* = *Math. I* 102），"有人"将 φ, θ, χ 归为 ἡμίφωνα [半元音]；他本人写作的时期在纪元后 2 世纪，拉尔修（Diogenes Laertius, vii.57）却将只有六个 ἄφωνα [清辅音]

---

[19] *ūṣman* 字面意思是"热，蒸汽，水汽"（heat, stcam, vapour），对此用法的注解是 *vāyu*，意为"风"（wind）。参见阿伦《古代印度的语音学》，页 26。

(π, τ, κ, β, δ, γ) 的系统, 归于纪元前 2 世纪斯多亚派的巴比伦的第欧根尼 (Stoic Diogenes Babylonius), 从而意味着将 φ, θ, χ 归类为 ἡμίφωνα [半元音]。可是, 其他证据与如此早的演变相左, 而这种归类只是斯多亚派的某种非常做法。的确, 柏拉图 (Plato) 在《克拉底鲁》(†*Cratylus*, 427 A) 中, 将 φ 连同 σ 归类为"送气音"(πνευματώδη); 但他在此主要关注其语言起源的"手势"理论之所需,[20] 这一分类并未对主张 φ 发某种擦音提供根据 (亦参页 22 注释)。

按照一个有疑问的例外 (*Fedra* in CIL I², 1413: cf. Schwyzer, p.158), 发一种擦音的首个清楚的证据, 出自纪元后 1 世纪庞培的 (Pompeian) 拼写如 *Dafne* (=Δάφνη), 尤其引人注目的是看到 *lasfe* : λασφη (=λάσθη) 这种形式。因为, 齿唇转换只可能发生在发擦音的情况下, [θ] 和 [f], 在听觉上非常相似 (比较伦敦腔 [Cockney] 以 [f] 代替标准发音 [θ] (th), 或俄语以 ф 代替拜占庭和现代希腊语的 θ)。纪元后 2 世纪以降, 以拉丁语的 *f* 代表 φ 变得司空见惯, 拉丁语语法学家必须规定何时以 *f* 拼写, 何时以 *ph* 拼写。[21] 4 世纪, 乌尔菲拉 (Wulfila) 以哥特语 (Gothic) 的 *f* 和 *þ* 转写希腊语的 φ 和 θ (譬如, *paiaufilus* =Θεόφιλος);[22] χ 通常以 *k* 来转写, 但在任何情况下, 哥特语很可能都没有 [x] (软腭擦音),

---

[20] 参见阿伦《关于语言的起源和演变的古代观念》(*TPS*, 1948, p. 51.)。
[21] 参见 Caper, *GL*, vii, p.95K; Sacerdos, *GL*, vi, p. 451 K; Diomedes, *GL*, i, p. 423 K。
[22] 另一方面, 所讨论的哥特语字母形式, 并非源于希腊语; 但这并非必然出于语音学上的理由。

除了作为一个非音节起首的 h 的音位变体。

有可能在某些人群中，唇音 φ 也许要早于 θ 和 χ 演变出其擦音；因为，在纪元后 2—3 世纪罗马的犹太人地下陵墓铭文中，φ 无一例外都显示为 f，θ 显示为 th，χ 显示为 ch 或 c。这本身也许并非 θ 和 χ 破裂发音的结论性证据，因为拉丁语没有齿或唇擦音符号（尽管齿龈音 *s 偶尔也会被设想为齿音）；[23] 但是，在同一来源的希腊语铭文中，χ 倾向于混同于 k（譬如，χιτε=κεῖται），θ 倾向于混同于 τ（譬如，εθων=ἐτῶν, παρτενοσ=παρθένος），可是没有发现 φ 与 π 有混同之情形。[24] 当然，这些特征可以斥之为犹太社区的方言特点；但并非没有可能，像这些铭文一样的这一阶段的演变显示其有更为广泛的背景，因为，在一些语言中，相较于其他破裂音系列，唇破裂音表现出有较大的失去其闭塞发音和演变为擦音的趋势。譬如在奥塞梯语（Ossetic）中，（这是一种高加索地区人说的伊朗语）古伊朗语（Old Iranian）t 和 k 首先演变为 [th] 和 [kh]；但古伊朗语的 p 超越了 [ph] 阶段，变成了擦音 [f]，譬如，（西部方言）fidæ 意为"父亲"，源于古伊朗语 pitā，[25] 与之相对，kœnun（= [khənun]）意为"干，做"，源于古伊朗语 kunau-。[26]

---

[23] 如在 *Apollopisius*=-*Pythius* 这种拼写形式中，见于《提洛速记词典》(*Notae Tironeanae*)；亦参页 26。

[24] 参见 H.J. Leon, *TAPA*, 58 (1927), pp. 210 ff.。

[25] 亚美尼亚语有进一步的发展阶段，hayr 源于印欧语言的 pətēr，凯尔特语还要更进一步（古爱尔兰语）athir。

[26] 参见费德森（H. Pedersen）《普通印欧语言和前印欧语言的闭塞音》(*Die Gemeinindoeuropäischen u. die Vorindoeuropäischen Verschlusslaute* [Dan. Hist. Filol. Medd., 32, no. 5])，页 13。

关于 φ 的擦音发音，最后应当指出的是，没有证据能够让我们肯定地说，在某一特殊时期它是不是一个双唇擦音*（音位符号 [ɸ]），㉗尽管这已然是一个演变为唇—齿音的中继阶段。

也许，φ, θ, χ 的学术式破裂发音，在学校中持续过一段时期。纪元后 2 世纪的一份包括某些希腊文转写的通俗埃及语文本（Demotic Egyptian text）表明，希腊语的 φ, χ 在其中表示埃及语的 ph 和 kh，而非擦音 f 和 ḫ；而纪元后 3 世纪由埃及基督徒发明的科普特语（Coptic）书写，很大程度上以希腊语字母为基础，φ, θ, χ 在其中被用来表示送气破裂音或破裂音与 h 的某种组合。另外，亚美尼亚语和格鲁吉亚语（Georgian）字母形成于纪元后 5 世纪，用基于希腊语 χ 的符号，表示它们的送气破裂音 kʻ [kh] 而非它们的擦音 x [x]；而且，早期进入亚美尼亚语的希腊语借用词，也用 kʻ 而非 x 来表示 χ（譬如，kʻart=χάρτης）；只是到了 10 世纪以后，亚美尼亚语的 x 或 š 才开始用来表示希腊语的 χ。甚至可能有某些证据表明，破裂发音在学校中一直持续到 9 世纪格拉哥里字母（Glagolitic alphabet）形成以书写古教会斯拉夫语（Old Church Slavonic）的时代。

然而，少有疑问的是，发擦音的言说方式在拜占庭时期普遍流行起来了。在此条件下，早期语法学家将 φ-θ-χ 和 π-τ-κ 系列，分别描述为 δασύ [送气] 和 ψιλόν [不送气]，自然毫无意义；拜

㉗ 这样的发音，譬如见于日语（Japanese，如在 Fuji 或 firumu= 英语的 film 中）；在非洲埃维语（Ewe）中，它们与唇齿音 [f] 形成了鲜明对照——譬如 [ɸu] 意为"骨头"，[fu] 意为"羽毛"。

占庭注疏家作出种种并不令人信服的尝试，以解释要将它们作为擦音来运用。也许，最具独创性的是一篇匿名论著《论合调》（Περὶ προσῳδιῶν）中的尝试，它被插入了《梵蒂冈希腊语抄本 14》（Codex Vaticanus gr. 14）特拉克斯（Dionysius Thrax）语法评注的两个前言中间——编者正确地注释说"其中大部分内容是作者的神来之笔"（multa eius auctor hariolatur）[28]。δασύ［送气］这个术语，作者认为，是用山上的树"丛"（δάσος）来作比喻，因为，当阵风吹向树丛的时候，它们会发出这样的声音，但在"无树的"（ψιλότερος）国度却无此声效！（†*Scholia in Dion. Thr.*, p. 152 II.）

在某些阿提卡方言以外的希腊语方言中，送气破裂音演变为擦音，似乎出现在相当早的时期。就 φ 和 χ 而言，我们很难期待有书面证据，因为，阿提卡方言转录［f］或［x］，除了用 φ 和 χ，几乎不可能用其他符号（参见页 22）。但就 θ 而言，变为一个齿音［θ］，如在现代希腊语中那样，大概在阿提卡方言中会用齿龈擦音 σ 来表示；事实上我们也发现，拉科尼亚方言（Laconian）的措辞，在阿提卡方言作家那里就是这样表示的——譬如阿里斯托芬（Aristophanes）那里的 ναὶ τὼ σιώ, παρσένε，修昔底德（Thucydides）那里的 σύματος。在纪元前 4 世纪，此类拼写在斯巴达（Sparta）的铭文中出现（但早期的 σιῶν = 阿尔克曼［Alcman］文本中 θεῶν，也许是后来的语法学家之所为），σ 表示 θ，迪斯克鲁斯（Apollonius Dyscolus）也报告说（*De Constr.*, p. 54 U），这是拉科尼亚方言的

---

[28] 希尔加德（A. Hilgard），《特拉克斯语法评注》（*Scholia in Dionysii Thracis artem grammaticam*［= *Grammatici Graeci*, i. iii］），p. xxvi.

一个特征。问题仍然是开放的:在这些情况下,σ 是否表示一个齿音 [θ],或者,在拉科尼亚方言中,它事实上已经变成了齿龈音 [s],后者在其现代后裔萨空尼亚方言(Tsakonian)中似乎得到了证实。但在早期,若在斯巴达的阿尔忒弥斯神庙(sanctuary of Artemis Orthia)中,见到 6 世纪的象牙浮雕上有 Fορϕαια 这样的拼写形式,那并非一个错误,而有可能显示以音质 [θ] 表示 θ 和以 [f] 表示 φ。㉙

送气破裂音 φ, θ, χ 的发音位置,与不送气音 π, τ, κ 一样(参见页 16)。

注意 φθ,χθ

这两个组合要求作些描述,考虑到有意见认为,它们实际的含义与它们看上去的含义不同,也就是说,看上去是两个送气破裂音串。除了继承下来的这类组合(譬如在 ὀφθαλμός, ἐχθρός 中),唇或软腭破裂音都合乎规律地因同化而送气,如果它处在不定过去时被动态后缀 -φη- 前,譬如在 ελειφθην(源于 λείπω)和 εδεχθην(源于 δέρκομαι)中;在铭文中,介词 ἐκ 在一个以送气破裂音开头的词前面(见页 17)也往往同化为 εχ,这会引起进一步的结合 χφ,譬如在 εχ φυλεσ 和复合词 εχφο[ρησαντι] 中(纪元前 329 年)。质疑对这些组合作简单解释的理由是:当一个送气破裂音后接另一个破裂音时,它是不可能发音的——譬如,"φθόνος...χθών... 这样的组合,

---

㉙ 参见上文页 23 以下,亦参阿雷纳(R. Arena)《语言》(*Glotta*, 44[1966], pp. 14 ff.)。

1. 辅音

造成一种生理学上的不可能性，在任何实际的语言中都是如此"[30]。这一经验教条，频繁见于较旧的著作，甚至见于某些著名的现代著作，[31]却没有任何真实基础。任何语音学家都可以确证和指出这种词序的可能性，也能够将其听作很多活语言的一个规范特征——譬如亚美尼亚语 *ałotʻkʻ* [aγothkh] 意为"祈祷"，或格鲁吉亚语 *pʻkʻvili* 意为"面粉"，*tʼitʼkʼmis* 意为"几乎"，或阿巴扎语（Abaza，西北高加索语）*apʼqʼa* 意为"在前面"。事实上，在格鲁吉亚语中有一条规则：如果一个破裂音后接另一个在口腔中更靠后的破裂音，它就要和后一个辅音同样发音——所以，如果第二个辅音是送气音，第一个辅音也是如此［要不然，就会出现相异的音组，譬如，*tʼbilisi* 意为"第比利斯"（Tiflis），送气清辅音后接不送气的浊破裂音］；[32]送气音后接不送气破裂音的辅音序列，在现代印度语言中也司空见惯，譬如在印地语中，分词形式如 *likhtā* 意为"写作"（writing），*ūbhtā* 意为"升起"（rising）。

所以，第一个辅音组合 φθ 和 χθ 送气，第二个辅音组合也送气，不存在任何语音学上的不可能性。这种组合的反对者通常提出的理由是，以 φ 和 χ 拼写，只是一种惯例，所表示的还是 π 和 κ；但困难在于搞清楚，这种惯例如何可能出现，因为，在重叠音组合 πφ，τθ，κχ（见页 21）中，第一个成分肯定不送气，拼写为 π, τ, κ 合

---

[30] 扬纳里斯（A. N. Jannaris），《历史希腊语语法》（*Historical Greek Grammar*，p. 58）。

[31] 譬如 Lejeune, p. 59; Lupaş, pp. 17 f., 31。

[32] 参见沃格特（H. Vogt）《格鲁吉亚语的语音结构》（"Structure phonemique du georgien", *NTS*, 18 [1958], pp.5 ff.）。

28 乎规范；㉝即使确立了这样的惯例，我们也应当预见会有大量错误拼写，其基础是所认为的实际发音，但事实上只有相当少的几个（而且是非阿提卡方言的）例证——譬如（7世纪的佛吉斯 [Phocis]）απθιτον。在此方向上发生的实际转变，也许是在后来的埃及和意大利的希腊语中，这一点由纪元前2世纪末的纸莎中的拼写 πθ，κθ 可以见得，也可由拉丁语、通俗希腊文和科普特语转写见得。然而，现代希腊语的演变显示，这种转变并不普遍。或者，据称（参见特莱阿泰，页571），送气音要发"弱音"（lenis，松弛音 [lax]），也正是这一特点，而非送气，才是这种书写组合的第一个成分 φ 或 χ 所显示的。同样的解释被提出来应用于前欧几里得（pre-Eucleidian）书写方式 φσ，χσ（表示后来的 ψ, ξ，见页60）。㉞

送气破裂发音，对于讲英语的人而言应该说并不难，因为，英语中有现成的清破裂音，当其开启一个重读的首音节时（如在 *pot*，*table* 中，如此等等），尤其当这些辅音强调发音时。当其不在词首位置时，需要作些特殊努力，在此应当记住，送气的破裂音是一个而非两个音，这由下述事实可以见得：在像 σοφός 这样的单词

㉝ 偶尔拼写为，譬如 Σαφφώ 表示 Σαπφώ，很容易解释为一种书写上的重叠，类比其他（不送气）重叠音形式。隔开书写的 εχ χαλκιδοσ（纪元前445年），密切关联同一时期常见的 εκ χ，有可能只是一种笔误，如 εχ λεσβου。欧斯塔提奥斯（Eustathius, on *Il.* xii, 208）注意到 "ἀνὴρ γὰρ Ἕλλην οὐ διπλάζει τὰ δασέα"[人们读 Ἕλλην 这个词的确不会双倍送气]。

㉞ 但希腊语的描述性术语（见页29及其以下），完全不适用于这种提法。因为 π 等都是清音和紧张音；如果 φ 等是清音和松弛音，它们将是"中介音"（intermediate），介于 π 等与 β 等之间（后者是浊音和松弛音），有两个系列的特点各一个。

中，在前的音节总是轻音节而非重音节；[35] 因为，φ 完全属于随后的音节（也就是 [so-phos]），所以，完全不同于如 *saphead*, *fathead*, *blockhead* 这些英语单词的发音，在这些词中，破裂音和 [h] 分属于不同音节。[36]

然而，有一个困难，大多数讲英语的人很可能都有经验——也就是说，清楚区分送气的清破裂音与不送气的清破裂音，无论说还是听；所以，企图正确发音的结果，也许是徒然导致混淆。从而，作为一种教学手段，有其实践上的正当性的做法是，将送气的破裂音，按拜占庭的方式，读如擦音；但如果采用这种解决办法，就必须小心地将 χ 读如一个软腭擦音（也就是说，如在 *loch* 中那样），

---

[35] 在全部传世希腊语文献中，共有五个例外（譬如，长短格 ὄφιν 在荷马 [Homer] 和希波纳克斯 [Hipponax] 那里各一见），也许显示了一种偶然发音，比之压倒性的普遍一致的证据，这种发音少有统计学上的重要性。古代权威关于《伊利亚特》(*Il.* xii, 208) 中 ὄφιν 的解释千差万别；譬如根据赫费斯提翁 (Hephaestion) 的评注家 (p.291 C)，重音量要归于送气 (διὰ τὴν σφοδρότητα τοῦ πνεύματος)，根据马克多利努斯 (Marius Victorinus, *GL*, vi, p.67 K)，则由延长 φ 所致；但《解释篇》(Περὶ ἑρμηνείας, 255；*Rhet. Gr.*, iii, p.317 Spengel) 的作者提议，这个音节其实是轻音节，所以，这行诗是"鼠尾韵脚"(meiuric)，刻意如此使用以求效用。舒尔茨 (W. Schulze, *Quaestiones Epicae*, p.431) 评论说，"悬着的事物最引人注目"(rem in suspenso relinquere tutissimum est)。

[36] 事实上，希腊语字母的某些早期形式（如在泰拉 [Thera]），φ 和 χ 由 πh 和 κh 表示，这并不重要；它只是一个二合字母，用来表示单一的音，没有传承下来特殊的单一符号（但有单一符号的变形，读如 [ṭh]，在闪米特语 [Semitic] 就是所谓"强调的"齿破裂音 "*ṭē*"）；可以比较现代印度语言中的送气破裂音之情形。譬如，在印地语中（使用一种梵语书写字母）有单一符号，但乌尔都语 (Urdu)（使用波斯-阿拉伯语 [Perso-Arabic] 书写符号，这种符号没有传承下来）使用与 *h* 结合在一起的不送气的辅音符号；甚至梵语书写符号必须使用联拼字母来表示吠陀方言中的 *ḷh*。

若非如此,听起来就无法与 κ[37] 区分开来(结果会造成譬如 Κρόνος 与 χρόνος 之间的混淆)。

(ii) 浊 * 破裂音

在其所谓 ἄφωνα [清辅音](参见页 19)的辅音分类中,特拉克斯(†*Ars Gramm.*, pp.12 f. U)将 β, δ, γ 描述为送气与不送气之间的"中介音"(μέσα);哈利卡纳苏斯的迪奥尼修斯(Dionysius of Halicarnassus, *De Comp.* xiv, pp. 55 f. UR)也对其有类似的描述:μέσα, κοινά, ἐπίκοινα, μέτρια, μεταξύ。这种术语用法由拉丁语语法学家作为"中介音"(*media*)继承下来(这个术语,就像 *tenuis*,有时仍然见于流行的著作,参见页 15)。

无疑,β, δ, γ 所代表的音是浊音。它们没有与清音结合成组(譬如 λέγω,可是 λέλεκται),在其他语言中也合乎规律地用浊音来对待——譬如拉丁语的 *barbarus*, *draco*, *grammatica*。然而,问题在于,希腊人为何将其描述为"中介音"。斯特蒂文特(Sturtevant, p. 86)遵循克莱奇默(Kretschmer),认为它们事实上是浊送气音,与梵语的 *bh*, *dh*, *gh* 非常相像;但这种说法没有任何证据,如斯特蒂文特必须承认的那样,印度钱币上的希腊语人名转写,没有显示出有这样的对等关系(譬如,Διομήδου 只见用 *Diyamedasa* 表示,而不见用 *Dhiyamedhasa* 表示)。

即使承认这些辅音都是规范的浊破裂音,企图证明希腊语术语

---

[37] 当然无须遵循现代希腊语的做法,在前元音前发上腭擦音[ç]。

的正当性在于，它意指浊音系列与清音系列中的送气/不送气的对立"并无不同"[38]——但这很可能将某种过高的复杂性归于了希腊语的音韵学理论。[39] 更有可能，诸如 μέσα 这样的术语的使用，只是表明了著作家们的困惑，当他们面对的现象无法在他们偏好的二元框架中描述时——按照阿曼（H. Ammann）的表述[40]，这是一种"窘态之表达"（Verlegenheitsausdruck）。真相是欧洲语音学迟钝于发现"浊音"的本质，就是声门振动，这是辅音的区别性特征——尽管印度人在极早时期就熟悉这一点；[41] 即使到了中世纪，也仍然完全没有注意到这一点，只是到了 19 世纪才有所认知，很大程度上是由于印度语言教学的影响。亚里士多德（Aristotle）确乎注意到（*Hist. An.* iv. 9，535a）喉在区分元音和辅音时的作用，但无论他自己还是后世著作家都没有推进此问题。

看来，没有理由怀疑，在古典时代，β，δ，γ 的音质属于浊破裂音，非常像英语的 *b*，*d* 和"硬音"*g*，发音部位与相应的清音一致（见页 16）。

当然，如所周知，这些音在现代希腊语中全部变成了擦音，也就是 [v]，[ð]，[ɣ]。但没有理由相信，这种演变直到十分晚近

---

[38] 参见霍尼希斯瓦尔德（H. M. Hoenigswald）《中介音、中性和音调符号》（"Media, Neutrum und Zirkumflex", in *Festschrift A. Debrunner*［1954］, pp. 209 ff.）。

[39] 参见考林格（N. E. Collinge）《希腊语的"中介音"术语在语言学分析中的用法》（"The Greek Use of the Term 'Middle' in Linguistic Analysis", *Word*, 19［1963］, pp. 232 ff.）。

[40] 《语言》（*Glotta*, 24［1935］, p. 161.）。

[41] 参见阿伦《古代印度的语音学》，页 33 及其以下。

才发生。没有哪个哲学家或语法学家将 β, δ, γ 归为 ἡμίφωνα［半元音］(参见页 19)，他们宁愿将其归为擦音；在《克拉底鲁》中 (†427A)，柏拉图特别提到发 δ 还有 τ 两音时舌头要"收缩"和"压迫"。其他证据类似于送气音的破裂（与擦音相反的）发音（参见页 21 以下）。所以，在 β, δ, γ 并没有失去鼻音，就像在擦音 σ 前那样，或者像在现代希腊语的几个音之前那样（譬如单数宾格 τὸ γάμο）；同化见于铭文 πεμ βολεν, πληγ γεσ (5 世纪晚期，=τὴν βουλήν, πλὴν γῆς)，譬如，就像在 τεμ πολιν, τογ κηρυκα 中那样。在阿提卡悲剧和喜剧中，一个音节包含一个短元音，位于一组由 β, δ 或 γ 加 ρ 构成的音组前时，可视为轻音节，就像位于 π, τ 或 κ 加 ρ 前那样——这也暗示其有一种破裂音质（进一步参见页 106 及其以下）。

在次要的证据片段中，也许可以提到阿里斯托芬 (Aristophanes, *Frogs*, 740)㊷大概是头韵体的 πίνειν καὶ βινεῖν［喝酒与通奸］(参比 "wine and women")，有这样的发音效果，只有当词首是同一类型的音时，也就是说，都是破裂音时。似乎也很可能，希腊语的 β 在西塞罗的时代仍然代表一个破裂音，他 (†*Fam.* ix. 22. 3) 将 βινεῖ 的发音与拉丁语 bini 的发音等而同之。

在罗马的犹太人地下墓穴中，纪元后 2—3 世纪的铭文，有规律地以希腊语的 β（譬如 βιξιτ）来表示拉丁语的辅音 u（当时发擦音［v］)；但是，这并不一定是 β 具有一种擦音音质的证据，因为，尽管 β 在希腊语中是一个不变的破裂音，它也是最接近拉丁语［v］

㊷ 参见《云》(*Clouds*, 394): βροντὴ καὶ πορδὴ ὁμοίω（喇叭和响雷一样）。

的希腊语发音。㊸

有证据显示，在非阿提卡方言（波奥提亚方言、埃利亚方言、庞比利亚方言）中，纪元前 4 世纪以来，这些音演变成了擦音。在某些情况下（还有在埃及纸莎上），我们发现元音之间的 γ 省略了，其中前一个元音是前元音（譬如 ολιοσ=ὀλίγος）；初看之下，这暗示着现代希腊语的 γ 向 [y] 的演变（经一个腭擦浊音㊹），但是现代发音只适用于前元音前的位置（譬如 ἔφαγε）。这种特殊现象，偶尔见于纪元前 4 世纪晚期以来的阿提卡方言（譬如 ολιαρχιαι）；但这似乎也并非标准发音；事实上，希罗迪亚努斯（Herodian, i, p. 141; †ii, p. 926 L）特别指出，喜剧家柏拉图（Plato Comicus）将其作为一种不规范的语言现象（barbarism），归于蛊惑民心的政客许佩波洛斯（Hyperbolus）。

纪元后 4 世纪乌尔菲拉为哥特语建立正词法的时候，他采用了希腊语的 β, δ, γ, 以表示在某些情况下发浊擦音的哥特语音位；但是，在哥特语中缺乏浊擦音和擦音的音位对比的情况下，并不一定表明这些希腊语音位发擦音。类似的考量，也适用于以基于 β, δ, γ 的符号来处理亚美尼亚语发音的情形，这些发音很可能是浊送气音。㊺但在纪元后 9 世纪，西里尔字母（Cyrillic alphabet）采用

㊸ 参见 H.J. Leon, *TAPA*, 58 (1927), p. 227。
㊹ 参见亚美尼亚语的 *Diožēn* = Διογένης（11 世纪），等等；同样，在某些现代希腊语方言中也是如此。
㊺ 参见 Allen, *ArchL.*, 3 (1951), pp. 134 f., 只是从纪元后 10 世纪以来，希腊语的 β 有时候以亚美尼亚语的 *v* 来转写；同样，以 *t* 转写 γ（= 约 8 世纪以来的浊软腭擦音）；但 *b*, *g* 拼写只能表示有学识的转写；偶尔还用亚美尼亚语的擦音 *r* 来转写希腊语的 δ。

β 表示擦音 [v]，而用一个经过转化的字母表示破裂音 [b]（参比俄语的 в, б），这是当时这个希腊语字母具有擦音性质的确定证据。

的确不可能肯定，β, δ, γ 在哪个确切的时期演变出了擦音发音。但可以肯定，不是在古典时代。[46]

(iii) 唇腭音

在放下破裂音之前，可以指出，在原始希腊语（Proto-Greek）中，并且仍然保存在迈锡尼希腊语（Mycenaean）中，有一系列**唇腭音**，也就是说，同时也发圆唇音的软腭破裂音（譬如拉丁语的 *qu*。参见 *VL*，页 16 及其以下）。迈锡尼希腊语中代表唇腭音的符号（不分浊清、送气不送气），以 q 来转写；在其他所有方言中，唇腭音都为唇音或（在前元音前）齿音所代替[47]——譬如，迈锡尼希腊语 *re-qo-meno* = *leiq^{u}omenoi*（参比 λειπόμενοι），*-qe* = *-q^{u}e*（参比 τε），*-qo-ta* = *-q^{u}hontās*（参比 -φόντης），*su-qo-ta-o* = *sug^{u}otāōn*（参比 συβώτης）。

(iv) 鼻音

希腊语有两个特殊的表示鼻辅音的符号 μ 和 ν。两者的音质，

---

[46] 出于不文气的纸莎文献的证据显示，擦音发音源于大约纪元前 1 世纪，但只是在特殊语境中（尤其出现在元音之间时）；就此，外来的影响也许可以解释这种演变（参见 F. T. Gignac, "The Pronunciation of Greek Stops in the Papyri", *TAPA*, 101 [1970], pp. 185 ff.）。

[47] 但在爱奥利亚方言（Aeolic）中，一般甚至在前元音前也用唇音。

1. 辅音

哈利卡纳苏斯的迪奥尼修斯将其分别清楚描述为（†*De Comp.* xiv, xxii, pp. 53，103 UR）唇音［m］（"口腔为唇坚实地关闭"）和齿音［n］（"舌升高触及齿的边缘"），在两种情况下，空气都"部分地通过鼻腔排除"。希腊语中的第三个鼻音，就是软腭音［ŋ］；但这个音没有单独的符号，一般用 γ 来表示，下文再详述。

在一个词尾，又在一个词首元音或一个停顿前，只会出现齿鼻音 ν。但除了在齿音前，在词首破裂音前，在铭文中这个音往往为与词首同类的鼻音（也就是说，为双唇音 μ 或软腭音 γ）所取代，如果两个词在某种意义上有密切关联。在词首的唇音前，就介词 ἐν 而言，⁴⁸ 这种变化在纪元前 5 世纪极少有例外（甚至持续到了基督教时代）——譬如 εμ πολει：就冠词而言，这种变化也司空见惯（τòν，τὴν，τῶν），ὅταν，ἐάν，还有其他形式在 μέν 和 πέρ 前，尤其从 5 世纪中叶到 4 世纪末。在词首软腭音前，这种变化主要见于 ἐν 和冠词形式中——譬如 εγ κυκλοι，τογ γραμματεα。这种变化的例证，也出现在较为松散的词语组合中：τετταρομ ποδον, hιερογ χρεματον（=τεττάρων ποδῶν, ἱερῶν χρημάτων）——甚至还有 στεσαμ προσθε（=στῆσαν π.）。⁴⁹

这些拼写清楚表明，至少在关系较为密切的组合中，同化为 μ 或 γ（=［ŋ］）通常出现在 5 世纪的言辞中。例外写法，譬如 εν πολει，出现在我们的抄本（MSS）⁵⁰ 和文本中，容易解释为类比拼

---

⁴⁸ 同样还有 ξυν/συν，但这在任何情况下都不常见。
⁴⁹ 极少有同化跨越标点的情形：所以，...οιδ οφειλουσιμ· φιλοδημο-σ...（=οἶδ᾽ ὀφείλουσιν. Φ...；4 世纪晚期）。
⁵⁰ 但同化拼写的例证见于纸莎。

写（正如在英语中，我们总是写成 *in*，甚至，譬如在 *in between* 中，其中的读音通常是［im］)。同化拼写（也就是说，使用 μ 或 γ)，在由 συν- 和 ἐν- 构成的复合词中，当然是规范写法，譬如 συμβαίνω，ἐγκλίνω，即使在这些情况下，铭文也会偶尔显示出类比形式。

词尾 ν 的同化，在其他类型的词首辅音前，似乎也变得司空见惯，这样一来就彻底同化了；所以，铭文显示有譬如 εσ σανιδι，τολ λογον，ερ ρο[δοι (=ἐν Ῥόδῳ)；在词首的后接一个辅音的 σ 前，词尾 ν 因简化而完全失去——因此，譬如 ε στελει。(51) 与此近乎平行的情形，在现代希腊语中保存下来，譬如 τον，την，δεν 中的 ν 的发音，同化为随后的同类破裂音，但在其他辅音前完全失去了（或者，换句话说，完全同化了，导致重叠辅音简化了，在现代语言中已成为规范：所以，譬如 τον λόγον → τολ λόγο(ν) → το λόγο)。

因此，我们可以总结说，我们的文本中词尾为 ν 的词，当后接一个在某种意义上有密切关联的词时，发音会同化为后接词的词首辅音，或者部分同化，或者完全同化，要发［n］音，只有当词首本身是一个齿破裂音或鼻音时（譬如 τ，δ，θ 或 ν)。

当然，的确有可能，在刻意人为或正式言辞中，也许会避免同化（很像有些讲英语的人，也使用定冠词 the 的“强读”形式，甚至在辅音前)。但同化永远不会在无密切关联的词之间成为规范；所以，哈利卡纳苏斯的迪奥尼修斯（*De Comp*. xxii，p. 103 UR)，在讨论品达的一行包含 κλυτὰν πέμπετε 的诗时认为，这是一种粗糙

(51) 非简化的形式 ε]σ στελε[ι 也少见（但参见页 12 注释 1)。

的并置，因为，在词末齿音 ν 和词首唇音 π 之间存在类型差异。

我们已提及，除了齿鼻音和双唇鼻音，在希腊语中，如在英语和拉丁语中那样（*VL*，页 27 以下），还有一种软腭鼻音，出现在软腭破裂音前，由 γ 来表示——譬如 ἄγκυρα, ἔγχος, ἐγγύς。瓦罗（Varro）将其与拉丁语 *angulus* 等词语中的 *n* 的发音等而同之，这明显是一个软腭鼻音（费古鲁斯［Nigidius Figulus］将其描述为"介于 *n* 与 *g* 之间"，不涉及［硬］腭）。[52] 用 *n* 来表示这个音，如在拉丁语中那样，完全可以理解，因为，在软腭破裂音前会自动发软腭音；类似采用 ν 的拼写见于阿提卡铭文（5 世纪之前一直如此，譬如约 550 年的 ενγυσ）。[53] 但规范的希腊语拼写以 γ 表示 [ŋ]，乍看起来非常引人注目，因为这就好像将英语的 *ink*, *finger* 拼写为 *igk*, *figger*。[54] 软腭破裂音中没有任何性质可以用以解释它前面的破裂音的鼻音化；所以，对这种拼写的唯一合乎逻辑的解释就是：如果在**其他**某个处境中，γ 具有可以从语音学上理解的 [ŋ] 的音质，那么，由此处境出发，采用 γ 的拼写方式就能够转移到其他位置（所依据的原理，也接近某些现代的音韵学学派，认为一个既定的音必须总是指定给同一音位）。

提供这样一种处境的最明显的备选条件，就是处在后接的鼻音前的位置，也就是说，如果 γμ 和/或 γν 要发 [ŋm], [ŋn] 音（就像英语 *hangman*, *hangnail* 中的 *ngm*, *ngn*），如拉丁语 *magnus* 等

---

[52] 亦参维克多利努斯（Marius Victorinus），见 *GL*，vi，pp. 16, 19 K。
[53] 类似地，在唇音前，譬如约 550 年的 ολυνπιονικο：参见特莱阿泰，页 588—594。
[54] 希腊语的用法，由乌尔菲拉采用于哥特语，但抄写员偶尔用 *n* 代替 *g*。

词的情形（*VL*，页 23 及其以下）。

事实上，有一个传统，保存在普利斯吉安（Priscian，†*GL*，ii，p. 30 K）那里，瓦罗将其归于伊翁（Ion，很可能是凯奥斯［Chios］人），［ŋ］这个音在 ἄγκυρα 中由 γ 表示，这在希腊语中有个特殊的
36 名称，这个名称就是 ἄγμα；因为，希腊语的字母名称与其所表示的音有关，这种名称只有当它的发音是［aŋma］时才有意义，也就是说，如果在鼻音 μ 前 γ 的发音是［ŋ］。(55)

这个假设进而解释了第一人称现在完成时被动态中的某些反常现象，譬如，请仔细思考以下形式：

（*a*）现在时	（*b*）第三人称单数现在完成时	（*c*）第一人称单数现在完成时
（i）λέγ-ομαι	λέλεκ-ται	λέλεγ-μαι
（ii）φθέγγ-ομαι	ἔφθεγκ-ται	ἔφθεγ-μαι

在形式（*a*）和（*b*）中，动词（ii）与动词（i）不同之处在于有一个鼻音［ŋ］，由 γ 表示，先行于词根末尾的辅音；但在（*c*）中，两个动词有对应的形式——如果 γ 在此 =［g］，就意味着动词（ii）失去了其鼻音。可是，这种情形可以得到解释，如果 γμ 中 γ 的发音是［ŋ］；因为，原初的形式就是 ἔφθεγγμαι，这里的 γγμ=［ŋŋm］，语音简化为［ŋm］，写作 γμ；如此一来，鼻音特征也就失去了。在拉丁语拼写中，*con* + *gnosco* 组合为 *cognosco*，如此等等（*VL*，页 23），与此密切对应。在 λέλεγμαι 中，［g］转变为［ŋ］精确对应于

(55) 参见 B. Einarson，*CP*，62 (1967)，p. 3 and n. 11.，对 ἄγμα 音名的其他可能解释，见 Lupaş，pp. 21 f.。

［h］转变为［m］，譬如在 τέτριμ-μαι 中，源于 τρίβω。

对证据的这样一种解释，并未被全部学者所接受。这表明，譬如在 λέλεγμαι 中，γ 能够发［g］音，拼写 ἔφθεγμαι（还有 ἄγμα），等等，表示 ἔφθεγγμαι，ἄγγμα 的一种纯粹书写上的简化形式（γγ 的发音是［ŋg］）。(56) 但奇怪的是，简化拼写如此一致，使得按此推理，它们在语音上具有歧义；也使得这种简化只会发生在这组词中。当然，这样一种假设仅仅接受而未能解释 γκ,γχ,γγ 音序中的 γ 的［ŋ］音质。从实践方面而言，由于它意味着，发音上的区分，不仅在于，譬如，λέλεγμαι 的 γ=［g］与 ἔφθεγμαι 的 γ=［ŋg］之间（后者而非前者在现在时中有一个鼻音），而且在于，譬如，εἴληγμαι 中 37
发［g］音与 ἐλήλεγμαι 中发［ŋg］音之间，**两者**在现在时中都有一个鼻音（λαγχάνω，ἐλέγχω）。(57) 鲁帕什（L. Lupaş，*SC*，8［1966］，p. 11）认为，一个音组［ŋm］是不可能的，若着眼于消除［nm］（如在 συνμαχία → συμμ 等中），这个论点无相关性可言；区别对待与更高的出现频率完全一致，所以，希腊语中（如在大多数语言中那样）齿上软腭音之"冗余"，引起了更大的语音上的不稳定性：这可以与梵语的情形相比较，譬如，其中的联词拼写类型［n+j］→［ñj］，齿音同化为腭音，可是［ŋ+j］仍然是［ŋj］。(58)

持平看待证据，同时基于实践，建议将［ŋm］作为 γμ 在所有情况下的发音。然而，奇怪的是，没有 γν=［ŋn］的有说服力的证

---

(56) 参见 Lejeune，p. 125，n. 5。

(57) 在一种情况下（ἐλέγχω）是词根的构成部分，在另一种情况下是典型的现在时"中缀"。

(58) 参见 Allen，"A note on 'instability'"，*MF*，1960，pp. 27 f.；Sandhi，p. 86。

据，所以，就此方面而言，希腊语的情形看起来与拉丁语相反。⁵⁹

如上文所论（页17及其以下），介词 ἐκ 发 [eg] 音，不仅在浊破裂音前，也在其他浊辅音前；然而，在词首是 μ 的情况下，譬如 εγ μακεδονιασ，由前述讨论显而易见，它最有可能的发音就是 [eŋ] 而非 [eg]。

当然，不能排除斯特蒂文特（页65）所提到的可能性：希腊语的 γμ 也许倾向于"拼写发音"（spelling pronunciation），基于更为广泛的 γ=[g] 的音质；所以，在此国度中流行将其发为 [gm]，也不必完全遭到谴责。但即使对这样讲话的人而言，在像 ἔφθεγμαι 这样的词中；语法类比也很可能引起 [ŋm] 这种发音，而譬如 πρᾶγμα，后来在现代希腊语口语中演变为 πράμα，很容易根据 [ŋm] 发音来解释。⁶⁰

希腊语处理 γ 位于软腭破裂音前的惯例的特别之处，将我们引向对其适切性的思考。根据瓦罗，阿克奇乌斯（Accius）也提议拉丁语采用此惯例（*VL*，页27及其以下），这会引起，譬如，以 *aggulus*, *agcora* 表示 *angulus*, *ancora*；但很容易看出，这会导致语音上的歧义性，因为，在拉丁语中，既有 [ŋg] 也有 [gg]（譬如 *angeris*, *aggeris*）。所以，一旦看到在希腊语中有类似的歧义性之可能性，其可能的缘由也就自己表现出来了。希腊语中，清破裂

---

⁵⁹ 参见 R. L. Ward, *Language*, 20 (1944), pp. 73 ff.，像 αγγνουσιοσ 这样的拼写，表示 Ἀγνούσιος（特莱阿泰，页531, 561），过于独特而不具有重要性。

⁶⁰ 在类似的更早期的演变中，γίγνομαι, γιγνώσκω 变为 γίνομαι，等等（约纪元前300年以来的阿提卡方言），也许要联系前面的 γ（也许还有 ι）来作特殊考量。

1. 辅音

音在其他浊破裂音前会变成浊音；所以，介词 ἐκ（见上文）在铭文中的写法是，在 β 和 δ 前就变成了 εγ，譬如，ἐκ+γονος → εγγονοσ。

这个例证，意为"后代，子孙"，显示二合字母 γγ 可能具有歧义性。因为，在此它具有 [gg] 音质；但在 ἐγγενής 意为"天生的，原生的，同族的"中，介词是 ἐν 而非 ἐκ，所以，发音是 [ŋg]。然而，这种情形得以保留，很大程度上是靠在前一种情况下保持 ἐκ 这种拼写；所以，在约纪元前 5—前 4 世纪，与 27 个阿提卡方言铭文例证拼写为 εγγονοσ 相对，我们发现 εκγονοσ 这种拼写有 50 例；从约纪元前 300 年以降，εγγονος 这种拼写遭弃，却出现在了纪元后 2 世纪，复又作为手抄异文以 ἔκγονος 出现在了书面文本中。⁶¹ 与此类

---

⑥¹ 关于 ἔγγονος，其特殊含义是"孙子"，这种情形令人迷惑不解。有时候，据信它们是同一个词，却又分别见于相对较晚的文献（譬如，Dion. Hal., *Ant. Rom.* vi. 37; cf. Plutarch, *Per.* 3），并且看上去在形式上有别于 ἔκγονος="后代"；这一点，各种后世文献有明确规定，譬如《古德辞源》(*Etym. Gud.*)：ἔγγονα διὰ τῶν δύο γγ σημαίνει τὰ τέκνα τῶν τέκνων· [ὅτε δὲ] διὰ τοῦ κ γράφεται ἔκγονα τὰ ἴδια τέκνα. [ἔγγονα 使用两个 γγ 来表示"儿子的儿子"；（可当）用 κ 写成 ἔκγονα 时，就指自己的子孙后代。] 但可能有两个 γγ 音质所导致的结果是，两种拼写的混淆显然司空见惯（事实上，欧斯塔提奥斯 [1460, 18] 对此也有评论）；所以，在新约（N.T.）中，尽管《贝查抄本》(Codex Bezae) 在《提摩太前书》(*I Tim.* 5. 4,) 中以 ἔγγονα 表示"孙辈"，其他抄本写成 ἔκγονα；在一件以弗所（Ephesus）铭文中（约纪元前 85 年），同样的歧义性很可能导致以拼写 εκγεγραμμενουσ 表示 ἐγγ.=ἐν-γ.（参 G. Dittenberger, *Sylloge Inscr. Gr.*³, no. 742, 29 and note）；与之相反，在萨摩斯（约纪元前 305 年）以拼写 ενγουοισ 表示 ἐγγ.=ἐκ-γ.（Dittenberger, no. 333, 25）。

但就口语而言，现代希腊语的 εγγονός 和 εγγόνι（发音为 [ŋg]）显示，除非它们基于"拼写发音"，意为"孙子"的这个词，就应由 ἐν 而非 ἐκ 复合而成（参见 W. Schulze, *KZ*, 33 [1895], p. 376; Schwyzer, p. 317），或至少由 ἔκγονος 和 ἐγγενής 侵蚀而成，导致在任何情况下，甚至在古代都以 [ŋg] 发音。

39 似，ἐκγράφειν 是意为“复制”或“删除”的这个词的规范拼写，因为，ἐγγράφειν 这种拼写可解释为“写入，刻上”；在一件约纪元前 303 年的铭文中，同时可见 εγγραψασθαι 与 εκγραψασθαι，两者的意思都是“复制”，(62) 在一件纪元前 3 世纪的阿卡迪亚（Arcadian）铭文中，有 εγγραφετω 这样的形式，意为“删除”。(63) 但是，这样的形式少见，尽管在 β 和 δ 前（这里不会出现歧义），εγ 是直至纪元前 1 世纪的阿提卡方言的规范形式。

拼写 γγ 的发音是［gg］，也保存在《伊利亚特》(*Il.* xx，458）的 κὰγ γόνυ（κατ(ὰ) γόνυ）中，尽管在此片段中也有善好的抄本写作 κὰκ γόνυ（见里夫［Leaf］本中的注释）。(64)

对希腊语发音［ŋ］的严格音韵学解释，要求为其规定一个特殊符号（也就是说，将其识读为一个独特的音位）。(65) 但并不令人惊奇的是，希腊人并不试图如此；因为，歧义不多，也可以通过“类比”或“词素音位”（morphophonemic）拼写来避免；相较于［n］和［m］，［ŋ］的出现只限于几种文本处境——譬如，它不可能出现在词首或某个元音前。事实上，没有哪种使用希腊－罗马字母

---

(62) Dittenberger，no. 344，61.

(63) E. Schwyzer，*Dial. gr. exemp. epig. potiora*³，no. 668，14.

(64) 对这些主题的进一步讨论，参见 L. J. D. Richardson，“Agma，a Forgotten Greek Letter”，in *Hermathena*，58 (1941)，pp. 57 ff.，and “Double gamma as true ‘double-*g*’ in Greek”，in *TPS*，1946，pp. 156 ff.。

(65) 参见 B. E. Newton，*Lingua*，12 (1963)，p. 155。可以认为它是音位 /g/ 的音位变体，因为如果我们所见，有［ŋg］和［gg］；在大多数情况下，可以视其为音位 /n/ 的音位变体（即在软腭辅音前），在音序为［ŋm］（γμ）的情况下这么做，尽管理论上在缺乏音序 νμ 的情况也有可能，在语音学上却是反常现象，因为，这意味着是随后的唇辅音引起了软腭音质。

的欧洲语言，认为也必须为此目的而扩大词汇表——譬如，英语在软腭音前写成 n 表示 [ŋ]，其余写成 ng 表示 [ŋ]（有某种语音上的歧义性，譬如，在密切关联 banger，hanger 等的 longer，linger，Bangor 的标准发音中——除了 danger 等中的"软音"）；特殊符号只见于古日耳曼卢恩语（Old Germanic Runic）和古凯尔特欧干语（Old Celtic Ogham）的书写系统中。

（v）流音 *

这个名称，如今一般用于 [l] 和 [r] 一类音。它源于拉丁语术语 liguidus，后者又由拉丁语语法学家转而用于翻译希腊语的 ὑγρός。[66] 这个希腊语术语，特拉克斯将其用于四个辅音 λ, μ, ν, ρ（Ars Gramm., p. 14 U）；[67] 评注家对这个词的解释各不相同，但最普遍的观点似乎认为，它意指"流动的"（fluid），意思是"不稳定"（unstable），就这些辅音的音质之于定量的格律目的而言，因为，由破裂音 +λ, μ, ν, ρ 所构成的音组，使得前面的音节包含一个具有"不确定"或"普通"音量的短元音，譬如在 πατρός, τέκνον 中（进一步参见页 106 及其以下）——这个音节的这种情形又被称为 ὑγρός。在拉丁语中，这个术语只适用于 l 和 r，因为，m 和 n 在

---

[66] 然而，毛鲁斯（Terentianus Maurus）用 udus 或 uuidus 来翻译这个希腊词（GL, vi, pp. 350, 362 K: cf. Allen, pp. 31 f.）。

[67] 另一个术语是 ἀμετάβολος（解释为在名词和动词曲折变化中，词干末尾不发生变化）。这个术语被毛鲁斯译为 immutabilis，但未被普遍采用；这个术语没有出现在亚美尼亚语版本的迪奥尼修斯文本中。

任何情况下都可归类为"鼻音","流音"这个术语就有了其更为严格的、通用的含义;在此意义上,它仍然是一个有用的术语,因为,要用清晰的术语为这些音归类是一件有点复杂的问题。[68]

λ 语法学家对这个音没有有用的描述。哈利卡纳苏斯的迪奥尼修斯只是提到,它用舌和上腭发音,相对于 ρ,耳朵听起来它较为轻松,而且是连续音中最悦耳的一个(*De Comp.* xiv, pp. 53 f. UR)。但比较其他语言中的同源词,并且由其在现代希腊语中的音质,我们可以稳妥地指出,它是一个边音(lateral*)[1];与英语或拉丁语(*VL*, 页 33 以下)不同,没有证据显示,在阿提卡方言中,它在任何情况下处在辅音前时会发"暗音"或"软腭化";所以,很可能它在任何处境中都是一个"明音",也因此更像法语而非英语中的这个音。[69]

ρ 哈利卡纳苏斯的迪奥尼修斯对这个音的描述是,"舌尖升向上腭接近牙齿"并"吹"或"鼓"出空气(†*De Comp.* xiv, p. 54 UR);手抄本读如 ἀπορριπιζούσης 或 ἀπορραπιζούσης(亦参 p. 56 UR),但含义并无不同,柏拉图明确提到,发这个音时,舌头

---

[68] 参见雅克布森等(R. Jakobson, C. G. M. Fant & M. Halle)《言辞分析初步》(*Preliminaries to Speech Analysis*, pp. 19 ff.)。

[69] 但从方言角度看,有证据显示在某些处境中有"暗音"变异。古亚美尼亚语区分了一个暗音 l 与一个明音 l;前者占据了字母表中 λ 的位置,常用于转写希腊语单词中的 λ,尤其在非前元音附近时。这也许很好地反映了小亚细亚希腊语的独特性;现代卡帕多奇亚希腊语(Cappadocian Greek)表明在这样的处境中有一种唇音或软腭音质的演变(譬如 άβγο<άλογο, θογό<θολός),也许赫叙奇乌斯(Hesychius)的 κάρυα Ποντικά 有对 ὄλαρα 和 αὐαρά 的重要解释;参见萨姆(A. Thumb)《亚美尼亚语中的希腊语外来词》("Die griechischen Lehnworter im Armenischen", *BZ*, 9 [1900], pp. 388 ff.)。

"静止程度最小而颤动幅度最大"(†《克拉底鲁》,426E)。所描述的明显是一个颤动的齿龈音[r],譬如,在意大利语或某些苏格兰语的发音中,而不像在南部英语中,那里的收缩程度更大,发音强度更小(带有一次轻敲、摩擦,或者不这样)。进而也可以注意到,这个音也用于大概是表示狗咆哮的拟声词 ῥάζειν, ῥύζειν, ἀρράζειν 中(参见 VL,页 32)。⁷⁰

概而言之,[r]是一个浊音,但在古典阿提卡方言的某些处境中,也好像是清音。事实上,语法学家告诉我们,ρ 位于词首时是一个送气音,当重叠的 ρρ 出现在词中时,前一个不送气,而后一个要送气(譬如,†Herodian, i, pp. 546 f. L)。这些描述在拜占庭时期的书写中得到遵循,词首的 ῥ 和词中的 ῤῥ,也有早期拉丁语转写支持,诸如 rhetor, Pyrrhus。偶尔还有更早的证据见于铭文中的用法 h,如科西拉岛(Corcyra)的 ρhοϝαισι,早期阿提卡方言的[ρρ]εαρhιο(约 500 年),放逐泰米斯托克勒斯(Themistocles)的陶片上有数例 ϕρεα(ρ)ρhιοσ(Threatte, p. 25)。但也发现波奥提亚方言中有 hορaϕσa[ϝοιδοι (=ῥαψῳδῷ),但也有转写形式 hr,譬如,在亚美尼亚语 hretor 中(科普特语和通俗埃及语中与此类似)。如斯特蒂文特(页 62)所指出的那样,我们很可能将这种变化解释为,意指送气既不在[r]前也不在[r]后,而是与其同时,也就是说,这是一个"清音"或清音[r](希腊语中所有的送气音,不像

---

⁷⁰ 亚美尼亚语区分一个颤音 ř 与一个擦音 r(参见 Allen, TPS, 1950, pp. 193—197),前者占据字母表中 ρ 的位置(尽管在转写希腊词时有很多变体)。

梵语，都是清音）。方言中支持这种音质的情形，见于现代萨空尼亚方言，它由拉科尼亚方言的 ῥι- 演变出了［ši-］,⁷¹ 尽管这也显示 ρ 发一种擦音。⁷²

这样一个音，可以发现它，譬如在现代冰岛语 hringur 意为"指环"（ring）中，是一个截然不同的音位（与 ringur 意为"风味"［gust］中的浊音［r］形成对照）；但在希腊语中，它只是一个语境变体，或"音位变体"，因为，词首的 ρ 合乎规律地是清音。唯一的例外是由希罗迪亚努斯 Ῥᾶρος 这个人名及其派生词告诉我们的（同上；亦参考罗博思库斯［Choeroboscus, *Schol. in Theod.*, ii, p. 43 H］）；这个例外的理由，也许是后一音节起首是 ρ，但另一个词 ῥάρος 也为一位特拉克斯的评注家所引用（p.143 H），与爱奥尼亚方言中的 ἔμβρυον［年幼的］或 βρέφος［胎儿］意思一样，而对这个词在此不送气的解释是由于方言之特点（就此，典型特征是"失去气音"［psilosis］）。如果理由确在于第二个音节中的 ρ，我们当然可以认为，在罕见的重叠形式 ρερυπωμέμα（*Od.* vi, 59）和 ρερίφθαι 中（Pindar, *Fr.* 318），⁷³ 词首的 ῥ（而非 ρ）浊化了。在重

---

⁷¹ 参见 M. Vasmer, *KZ*, 51 (1923), p. 158。
⁷² 也要注意，譬如在"印度-斯基泰"库珊王朝（"Indo-Scythian" Kušān dynasty, 始于纪元后 2 世纪早期）的钱币上，以具有希腊语起源的符号来拼写的伊朗语（巴克特里亚语［Bactrian］），使用了 þ，这个符号被认为源于 P，上标气音符号，参见 R. Göbi in F. Altheim & R. Stiehl, *Finanzgeschichte der Spätantike*, p. 183。
⁷³ 波克（Boeckh）事实上写成了 ρερίφθαι。可是，这个词在所有考罗博思库斯手抄本中都带有送气音（参见索默施坦因［Sommerstein, p. 47, n. 61］，在此也讨论了 Ῥᾶρος, ῥάρος）。事实上，这个词与 ρερυπωμένα 是类比构型，因为，它们的词根原本不以 r 起始（它们分别源于 wr- 和 sr-，进一步参见 Lejeune［b］, pp. 122, n., 181, n.）。

叠形式 ρρ 中，如语法传统所示，也许只有第二个 ρ 送气，也就是说，这个叠音始于浊音终于清音；但这条规则出于人为，所依据的模式，譬如 ’Ατθίς，Σαπφώ，Βάκχος（参见页 21），就此关联尤为考罗博思库斯（Choeroboscus）所提及（p. 44 H）。

除了词首和重叠音，也有报告说，ρ 在送气破裂音后发送气 43
音（也就是说，很可能是清音），譬如在音组 φρ，θρ，χρ 中（所以，†Choeroboscus，*Schol. in Theod.*，i，p. 257 H; cf. ii，p. 44 H；*Schol. in Dion. Thr.*，p. 143 H）。(74)这个特点，进而有拉丁语转写支持，诸如 *Prhygia*，*Trhepto*，*Crhysippus*。转而有助于解释譬如从 τετρ-ίππος 到 τέθριππος 和从 προ-όρα 到 φρουρά 的演变，因为这些词中的 ρ 首先会变成送气音（清音化），即在一个送气元音前（进而在复合词中失去送气，譬如 ρί，ρό → ῥι，ῥο），反过来又会要求前面的破裂音送气。

应当强调的是，ρ 发清音，在某些处境中纯粹是一个音位变体的问题（参见页 9），因此不会引起混淆，如果 ρ 总是保持其浊音音质，譬如在现代希腊语中。

很多情况下，ρ 位于词首或重叠时要送气，有一个历史原因。少有例外但有争议的是，希腊语中以 ρ 起首，与相关语言中以 r 起首，并无对应关系；当后者中词以 r 起首时（譬如英语 *red*，梵语 *rudhiráḥ*，拉丁语 *ruber*），希腊语则会显示它前面有一个所谓“前加的”（prothetic）元音（所以，ἐρυθρός）。当希腊语以 ρ 起首

(74) 比较 *r*（和 *l*）发清音，处在英语清破裂音（参见页 28）的送气的音位变体后，譬如在 *pray*，*please* 中。

时，它提出都源于一个原初的辅音—组，即 *sr* 或 *wr*；所以，譬如 ῥέω 密切关联梵语 *sravati*（比较英语 *stream*），ῥέζω 密切关联英语 *work*。元音前原初的 *s* 在希腊语中变成了［h］（“强送气”），譬如 ἑπτά 密切关联拉丁语 *septem*；因此，原初的 *sr* 也许被认为变成了 ῥ。此论点或许不适用于 *wr*，因为，原初的 *w* 合乎规范地变成了轻送气音，譬如 οἶδα 密切关联梵语的 *veda*（比较英语 *wit*）；但是，大概起首送气与不送气的 ρ，即使曾经对应，这种对应也少有意义，(75) 送气形式变成了标准。(76)

44 词中的 ρρ，也源于这些同样的辅音组合；但由于在短元音后，将这样的辅音组合简化为一个 ρ，会改变先行音节的音量，所以要保持其为重叠音。在词首是 ρ 的情况下，重叠音要送气，是按照词首 *sr* 音组模式（譬如 ἔῤῥευσα），甚至当其来源原本是一个 *wr* 音组时，也是如此，譬如在 ἄῤῥητος 中（比较拉丁语 *verbum*，英语 *word*）。现代文本中通常的做法是显示词首单个 ρ 要送气，但词中的重叠音 ρρ 却并非如此；事实上，词首 ρ 上有强送气符号，当然是多余之举，如在重叠音上那样，因为其实在所有情况下，自然而然就该如此。

重叠音 ρρ，相当大程度上也都保存下来了，甚至在持续的言

(75) 有一种情形或许与之有关，就是 ῥοαί 意为“溪流”（streams）和 ροαί 意为“石榴”（pomegranates，按希罗迪亚努斯的重音标注），如果后者作为从某种未知语言中借用的词，ρ 原本就不送气。

(76) 如果格拉斯曼法则（见页 15，20，54）也曾适用于 ῥ，却没有语迹存留，所以，譬如印欧语言的 swedh-（比较梵语 *svadhā́*）→ ῾ϝέθος → ϝέθος→ἔθος，但 *srobh-*（比较立陶宛语［Lith.］*srebiù*，拉丁语 *sorbeo*）→ ῥοφέω。所以，情况类似于 ὑ-（见页 68 注释 15）。

说中，原本处在一个词末短元音后的位置上，也是如此，如其格律效果所表明的那样。这种情形普遍见于阿提卡悲剧（譬如 Eur., *El.*, 772: τίνι ρρυθμῷ）和喜剧（Ar., *Frogs*, 1059: τὰ ρρήματα）对话，也随意见于史诗（譬如 *Il.* xii，159: βέλεα ρρέον；xxiv，343: εἵλετο δὲ ρράβδον）。这些情况下的文本，普遍显示为单个 ῥ，但 ρρ 也偶尔见于铭文。就史诗辅音重叠而言，也往往扩展到词首的 λ，μ，ν（譬如，*Il.* xiii，754: ὄρεϊ (ν)νιφόεντι），在某些情况下，但绝非在所有情况下，源于一个原初的音组（参比英语 *snow*）。(77)

反过来，预料 ρρ 会出现在词首的音节增音或重叠中的 ἐ 之后，偶尔会见到单个 ρ，类比现在时形式，譬如在史诗和悲剧歌词中；关于 ἔρεζε（*Il.* ii，400），考罗博思库斯（*Schol. in Theod.*，ii，p. 44 H）评论说，这是“由于格律”(διὰ τὸ μέτρον)。铭文在这种情况下，普遍显示为 ρρ，但在复合词中变化多端（譬如，απορ(ρ)αινονται，纪元前 431/418 年）。(78)

还要提到的是，在某些情况下，阿提卡方言中的 ρρ，对应于其他很多方言中的 ρσ，包括伊奥尼亚方言（Ionic）。阿提卡方言 45
维持着 ρσ，当一个语法成分起首是 σ 时，譬如 ῥήτορ-σι，κάθαρ-σις，ἔσπαρ-σαι；还有在某些借用词（譬如 βύρσα）和专名中（譬如 Περσεύς）。但甚至某些非阿提卡方言来源的词语也显示，阿提卡

(77) 阿提卡方言之外，有些例证显示，音组 *sl* 和 *s*+ 鼻音，形成一个送气（清）辅音——譬如，埃吉纳方言（Aegina）λ*h*αβον=λαβών；但在这些情况下，不像 ῥ，不送气形式变得普遍。关于原本是 *sw* 的情形的演变，参见页 48。

(78) 进一步参见 Lupaş，pp. 24 f.; Threatte，pp. 519 ff.。

方言要变为 ρρ——譬如在铭文 χερρονεσοσ 中，表示 Χερσόνησος，合乎规律地始于纪元前 451 年；Περσεφόνη 的阿提卡方言形式是 Φερρέφαττα。在文献中，伊奥尼亚方言的 ρσ 普遍见于悲剧和散文，直至修昔底德（Thucydides）时代（但甚至在他那里，偶尔也能见到使用 ρρ 的形式，如 πόρρω(θεν)，δέρρις）。此后，ρρ 这种形式越来越普遍，通俗希腊语的影响很快倾向于恢复 ρσ；然而，从未完全恢复，譬如动词 θαρρεῖν，仍然是规范形式，与 θάρσος 一道。[79] 也许可以感觉到，阿提卡方言的这种方言特点，相较于上文讨论过的 ττ（页 12 及其以下）较少有地方性，因为，这一特点，它不与波奥提亚方言共有，却与其他方言共有。

（vi）擦音 *

古典阿提卡方言中，只有一个擦音音位，这就是 σ(ς)。哈利卡纳苏斯的迪奥尼修斯，相当清楚地将其描述为，通过抬高舌至上腭来发音，让空气通过它们之间，在牙齿周遭产生一个哨音或嘶音（σύριγμα，De Comp. xiv，p. 54 UR）。这似乎显示出一个嘶音，不像英语齿龈音 s；[80] 这个描述本身并未排除一种与嘶音相对的"嘘音"（hushing，也就是 [š]，读如英语的 sh），但其他有这两种类型的音的语言，表示希腊语的 σ，既使用它们的 [s]，也使用它们的 [š]——所以，譬如印度钱币上的 Dianisiyasa =Διονυσίου，科普特

---

[79] 进一步参见 Lupaș，pp. 37 f.; Threatte，pp. 534 ff.。
[80] 现代希腊语发音收缩程度更大。

语中也有类似情形。

虽然 σ 在大多数处境中都是一个清音 [s]，在浊辅音前的位置上，还有一个浊音 [z] 音位变体。对于在 δ 前的位置而言，这一点由 Ἀθήνας+δε 写成 αθεναζε（=Ἀθήαζε，纪元前 445 年，等等）可以见得，以特殊的符号 ζ=[zd] 表示 σδ（进一步参见页 56 及其以下）。[81] 就其他浊辅音前的位置而言，没有可供引述的直接证据见于纪元前 4 世纪下半叶以前，此后在 μ 前，σ 写成 ζ[82]（这时候发音变成了 [z]）或 σζ（譬如 ενδεσζμουσ）；但既然没有可能显示发音为 [z] 更早，完全有可能在更早一个时期的此类语境中，σ 已经有了这种音质。在 σδ 这种情况下，事实上可以确定，同样的发音适用于其他浊破裂音前，这也许可在 Πελασγικόν 与 Πελαργικόν 形式上的混淆中有所反映（纪元前 439 年的铭文；亦参 Ar., *Birds*, 832；the Codex Laurentianus of Thuc., ii. 17）；[83] 铭文中的拼写形式 πελαζγικον 出现在 4 世纪晚期的阿尔戈斯（Argos）。

更晚期，浊辅音前的 σ 发浊音，由有符号 [s] 和 [z] 的语言转写的希腊语所证实，譬如哥特语 *praizbwtairei*=πρεσβυτέριον，亚美尼亚语 *zmelin*=σμιλίον；并且这仍然是现代希腊语的一个特征。

---

[81] σδ 保留在明显的复合词如 προσδέχομαι 中，类比 προς，等等，还有其他处境中的主词中（譬如ἐκσῴζω，而非ἐξ-）；但需要注意，波奥提亚铭文 διοζοτοσ=Διόσδοτος。还要注意使用 σζ 表示 (σ)σδ，页 58 上提到了。

[82] 在《帕拉蒂尼文选》(*Palatine Anthology*) 中，Ζμ- 表示 Σμ-，也有其在字母表中的位置支持（参见 R. Merkelbach, *Glotta*, 45 [1967], pp. 39 f.）。

[83] 参见 Threatte, pp. 557 f.，在音组 [zg] 中发生的"r 音化"(rhotacistic) 演变，见于拉丁语 *mergo*，密切关联立陶宛语 *mazgóti*；亦参厄立特里亚方言 μιργοσ=Μίσγος。关于语音学讨论，参见 M. Grammont, *Traité de Phonétique*[3], pp. 205 f.。

然而，在元音前，并且普遍在词末，没有证据显示，在阿提卡方言中，σ 发清音［s］以外的音，应小心避免在元音之间和在词末发［z］音，这种发音见于英语——所以，βασιλεύς，μοῦσα，πῶς 不要读如 *Basil*，*muse*，*pose*；[84] 另一方面，英语 *cosmic*，*lesbian*，为 σ 在 κόσμος，Λέσβος 中的发音提供了正确范例。

关于晚期希腊语中擦音的演变，参见页 22 及其以下，页 30 及其以下。

关于 σσ，参见页 12 及其以下。

47 ## (vii) 半元音 *

这个术语在此使用其现代含义，所指发音为英语的 *w* 与 *y* 之属，而非指希腊语 ἡμίφωνα［半元音］或拉丁语的 *semivocales*［半元音］(参见页 19，以及 *VL*，页 37，注释 1)。尽管人们通常并不认为，这些音在古典阿提卡方言中是独立的音位，仍有必要联系其他特征加以讨论。

［w］(ϝ，“digamma”)。在早期希腊语中，这个音作为一个独立的音位存在；在塞浦路斯方言（Cyprian）和迈锡尼方言（Linear B）音节中，有 *wa*，*we*，*wi*，*wo* 这样的符号，大多数方言显示，碑铭中有一个特殊字母形式的证据，其最常见的形式是 ϝ。这是一

---

(84) 然而，正如在现代希腊语中，词末的 ς，在密切关联的词首浊辅音前发浊音：参见阿尔戈斯铭文 hoιζ δε(=οἷς δὲ，6 世纪)，如现代希腊语 ο γυιός μου=［o yóz mu］，如此等等。

个由闪米特语"waw"分化而来的形式,而 Y 这种形式被采用作为元音[u]。由基于西部希腊语模式的拉丁语字母表中的 F,明显可见它保持着其在闪米特语中的位置(而 Y,即拉丁语的 v,则放在最后)。这也见于埃特鲁利亚语(Etruscan)铭文中的希腊语字母,也见于一块早期科林多祈愿牌上的一个字母表之局部(?纪元前 6 世纪: IGA, 20, 13),出现在 E 与 Z 之间;后来又用作(纪元前 2 世纪晚期以来成为规范)数字 =6。[85] 按此用法,演变出了各种形式,譬如,碑铭中的 C、F 和抄本中的 C、ϛ、ϙ、ς,所以,最终(约纪元后 7—8 世纪)与手写体 στ ("στίγμα") 相合,此后与其混合。[86] 这个字母在希腊语中原初的名称,很可能是 ϝαῦ (如 ταῦ 模范闪米特语"taw"),尽管其所证实的实例只有卡西奥多鲁(里)

---

[85] 一个中间阶段,见于其在 5 世纪的洛克里亚(Locrian)铭文中用作段落符号(IG, ix. i. 334),就此,是查德威克博士(Dr. Chadwick)引起了我的兴趣。关于希腊语字母数字最早的使用,参见达理(L. W. Daly)《古代和中世纪的字母排列历史文稿》(*Contributions to a History of Alphabetization in Antiquity and the Middle Ages*[= Coll. Latomus, 90, 1967], pp. 11 f.),有更进一步文献指引。

同一字母表位置,在格鲁吉亚字母中音值为[v],在古代文本中也有同样的数字功能,在 *xucuri* ("教会的" [ecclesiastical]) 书写中,很可能源于一个希腊语形式。字母位置和数字功能,也为由古斯拉夫语的西里尔字母衍生出的字母所遵循(但随意使用的音值是[dz]);也许,在哥特语中也是如此(音质是[kʷ])。其他希腊语 ἐπίσημα [印文] 中(参见页 17, 60),衍生自 ϙ,其字母位置和数字功能为格鲁吉亚语所接受(但音值是[ž]),为西里尔字母所接受(音值是[č],亦如俄语的 ч),也为哥特语所接受(无音值);在亚美尼亚语中,所衍生的字母占据其本来的字母表位置,但数值是 900,音值是[j]。Ϡ 的衍生字母连同其数值为西里尔字母所接受(音质[č̃]),也为哥特语所接受(无音值)。

[86] 有时候甚至导致大写的 ΣT'。

乌斯（Cassiodor(i)us）的一个说法：瓦罗如此称述它。(87) 后来它开始称作 δίγαμμα，由于其外形，譬如哈利卡纳苏斯的迪奥尼修斯所描述的那样（*Ant. Rom.* i. 20：“ὥσπερ γάμμα διτταῖς ἐπὶ μίαν ὀρθὴν ἐπιζευγνύμενον ταῖς πλαγίοις”［就像两个 γάμμα，一个与另一个并排在一起］)。

但在阿提卡方言中，［w］作为一个早期的独立音位失去了（尽管事实上，阿提卡方言譬如 δέρη，κόρη 显示，在某些情况下，它在这种方言中保存了一段时间，因为，要不然我们预想 ρ 后是 ᾱ；关于其保存，参比阿卡迪亚方言 δερϝα，κορϝα）。这个音仍然是双元音的第二个成分（参见页 5），但在此被当成元音 υ 的音位变体，也才如此书写；(88) 在元音前，αυ，ευ 中的 υ 表示叠音［ww］（参见页 81 及其以下），结果所在音节一般都是重音节；其辅音音质在现代希腊语中重现，在辅音和元音前，αυ，ευ 发音都是［av，ev］（在清辅音前是［af，ef］——譬如 αυτός =［aftós］；从而在 σ 前读［ap，ep］——譬如 δούλεψα 源于 (ἐ)δούλευσα），参见页 80。

在某些词中，词首的［w］出自一个原初的辅音组合 *sw*，在这些情况下，预想的发音是一个送气音或清音［w］（参见页 41 及其以下），如北方英语中的发音 *wh*。这由潘菲利亚方言（Pamphylian）

---

(87) 这段材料中的“VAV”，就是里彻尔（Ritschl）猜测的手抄本中的“VA”。但 VAV 这个音名还有其他材料支持：参见戈登（A. E. Gordon）《拉丁语字母表中的字母音名》（*The Letter Names of the Latin Alphabet*，p.46 and n. 67）。

(88) ϝ 保存在约 550 年的阿提卡方言铭文的双元音拼写 αυ 中，αϝυ-ταρ：Threatte，p. 23。

的 ϝhε=ἕ（比较梵语 *sva-*），波奥提亚方言 ϝhεκαδαμοε（=Ἑκαδήμῳ），可以证实。在阿提卡方言中，[w] 失去了，仅送气音（“强送气”）保留下来，譬如在 ἡδύς 中（比较梵语 *svādúḥ*，英语 *sweet*）。

尽管就阿提卡方言而言，ϝ 只具有历史价值，但应当指出，它在非阿提卡诗歌格律中发挥了重要作用。所以，在荷马那里， 49
原本有一个 ϝ，解释了 2300 例缺少省音（譬如 *Il.* i，30: ἐνὶ (ϝ) οἴκῳ），解释了 400 例“位置”音量，前面的词以辅音结尾（譬如 *Il.* i，108: εἶπας (ϝ)έπος），也解释了 160 例缺少“史诗体元音缩减”（epic correption，见页 97），在音步后半段（譬如 *Il.* vii，281: καὶ (ϝ)ίδμεν ἅπαντες）。词首组合 δϝ，也解释了大量“位置”音量，当前面的词以一个短元音结尾时（譬如 *Od.* i，203: οὔ τοι ἔτι δ (ϝ) ηρόν; *Od.* ix，236: ἡμεῖς δὲ δ (ϝ)είσαντες，比较 6 世纪的科林多方言 δϝενια=Δεινίου）。甚至词首的 [h] 也有同样的影响，当其源于原初的 *sw* 时，在第三人称代词中尤为显著——譬如 ἀπὸ ἕο（*Il.* v，343），以及表示所有的 πόσεϊ ᾧ（*Il.* v，71），等等——但也有 φίλε ἑκυρέ（*Il.* iii，172，比较梵语 *śváśuraḥ*，德语 *Schwäher*）；在此类情况下，它表示一个双送气音（发清音）ϝ（参见页 41 及其以下），故而有 ἀπὸ ʽ(ϝϝ)έο，等等。(89)

很多情况下，后来的编本都倾向于模糊原初的 ϝ 的存在，通过各种文本修正；所以，οἴσετε ἄρν’（*Il.* iii，103），元音分读显示

(89) 也要注意，因前面的词末辅音，ὃς ἄξει（*Il.* xxiv，154）很可能指 ὃς (ʽϝ’) ἄξει（对应于行 183 的 ὃς σ’ ἄξει）；参见霍克斯特拉（A. Hoekstra）《荷马对构词原形的改变》（*Homeric Modification of Formulaic Prototypes*，p. 43）。

为 ϝάρν'，只保存在一份纸莎中，但所有手抄本中都有 οἴσετε δ' ἄρν'（词形，比较克里特希腊语 ϝαρεν，还有现代萨空尼亚方言 *vanne*）。这也见于用来保持音量的替代做法，在意为“害怕”的词根的中间字母 δϝ 前的音节中；所以在现在时元音重叠 δείδιμεν（表示 δέδϝιμεν）和形容词 θεουδής（表示 θεοδϝής）中延长元音，但在不定过去时 ἔδδεισα（表示 ἔδϝεισα）和形容词 ἀδδεές（表示 ἀδϝεές）中辅音重叠。

但在很多情况下，格律不容许恢复从词源角度所预想的 ϝ；如尚特雷（Chantraine）评论说（i，p. 153），“ϝ 是史诗语言史上消亡过程中的一个因素”（值得注意的是，相较于爱奥利亚方言，它在伊奥尼亚方言中较少可行）；因而（页 157），“不可能系统重建《伊利亚特》和《奥德修纪》中的 ϝ，作此努力的语文学家将给予文本
50 和语言一种不精确的图像”。对 ϝ “digamma” 与荷马史诗格律的关联，首次由本特利（Richard Bentley）在 1713 年作了讨论；[90] 但一个世纪后，奈特（Richard Payne Knight）企图将重建之努力付诸实施，导致荒诞不经之结果。后世的研究向来基于更为科学的原则，但不建议读者在诵读荷马时有任何重建之企图；在按照现有文本念读文本时，至少要接近讲古典阿提卡方言的人的发音。

古人认为 digamma 是一个特别具有爱奥利亚方言特色的字母，ϝ 事实上也见于莱斯博斯方言（Lesbian）诗人的文本。它保存在一本真书抄本中，仅有一例，就是在第三人称单数所有与格起首

---

(90) 参见菲佛（R. Pfeiffer）《古典学术史 1300—1850》（*History of Classical Scholarship from 1300 to 1850*，p. 157）。

1. 辅音

Ϝοισι (=οἶσι)，出自萨福（Sappho, A. 5, 6, *Oxyrhyncus Papyri*, ed. Grenfell & Hunt, 1, vii; Plate II），但这一例和在代词中（参见页49），却有后世著作家引述，迪斯克鲁斯（Apollonius Dyscolus）尤为值得一提（尽管抄工倾向于将这个字母写成 E 或者 Γ）。这个字母也保存在词首音组 Ϝρ 中，使用一个 β 来拼写（譬如 Sappho, E. 5, 13 βρόδα 表示 Ϝρόδα = ῥόδα）；也许出现在两个元音之间时会写成 υ，见于阿尔凯奥斯（Alcaeus, D. 12, 12）: [91]αυάταν（= ἄτην）首音节是轻音节。

除了爱奥利亚方言，语法学家也将知晓字母 digamma 作为拉科尼亚方言和波奥提亚方言的一个特征；[92] 这些例证都有文本证据。词首的 digamma 在阿尔克曼（Alcman）和考琳娜（Corinna）那里一概受到重视，是为了和韵之目的；[93] 这个字母有一个确定的例证，保存在阿尔克曼一本书的纸莎本中（Ϝάνακτα 见于 I[I], 6），[94] 并且在αυειρομέναι 中以 υ 来表示（i[i], 63：首音节是轻音节）。拉科尼亚方言的这个特点，也保存在了阿里斯托芬的《吕西斯特拉泰》（*Lysistrata*）中，其中 παρευιδών（行 156）很有可能 = παραϜιδών，而 γ᾽ἀδύ（行 206）= Ϝαδύ。关于考琳娜和其他作者不确定的波奥提

---

[91] 关于萨福和阿尔凯奥斯的文献，参考劳贝尔和佩吉（Lobel & Page）编《莱斯博斯方言诗歌残片》（*Poetarum Lesbiorum Fragmenta*）。

[92] 参见佩吉（D. L. Page）编《阿尔克曼的处子之歌》（*Alcman, The Partheneion*, p.110, n.）。

[93] 详情进一步参见佩吉编《处子之歌》（*The P.*, pp. 104 ff.）、《考琳娜》（*Corinna*, pp.46 ff.）；劳贝尔的文章，参见《赫尔墨斯》（*Hermes*, 65[1930], pp.360 f.），本节中的大多数信息源于这些著述。

[94] 关于阿尔克曼和考琳娜的文献，参考佩吉编《希腊诗歌集》（*Poetae Melici Graeci*）。

51　亚方言残片,有一打例证见于纸莎本,包括两个送气形式,料想其中事实上出现了这个字母(参见页 48),这就是 I (654), col. iv, 23 ϝἅδομη ⑨⁵(= ἥδομαι):参见 col. iv, 7 ϝἄδο[。

最后,想必在阿提卡方言中罕见的元音 υ 的 "元音缩减" (synizesis) ⑨⁶之情形(如 Ἐρινύων,见 Eur., *I.T.*, 931, 等等),也许一个例证中有一个前圆唇半元音之实例(譬如法语的 *nuit*),参见页 65 及其以下。

[y]　在古典希腊语时期,无法证实它在任何方言中都是一个分立的音位。也许正是在迈锡尼希腊语中如此(所以,w 之后,见于 *me-wi-jo*,意指?[me(i)wyōs], = μείων;在词首位置较不确定),⑨⁷但大多数表示[ya, ye, yo]发音的符号,仅仅显示为一个自动的 "滑音" 紧随一个前元音之后(譬如 *i-jo-te* = ἰόντες;⑨⁸比较塞浦路斯方言 *we-pi-ja* = ἔπεα,还有潘菲利亚方言拼写 διυα 表示 δια,等等)。

在阿提卡方言中,如在其他方言中一样,这个音仍可作双元音的第二个成分,但(对照[w]之情形)在其中被作为元音 ι 的音

---

⑨⁵ 读如 μ 而非 ν, 在劳贝尔(op. cit., p.360)和克罗纳特(W. Crönert, *RhM*, 63[1968], p.175)都是如此。照片复制见于《柏林古典文献》(*Berliner Klassikertexte*, v. 2, Tafel vii)。

⑨⁶ 这里的用法是在现代意义上将一个元音缩减为一个半元音(但要参考页 99)。

⑨⁷ 进一步参见豪斯霍尔德(F. W. Householder)《早期希腊语中的 -j-》 ("Early Greek-j-", *Glotta*, 39[1960/1], pp. 179 ff.)。

⑨⁸ 然而,在属格单数这样的例证中,-*o-jo* 有可能指[yy];参见页 81 及其以下。

位变体，也这样书写。元音前二合字母 αι, οι, 很可能还有 ει 中的 ι，在古典阿提卡方言中一般都表示重叠音 [yy]（就像拉丁语中元音之间的 *i*：参见 *VL*，页 39 和 81 及其以下）。

一个 [y] 也有可能由元音 ι 的元音缩减引起，如索福克勒斯《俄狄浦斯僭主》(Soph., *O.C.*, 1466) 中的 οὐρανία，铭文中的（4 世纪）πυθιων：亦参荷马 Αἰγπτίη (*Od.* iv, 229，等等)，还有 πότνια，很可能指 πότνια (*Od.* v, 215, 等等)。⁹⁹ 类似的元音缩减，有时候也被归于 ε，按照普通的单音节来对待 ε+ 元音或双元音（譬如 θεός, πόλεως, 荷马的 τεύχεα, ἡμέας, γνώσεαι）；但几乎没有任何类型诗歌例证显示，这样一种单音节的 ε+ 短元音会明确导致轻音节，所以，可能涉及某种形式的双元音收缩（diphthongal contraction），而非真正的元音缩减（synizesis proper，进一步参见页 99）；有一个例外是品达（Pindar, *Pyth.* i, 56）的 οὕτω δ᾽ Ἱέρωνι θεὸς ὀρθωτὴρ πέλοι（长短短—长长长短格韵脚 [dactylo-epitrite metre]），这里的 θεὸς 必须是轻音节——引起了种种猜测性校勘。

在古典希腊语中，任何情况下，辅音 [y] 都不会与元音

---

⁹⁹ 在史诗和铭文六步格中，这样的形式大多涉及专名中重音节之间的位置，要不就不可能合律。值得注意的是，这种用法的进一步扩展，并未造成"因位置"而使前面的音节变成了重音节的情形（参见页 104 及其以下）——与 οὐρανία 相对应，譬如拉丁语的 *abiete*；亦参品达（Pind., *Pyth.* iv, 225）的 γενύων，密切关联拉丁语的 *genua*（《古典拉丁语语音》页 38, 41, 80）。也许重要的是，大多数案例都涉及齿音或齿龈音 +ι 组合（参见 L. Radermacher, *SbAWW*, 170[1913], ix, 28），也许这些音组可以发为单一的"腭化"辅音（譬如西班牙语的 ñ）。但希腊语中的元音缩减，仍不过是一种"权宜之计"（Radermacher, op. cit., p. 27）。

[i] 相对，就像 [w] 在某些方言中那样，⑩ 其中的音位对比，譬如，有可能是（阿卡迪亚方言中的）双音节词 κόρϝᾱ 意为 "处女"（maiden）比之三音节词 καρύᾱ 意为 "核桃树"（walnut-tree），或有可能是（荷马方言中的）单音节词 ϝέ(ε) 比之双音节词 ὕε。

(viii) 送气音 *[h]

这个音位在古典阿提卡方言中的存在清晰可查。在前欧几里得铭文中，它由一个特殊字母 H（早期是 ⊟）表示。尽管省略司空见惯，但其中某些省略的原因在于，甚至在纪元前 403 年，H 在伊奥尼亚方言中的使用，开始有了 [ẹ] 音质（参见页 73）；更为重要的事实是，H 的错误书写极少。纪元前 403 年以后，H 常常继续出现在 ὅρος 这个词中，这个词与 ὄρος 之间的音位区分，被亚里士多德引为例证（†《智者的辩驳》[*Soph. El.*, 177b]）。⑩ 在大希腊（Magna Graecia），这个音继续在铭文中显示为半个 H 的符号 ⊦，后者被亚历山大的语法学家采用，作为一个上标音符（后来变成了 ʽ），⑩ 尽管起初只是用以区别于其他同音异义的不送气的词语，如 ὅΡΟΣ；引入作为补充的 ⊣（后来变成了 ʼ），以表示不送气。

---

⑩ 当然，除非将双元音的第二个成分当成 /y/ 和 /w/（见页 5, 80, 94 注释 8），从而导致 αἰσχρός 与 ἄιστος 类型上的对比，参见 L. Lupaș, *SC*, 6 (1964), pp. 99 f.。

⑩ 然而，关于此例证有些疑问。据称，亚里士多德没有写成 ὅρος，而是写成 ὀρός（"乳浆"），有别于 ὄρος，按重音而非按送气音，参见 *AR*, p. 3, n. 2。

⑫ 偶尔见于纪元后 1 世纪及其以后的阿提卡方言铭文（Threatte, p. 97）。

事实上，希腊语词借用到拉丁语使用 h（譬如 historia），显示在希腊化时期送气发音在持续，而其他语言中的形式表明，这个音的保留至少持续到了基督教时代开端，譬如在科普特语和叙利亚语（Syriac）中，还有梵语天文学术语中，如 horā (= ὥρα)。

尽管符号 H，就其辅音音质而言，在引入伊奥尼亚字母后，就不再普遍使用了，但词首送气音的存在持续，见于以送气音 φ, θ, χ 代替位于词首送气音前的词术不送气 π, τ, κ 之情形（参见页 19 以下）——譬如 καθ εκαστον (= καθ' ἕκαστον)。甚至容许保持老套的措辞拼写，这方面的实例证明，保留词首送气音的情形一直持续到了纪元后 2 世纪前后。事实上，失去 [h] 音，看来大致与送气破裂音向擦音的演变同时发生（参见页 23 及其以下），而且两种演变关系密切，因为可以发现，"作为一条规则，有成对浊音/清音、送气音/不送气音的语言，也有一个音位 /h/"[103]。[h] 失去了，如在希腊语中那样，大约在纪元后 4 世纪，这由哥特语铭文中常见的省略或误植得以显明。

至于这个音位在古典阿提卡方言中的精确音质，没有理由认为，它完全不同于我们自己的 h，也就是说，不同于这个纯粹的清送气音，或"喉擦音"，因为，如像 καθημέριος 这样的基于 κατ(ὰ) ἡμέραν 的形式表明，它在早期与送气破裂音中的送气成分是一回

---

[103] 雅克布森（R. Jakobson），《选集》（*Selected Writings*, I, p. 528）。然而，希尔舍（R. Hiersche）曾指出（*Gnomon*, 44 [1972], p. 760），这条规则并未扩展到失去气音的（psilotic）伊奥尼亚方言，它们有送气破裂音，却没有送气音。

事，虽然语法学家[104]给予它的名称 πνεῦμα 意为"送气"，证实后来一个时期它仍具有同样的音质。

诚然，希腊人采用闪米特语书写符号时，并未择取闪米特语喉擦音符号"*hē*"（E）来表示这个音，要求其用作元音，而是使用了闪米特语的"*ḥēt*"，后者表示一个收缩程度更高的擦音类型。希腊语送气音的一个印欧语言来源，也就是说 *y*（如在关系代词 ὅς 中，密切关联梵语 *yah*），有可能经过远古阶段的一个上腭擦音 [ç] 演变成了 [h]；[105]但在格拉斯曼法则已然运行的时代（参见页 15，20），希腊语音位必定已然演变出了其纯粹的送气音质。

如所周知，希腊语送气音，就像拉丁语的 *h*，并未排除元音省略和元音融合，对位置音量也无任何影响（参见 *VL*，页 43）。[106]这导致有些学者以为，这必定无非只是表示它同时具有元音特征，也就是说，很可能代表一个清元音。[107]然而这种看法，不一定要采纳；诚然，希腊语语法学家将送气音归类为 προσῳδία，就像重音，而非归类为一个辅音，但这种归类也许恰好反映了其结构功能，而非其身体、语音特质。英语中 *h* 的辅音功能，由此事实得以显明：譬

---

[104] 亦参《特拉克斯评注》（*Schol. in Dion. Thr.*, p. 142 H）: "ἐκ τοῦ θώρακος μετὰ πολλῆς τῆς ὁρμῆς ἐκφερομένου"[从胸腔中大力冲出排气]。

[105] 但比较历史上亚美尼亚语由古典的 [y] 向现代的 [h] 的转变（譬如，*Yoyn* "Greek" = mod. [hun]，等等），表明并没有证据支持有这样的中继阶段。

[106] 但瑞吉（C.J. Ruijgh, *Etudes du grec mycénien*, pp. 53 f.）指出，迈锡尼希腊语则不然。

[107] 譬如萨姆（A. Thumb）《论希腊语中的送气音》（*Untersuchungen über den Spiritus Asper im Griechischen*, p. 68）。

1. 辅音

如 *howl* 要使用不定冠词 *a*，就像 *fowl*，而不使用 *an*，就像 *owl*。但没有什么能够妨碍同类音在某种语言中发挥辅音功能，又在另一种语言中发挥"格律"功能，尤其像这里的情形，当这个音没有固定口头发音，而只符合紧随其后的元音的口头发音时。[108] 的确，支持希腊语中有"清元音"的论证，还不够令人信服，以至于提议将这样的发音付诸实践。

到目前为止，我们认为送气音只是词首位置的一个特征。但在复合词中，必须考虑到构词的第二部分有送气的可能性，从而导致词中送气，或"中气音"（interaspiration），如通常所称谓的那样。当复合词第一部分以清破裂音结尾时，这当然是一个确定的事实（譬如 εφορῶ 源于 ἐπ(ι)+ὁρῶ ），送气音有了某种破裂特征。但并不清楚，何处复合词的第一部分以一个元音结尾，或以一个没有与之相对的送气音的辅音结尾。在这类例证中，送气音并未普遍出现在阿提卡方言铭文中，铭文显示送气音别有例证，但也只是偶然可见——譬如 ευhορκον, παρhεδροι, προσhεκετο (= προσηκέτω)。拉丁语转写显示相当随意，而这也许是希腊语言本身的一个特点；送气音以这种形式存在，完全有可能取决于复合词的两个构词成分仍被说话者作为其本身来对待之程度。[109] 类似的考量，也完全适用于密切关联的言说中的词首送气音，当它前面有一个辅音时，而这

---

[108] Gimson, p. 186："可视其为所涉及的元音有一个有力的、发清音的开端。"

[109] 或许，显示这一点的一个例证，保存在归于希罗迪亚努斯（Herodian, ii, p.48 L）的一个说法中，他认为形容词 φίλιππος 的发音要送气，但专名不如此发音。

也许有助于进一步解释上文已论涉的元音省略等现象。⑩ 除了复合词（和惊叹词 εὐαῖ），可证实阿提卡方言中有中气音，仅在 ταῶς 意为"孔雀"（peacock）这个词中，这个借用词的来源不确定，为阿泰奈奥斯（Athenaeus）特别提及（397E 以下，引特吕弗［Trypho］和塞琉库斯［Seleucus］为权威）。

要记住的是，送气破裂音被描述为 δασύ，而不送气破裂音被描述为 ψιλόν（页 15）；在讨论纯粹的送气音［h］时，语法学家采用了同样的术语，不仅称其为 πνεῦμα，还不厌其烦地称其为 πνεῦμα δασύ（"送粗气"［spiritus asper］，"强送气"），但仍以一个自相矛盾的术语 πνεῦμα ψιλόν（"送清气"［spiritus lenis］，"轻送气"），来称谓其匮乏。这个术语获得鼓励，是由亚历山大里亚学者使用一个特殊符号来表示它，以此方法指导注意正确诵读如 ὅρος 这样的词形。但这并未证实有时候作出下述假设是正当的："轻送气"（smooth breathing）要比"强"送气之匮乏更多，更具体地说，它是一个喉塞音（譬如在词首是元音的德语单词的起首，或在伦敦方言和某些苏格兰发音中，如 butter, water 这样的词中元音之间）。的确，这样的假设几乎可以肯定为下述事实所排除：希腊语中不送气的词首元音，容许元音省略和元音融合，但如果它们前面有一个塞音，元音省略和元音融合就几乎不可能发生。

---

⑩ 参见苏比朗（J. Soubiran）《拉丁语诗歌中的省音》（L'élision dans la poésie latine，p. 110）。

(ix) 由单个符号表示的辅音组合

(a) ζ 有相当清楚的证据显示,在很早时期,符号 Ⲓ,后来是 Z,就已开始表示音列 [zd],如语法学家所言(譬如,†Dionysius Thrax, *Ars Gramm.*, p.14 U;比较 Dion. Hal., *De Comp.* xiv, p. 53 UR),而非音列 ⌊dz⌉,英国的古典学者常常这样发音。其内在证据见于如下事实:(1) 组合 Ἀθήνας + δε, θύρας + δε (-δε 如在 οἰκόνδε 中),由 Ἀθήναζε, θύραζε 来表示(参见页 45 以下);(2) 在大多数方言中,包括阿提卡方言,擦音 σ 前的鼻音合乎规律地都要失去;所以,尽管 συν 中的 ν 在塞音 δ 前得以保留,譬如在 σύνδεσμος 中,但在 σύστασις 中却失去了。同样的失音,也合乎规律地见于 ζ 前,譬如 σύζυξ, συζῆν,还有 πλάζω,密切关联 ἔπλαγξα,从而表明,紧接鼻音之后的音是擦音而非塞音。

音质 [zd],偶尔也增强喜剧效果,如策泽斯(Tzetzes)所引述的 ὦ Βδεῦ δέσποτα,可能指阿里斯托芬《吕西斯特拉泰》(*Lysistrata*, 940),这里在抄本中是 Ζεῦ。

十分古老的情形是,由 ζ 所表示的组合,在某些例证中,源于印欧语言的 *sd* [zd];所以,ὄζος 意为"分支"(branch),与德语 *Ast* 同源,源于 *osdos*(亦参赫梯语 [Hittite] *hasd-*);ἵζω 是重叠现在时,源于 *si-sd-ō*(拉丁语的 *sīdo* 也源出于它),与词根 *sed-* 的联系,譬如同 μί-μν-ω 与 μένω 的联系。但 ζ 更经常的来源是 *dy* 或 *gy*——譬如在 πεζός 中,源于 *ped-yos*,在 ἄζομαι 中,密切关联 ἅγιος;这些原初的音组，必定首先演变出了一个塞擦音（affricate*），譬如，［dž］（如在 edge 中）→ ［dz］（如在 adze 中）⑪（比较：拉丁语的 medius→ 意大利语的 mezzo）；所以，后一类带有 ［zd］ 的发音形式，表明了擦音与塞音的音位转换。然而，这样的音位转换属于特别普通的一种类型；譬如，标准发音的 wasp，源于更早期的仍然是方言性质的 waps（比较古普鲁士语 ［Prussian］ wobse）；我们关注的特殊变化，譬如，切近于古教会斯拉夫语的 mežda，源于印欧语的 medhyā；在此必定有一个中继的 medža，由此产生了俄语的 mežá 意为"边界"（俄语 méždu 意为"之间"，借用自古教会斯拉夫语，是 mežda 的位置格双数）。音列 ［dz］，在希腊语中，任何情况下都是分立的，它既不属于 ［ts］ 这样的塞擦音，也不像独立音位 /z/；⑫ 另一方面，在音列 ［zd］ 中，［z］ 这个成分就是音位 /s/ 的常规的浊音变体，譬如在 Λέσβος 中（参见页 46）。

虽然这样说，但仍然很有可能，在闪米特语字母为希腊语所采用时，符号 "zayin" 首先被用于一个已然存在的塞擦音类型的组合；因为，的确很难明了为何音列 ［zd］ 不可以由 σδ 来表示，而非要用一个特殊符号来表示；可是，由于希腊语中的浊音同化通常是后退（regressive）而非前进型的（progressive），⑬ δσ 不足以表示 ［dz］；这也表明，塞擦音组合在此早期阶段是单一的音位，故而适

---

⑪ 这很有可能也就是希腊语的 ζ 的演变之情形，后者明显源于原初的 y，譬如，ζυγόν= 拉丁语 iugum。

⑫ 亦参 Allen, Lingua, 7 (1958), p. 121, n. 40 and refs.。

⑬ 也就是说，一个像 /d/ 这样的浊辅音，可以算作一个先于而非后于它的 /s/ 的音位变体。注意，譬如在 τρίβω (ἔτριψα) 这样的动词的不定过去时中，恰恰是破裂音同化为随后的擦音而非相反。

宜于出单一的符号来表示。类似的考量,适用于迈锡尼希腊语的 Linear B 书写系统,它有一系列特殊的字符,某种程度上对应于后来的方言中的 ζ,某种程度上又表示一个清音,源于 ky,后者最有可能具有某种塞擦音音质。

ζ 作为一个塞擦音的音质,也许保存在某些希腊语方言中;在某些早期克里特铭文中,我们看到它用于表示一个清音(?[ts]),源于 ty;而这个字母的各种形式的用法,很可能具有奥斯坎语 [Oscan] 和温布里亚语 [Umbrian] 字母中的 [ts] 音质。一种浊擦音音质,似乎也已为晚期讲拉丁语的人所知晓,如果可以将 baptidiare 这样的拼写判定为 baptizare,又反过来将 zebus 判定为 diebus。⑭

然而,从 [dz] 到 [zd] 的音位转换,必定已出现于阿提卡方言和其他方言的一个周期阶段;⑮[zd] 音质一致延续到了 5 世纪和 4 世纪早期,这由使用 ζ 来表示伊朗语的 zd 得以显明(譬如,Ὠρομαζης = Auramazda 见于柏拉图,Ἀρταοζος = Artavazda 见于色诺芬 [Xenophon])。⑯ 后来,在 4 世纪,我们开始见到 ζ 取代了 σ,

⑭ 亦参劳伊曼(M. Leumann)《致马鲁佐的语文学、文学与古代史合集》(Mél. Marouzeau, pp. 384 ff.)。
⑮ 一则约 480 年的阿提卡铭文以 τοισζ(ε) 表示 τοῖσδε,其中的 σζ 是双音拼写,表示浊音 [zd],对应常见的表示清音 [st] 的 -σστ-,见于 αρισστων,表示 Ἀρίστων,如此等等。类似的还有一则 6 世纪的阿尔戈斯方言(Argive)铭文上的 δικασζοιτο(Threatte, pp. 527, 546)。
⑯ 5 世纪的阿提卡方言铭文显示,在词形 αιζ(ζ)ειοι, βυζ(ζ)αντιοι, κλαζ(ζ)ομενιοι 中,有单一和重叠的 ζ 的变化——全部涉及小亚细亚地方。这很可能试图表示一种塞擦音 [dz];一种拼写 δσ,通过后退同化,会误读为 [ts],而 ζ 会误读为 [zd],但拼写 ζζ = [zdzd],至少包括所需要的音列 [dz]。

用来表示伊朗语的z;⑰在希腊铭文中,也开始出现ζ与σ的混淆(譬如αναβαζμουσ,纪元前329年;亦参页46)。这表明当时在4世纪,向现代希腊语音质[z]的转变已然发生了;的确,它很可能已为亚里士多德所提及(†Met., 993a),当他说,尽管有些人会将ζ分析为σ+δ,可其他人仍然认为它是一个独立的音,并不包含人们已然熟知的音素。纳吉(G. Nagy)似乎合理地指出,⑱这个转变并不表示一种规范的语音演变,而表明一种方言为通俗希腊语所取代(正如σσ取代ττ)。这样一个[z]大概出于一个更早期的[dz],至少在短元音之后,原初的音量模式很可能已保存在重叠拼写之中了,也就是[zz];⑲这一点也由其在早期拉丁语借用词 massa = μάζα(参见 VL,页46)中的 ss 得以显明。

当然,语法学家关于[zd]音质的说法晚出,并且几乎可以肯定反映了一种语法传统,而非此音质在当时的言说中有此延续性。

还要提到的是,在莱斯博斯方言诗作文本中,词中的ζ为σδ所取代(譬如,ὔσδος = ὄζος,如此等等,起初也符合语法学家的说法),但ζ用来表示元音缩合的结果,譬如,在ζὰ源于[dya] = διὰ 中。这些拼写几乎可以肯定,都反映了后来的编辑处理,基于

---

⑰ 对证据的详尽讨论,参见法斯莫尔(M. Vasmer)《古希腊语音学研究》(*Izsledovanie v oblasti drevnegrečeskoj fonetiki* [Moscow, 1914])。

⑱《希腊语方言和印欧语言流变》(*Greek Dialects and the Transformation of an Indo-European Process*, p.127)。

⑲ 看来这出于晚期诗歌中规范的诗体学音质,也出于相当普通的用σζ来表示介于元音之间的ζ,见于希腊化时期的铭文(Threatte, p. 547)。当然,双音拼写只会出现在一个词中的元音之间的位置。在词首(而非词中)的ζ,短音量的例证见于晚期诗歌:这适用于马斯论及的所有例证(Maas, §123)。

ζ 的普遍音质，因为，它们不见于早期莱斯博斯方言铭文；但它们表明发音 [zd] 还保存在此方言中，而在其他方言中已经变成了 [z(z)]；与此并存的其他某些音（? [dz] 或 [z]）有其地方性来源，在文本编辑当时，ζ 是最恰当的拼写形式。

(b) ξ 和 ψ 由语法学家对这些字母音质的描述（譬如，†Dionysius Thrax, *Ars Gramm.*, p. 14 U），也由它们所表示的音的起源（譬如，词干 φυλακ- + 主格单数词尾 ς → φύλαξ，词干 λειπ- + 将来时词尾 -σω → λείψω），可以清楚地看到，它们分别表示 [ks] 和 [ps]。[120] 符号 Ξ 显然源于闪米特语的 "*samekh*"，但 Ψ 的来源不确定；无论如何，令人称奇的是，会采用特殊符号来表示这些辅音组合，当后者完全可以写成 κσ，πσ 时，事实上在早期字母表中它们本来就是这样拼写的。它们也许是类比其他破裂音 + 擦音组合，也就是 ζ 表示 [dz]，而引入的，如我们所见，后者有特殊理由；但也要注意，这些音组的确具有一种结构上的独特性，按此它们可以出现在词首和词中位置，以至于在希腊语中，它们堪比单辅音而非其他辅音组合。[121]

在前欧几里得阿提卡方言字母表中，它们分别写作 χσ 和 φσ（譬如 εδοχσεν，φσεφισμα），也就是说，前一部分要送气；这种送气发音得以保存，偶然情况下当这些音发生音位转换时（譬如，ε]

---

[120] 在西部希腊语字母表中（拉丁语字母表就源于此），[ks] 由 X 表示，而 Ψ 表示 kh。

[121] 参见库吕洛维奇（J. Kuryłowicz）《第二届印度日耳曼语和普通语言学学术研讨会论文集》(*II Fachtagung f. Indogermanische u. allgemeine Sprachwissenschaft*[Innsbruck, Oct. 1961], p. 111)。

υσχαμενοσ, σφυχ[ε)。[12] 然而，似乎很有可能，涉及完全送气发音；在 γράψω, ἕξω 这样的形式中，它们源于 γραφ-, ἐχ- + -σω，语法学家事实上认为失去了送气发音；这一点有格拉斯曼法则的作用支持（见页 15，譬如，原初的 ἔχω → ἔχω，而**不是** ἕξω → ἕξω ）。的确，在此位置上，送气与不送气之间不构成对照，[23] 而且在此也许存在的任何程度的送气发音，现代读者都可以忽略不计而无任何混淆之虞。

(x) ττ / σσ

我们已然论及（页 12 及其以下），阿提卡方言在一些词语中显示为 ττ，而其他方言显示为 σσ——譬如 μέλιττα, ἐλάττων, τέτταρες。在这些词形中，正在讨论的重叠辅音，分别源于初的 ty, ky, tw，一开始或许会期待产生某种塞擦音阶段，如像 [tš] 或 [ts]（如在 catch 或 cats 中）。这个阶段很有可能以某些早期小亚细亚伊奥尼亚方言铭文为代表，在这类例证中显示为一个特殊字母 Ͳ（譬如纪元前 6—前 5 世纪的 ελαͲονοσ, τεͲαραοντα ），这个字母也许源于闪米特语的 "tsade"（也许保存在数字符号 ϡ = 900 中，[24]

---

[22] 它们在亚美尼亚语中一般用 k's, p's 转写。
[23] 譬如关于 ἐκ-σώζω，参见 L. Lupaş, *SC*, 8[1966], p. 9。
[24] 若如此，将使这个字母源于闪米特语的词源追溯失效；因为，这个数值非常靠后，处在 ω 之后，并且不处在闪米特语 tsade 的位置上，处在 pē 与 qōf 之间（= 希腊语的 π 与 ϙ）。更早期的词形（除了 Ͳ）有 T, ↑ 和 ⋏。关于其他字母的保存形式，参见页 47 注释。

我们如今知道它在拜占庭时代的名称是 σαμπῖ < ὡς ἄν πῖ)；[125] 类似的塞擦音，也许部分保存在迈锡尼希腊语中。这种音也明显是某些非希腊语的"爱琴海"（Aegean）方言的一个特点，希腊语从这些方言中采用了某些名词和专名（参见铭文 αλικαρναϮεων，θαλαϮησ）。

这些事实导致某些学者[126]认为，阿提卡方言中的 ττ 与其他方言中的 σσ，表明了书写这样一种塞擦音却不使用特殊符号的不同尝试；也表明发重叠的破裂音或擦音是一种后古典时代的演变，至少一定程度上以拼写为基础。但除了拼写在古代不可能影响口头言说，的确很难相信，一种塞擦音的存在不会见于上述例证（譬如 τσ）之外的任何铭文拼写，而任何铭文拼写传统也没有在任何语法学家的解释中保存下来。另一方面，[tt] 和 [ss] 完全可以从一个更早期的塞擦音演变而来，[127]因此，似乎无须以任何方式假定，阿提卡方言中的 ττ 与其他方言中的 σσ，比其所表现出来的还有什么更多意味。

㉕ 参见盖伦（Galen, *Comm. in Hippoc. Epid. III* i. 5 [p. 27 Wenkebach]）："ὁ τοῦ πεῖ γράμματος χαρακτὴρ ἔχων ὀρθίαν μέσην γραμμήν, ὡς ἔνιοι γράφουσι τῶν ἐνακοσίων χαρακτήρα" [π 这个字符中间有一条竖线，有些人写出这个字符表示 900]。它被称为"παρακύισμα" [孕状字符]，见《特拉克斯评注》（*Schol. in Dion. Thr.*, p. 496 H）。

㉖ Schwyzer, pp. 318 f.; Grammont, p. 107.

㉗ 对此问题的详尽讨论，参见阿伦《希腊语中的某些腭音化难题》（"Some problems of palatalization in Greek", *Lingua*, 7 [1958], pp. 113 ff.; *TPS*, 1973, pp. 112 ff.）；巴托奈克（A. Bartoněk），《希腊语方言中辅音系统的演变》（*Vývoj konsonantického systému v řeckých dialectech* [Prague 1961; English summary, pp. 139 ff.]）。

在方言中有类似分布的词首的 τ 和 σ，见于几个词，譬如，阿提卡方言的 τήμερον (<*ky*-)，τεῦτλον（借用词），密切关联伊奥尼亚方言的 σήμερον，σεῦτλον。

2. 元音
Vowels

(1) 单元音 *

希腊语，与拉丁语不同（*VL*，页 47），没有显示出在短元音 * 和长元音 * 系统之范围内，有任何重要区分之证据——尽管事实上，长元音系统所容纳的对比度，要比短元音系统更大，这有可能意味着长元音系统的范围要稍大一些。在预期各种元音音质的证据之展现的前提下，我们可以大致将其经典系统展示如下：

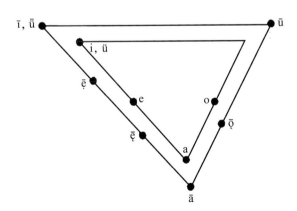

图 2　古典阿提卡方言的元音系统

根据后欧几里得正词法，这些元音以希腊语字母展示如下：

a, ā	α	ẹ̄	η
e	ε	ẹ̄	ει
o	o	ǭ	ω
i, ī	ι	ū	ου
ü, ǖ	υ		

α 长元音的开口度（openness*），哈利卡纳苏斯的迪奥尼修斯（†*De Comp.* xiv, p.51 UR）有明确讨论，但没有证据显示，在长短元音之间有任何显著不同；因为，两种音长的 α，都以拉丁语的 *a* 来转写。所以，最有可能，这个希腊语元音，与相应的拉丁语元音一样，其长短元音，譬如，分别与意大利语的 *amare* 中的第一和第二个元音相似。最接近的英语元音（从听觉上讲）是 *cup* 和 *father* 的标准发音中的短元音 [ʌ] 和长元音 [ā]，尽管后者在音质上收缩程度非常大。就短元音而言，*cap* 的标准发音中的短元音 [æ]，绝对不准确。

就此而言，希腊语和拉丁语的短元音，与梵语短元音殊为不同，也与迄今为止的印度-雅利安（Indo-Aryan）语言殊为不同；因为，尽管这些语言的长元音 ā 是一个完全的开元音，但印度人自己从古代起就认识到，他们的短元音 *a* 更具有闭元音*音质。① 一个结果是，希腊语短元音 α，可以由印度语言的长元音 ā（如在梵语天文学术语 *āpoklima* = ἀπόκλιμα 中）；反过来，一个印度语言的短元音 *a*，可以由一个希腊语中元音*来表示——所以，βραμεναι = *brāhmaṇa-*，以 ε 表示 *a*，在最近于坎大哈（Kandahar）发现的一部

---

① 参见阿伦, *VL*, 页 57 以下。

2.元音

阿育王法令（edict of Ashoka）的希腊语译本中。② 这些事实进一步指示，希腊语的短开元音，在音质上与长元音并无显著不同。

ε, o 没有理由认为，由这些字母表示的音，不同于短中元音，它们分别是前元音*和后元音*，也就是说，更像英语 *pet* 和德语 *Gott* 中的两个元音。③ 认为它们具有闭中元音的看法，也就是 [ẹ]，[ọ]，如在法语 *gai*, *beau* 中，很可能是一个误识（参见页 72，89 以下）。在现代希腊语中，ε（连同 αι）要比元音 *pet* 中的元音的开口程度更大，差不多是 [ę]；而 o（连同 ω）介于英语 *pot* 与 *port* 中的元音的中路，也就是说，差不多是 [ǫ]（尽管并不完全靠后）。

事实上，希腊语的 ε 通常转写为拉丁语的 ĭ（κομετιον，等等：VL，页 49），只是证明，如由其他资料所知，这个拉丁语元音是一个特别的开元音，它接近希腊语的 ε 如同接近 ι。反过来，用拉丁语的 ĭ 表示希腊语的 ε，譬如在 *Philumina* = Φιλουμένη 中，只是显示，拉丁语的 ĭ 差不多与 ĕ 一样接近希腊语的 ε；事实上，大多数这样的例证所涉及的词语中，ε 后接一个鼻音（再如，*Artimisia* = Ἀρτεμισία），在此语境中，元音发音比在其他地方有点闭合，并非不常见；这一点可由某些希腊语方言得到证明，尤其在阿卡迪亚方言中，譬如，-μενος 变成了 -μινος，ἐν 变成了 ἰν。所以，在这类希腊语词中，甚至在阿提卡方言中，ε 表示 [e] 的一种尤为闭合的

---

② 参见 L. Renou, *JA*, 1964, pp. 152 f.。
③ 英语 *pot* 中的元音，肯定不准确，完全是开元音而非中元音。

变化，从而特别接近于拉丁语的 ĭ。④

以类似方式，希腊语的 o 以拉丁语的 ŭ 来表示，譬如，在 amurca = ἀμόργη 中，⑤ 铭文 empurium = ἐμπόριον 中（亦参 VL，页 49，注释），只显示拉丁语的 ŭ 与 ŏ 一样接近希腊语的 o。多数这种情况，都涉及一个紧随其后的 r，后者在某些语言中对元音有开口程度更大的影响（VL，页 51）；所以，在这些词语中，拉丁语的 ŭ 也许尤其表示一种开元音变体，特别接近希腊语的 o。⑥

事实上，希腊语的 o 常转写其他语言的 ŭ，只证明希腊语的 υ 具有一种不同于 [u] 的音质（参见页 65 以下），从而与之不相合，譬如希罗多德的 Μαρδόνιος = 伊朗语的 Marduniya。相反，在纪元前 2 世纪的印度－希腊钱币上，希腊语的 o 用 u 或 a 来表示（譬如，Heliyu-/Heliya-kreyasa = Ἡλιοκλέους），因为，印度－雅利安语（Indo-Aryan）无短音 o（同样，Teliphasa 表示 Τηλέφου，缺少短元音 e）。

ι 无有力证据证明，这个元音作为长元音和短元音在音质上有何不同，两者都是前闭非圆唇音＊；长元音开口狭窄，为哈利卡

---

④ 在 5 世纪晚期到 3 世纪中叶的阿提卡碑铭中，有大量在非前元音前以 ει 表示 ε 的例证，譬如，θειοιν = θεοῖν。最有可能的解释是，这里的 ι 表示一个半元音 [y]，处在由一个前元音向相对元音的过渡中（参见 Allen，Word，15 [1959]，pp. 249 ff.）：其他可能的解释，参见特莱阿泰（Threatte, pp. 147 ff.）。特莱阿泰受欢迎的解释是：这里的 ει = 一个半闭短元音 [ẹ]，似乎不大可能，除非在上面显示的与半元音滑音 [y] 相关的情况下；因为，所假定的前一闭元音，无法由与紧随其后的非前元音的同化来解释——而能够由与 [y] 同化来解释；同样也适用于特莱阿泰（还有我的上引文中）所论及的其他方言。亦参见页 83。

⑤ 以 c 表示 γ，在任何情况下都不规则（？埃特鲁利亚语处在中途）。

⑥ 可是，此项论证一定程度上为下述事实所弱化：类似的开口程度更大的影响，也见于某些希腊语方言（洛克里亚方言 [Locrian] 的 φάρειν。

纳苏斯的迪奥尼修斯（†同前）所论及。希腊语的短元音 ι，很可能比英语 bit 中的元音更具闭音音质；它肯定比拉丁语的 ĭ 更具闭音音质，也正是这一点解释了下述事实：用 ε 而非 ι 来转写相应的拉丁语元音（参见上文）。所以，与此类似，现代希腊语的 ι（或 η, υ, ει, οι 等），或法语的 [i]，如在 vite 中，都不重读。

希腊语的长元音 ι，非常接近英语譬如 bead 中的元音；但对大多数讲英语的人来说，这个元音是双元音 *，起点开口程度更大：更像现代希腊语中重读的 ι（等等）或法语如 vive 中的 [i]。认为希腊语长元音比短元音开口程度更大的观点（譬如，Sturtevant, p. 31）很可能是错的；除了迪奥尼修斯的说法，这种情形比较其他很多语言会令人惊奇。的确有大量词语，希腊语的 ī 由拉丁语的 ē 或罗曼语的 ẹ 表示，譬如铭文 Chrestus = Χρῑστός，法语的 crème 源于 χρῖσμα，意大利语的 artetico 源于 ἀρθρῖτικός；但在很多这种情况下，需要注意元音前有 ρ，很可能在希腊语而非拉丁语中，这个位置的长元音的发音有比其他位置开口更大的倾向（早期的区分，譬如见于阿提卡方言的 μικρά，密切关联 μεγάλη）。因此在这些形式中，希腊语的 ī 很可能尤其具有开元音音质；但在其余情况下，极少可以支持下述假设：这样一种方言在其他情况下是规则发音。⑦

υ 由这个字母所表示的音，种属上对应于相关语言的后闭圆唇音 [u] 和 [ū]：譬如希腊语的 ζυγόν = 拉丁语的 iugum = 梵语的

---

⑦ 在源于 κρηπίδα 的 crĕpĭda 中，相应的拉丁语 ĭ = 希腊语的 ῑ，着眼于以 ĕ 不规则地表示 η（梅耶，《拉丁语史纲》[Meillet, *Esquisse d'une Histoire de la Langue Latine*]，页 93，表明埃特鲁利亚语的过渡特点）。

66　*yugám*；希腊语的 θῦμός = 拉丁语的 *fūmus* = 梵语的 *dhūmáḥ*；此音质无疑源于希腊语，如历史上在某些（非阿提卡）方言中保留下来的这个音质所进一步显示的那样（参见页 69）。同一个符号的使用仍旧具有［u］的音质，甚至在阿提卡方言的双元音 αυ 和 ευ 中（还有原初的 ου，参见页 75 以下）；这个音质也决定了牛叫的拟声动词 μῡκάομαι⑧（参拉丁语的 *mūgire*）、狮吼的拟声词 βρῡχάομαι（参拉丁语的 *rūgire*）和布谷鸟的名字 κοκκύς（参拉丁语 *cucūlus*）。⑨

但这个音质在阿提卡－伊奥尼亚方言中似乎很早就发生了变化。就伊奥尼亚方言而言，这种变化或可能由纪元前 6 世纪以来偶而见于铭文的表示双元音的 αο，εο 得以显明（Bartoněk, p. 113）。较为肯定的是，我们已然注意到，希罗多德（Herodotus）发现，伊奥尼亚方言的 υ，不适合于转写古波斯语（Old Persian）的 *ŭ*，其音质的某些特点由其用于表示古波斯语的 *vi*［wi］得以显明：Ὑστασπης = *Vištaspa-*。［wi］由一个后圆唇半元音后继一个前非圆唇元音；由于缺乏一个表示［w］的辅音符号（参见页 47 以下），这两个音的前起后继，大致可以用一个结合了圆唇音和前元音音质的字母来转写，事实上就是一个**前圆唇**元音，如法语的 *u* 或德语的 *ü*。后来，同样的办法见于用 κυ 来转写拉丁语的 *qui*（譬如，ακυλλιοσ =

---

⑧ 参见 Dion. Hal., *De Comp.* xvi, p. 62 UR。

⑨ 但要参看页 142。当然，原初的拟声词，在语音变化破坏了其模仿性质之后仍在使用，譬如在约 1600 年以来的英语的 *bleat* 之情形。应当注意，κόκκυ 仅作为表示布谷鸟的号叫，已不再见于古典阿提卡方言。在阿里斯托芬的《鸟》（Arist. *Birds*, 505）中，与名词 κόκκυξ 相关，还有（507）"快！"（Quick）的意思。与此类似，在 γρύζω，μύζω 中，γρῦ 和 (μῦ) μῦ 与口头表达有关。亦参页 142。

Aquilius，参见 Threatte，pp. 447 f.），这里拉丁语的 *ui*，很可能表示［ẅi］（带有前圆唇半元音：参 *VL*，页 17）；同样，κυ 有时候也由拉丁语的 *qui* 来转写（参 *VL*，页 52）。

当波奥提亚人于纪元前 350 年左右采用了阿提卡（伊奥尼亚）字母及其音质以后，他们发现 υ 不适合于表示种属上与其相对应的其方言中的元音［u］，他们用 ου 来转写这个音：譬如 π]ουθιω = 阿提卡方言的 πυθίου。υ 在阿提卡方言中的音质的更为确定的表现，由纪元前 3 世纪波奥提亚方言将这个字母用于对应阿提卡方言的 οι 得以显明（譬如，τυσ αλλυο ιροξενυσ － ποῖς ἄλλοις προξένοις）。在这种方言中，原初的［oi］的演变，很可能首先变成了一个闭中前圆唇音（close mid front rounded）［ö̝］（很像法语 *creuse* 中的元音发音：参见页 81；可由较早的拼写 οε 显明），接着变得相当接近闭音［ü］；这种演变，可以说堪比等价的非圆唇元音［ē］（= 阿提卡方言的 ει：参见页 70）向波奥提亚方言的［ī］早期演变，譬如 ἔχι = 阿提卡方言的 ἔχει。⑩ 因此，在阿提卡方言中，长元音 υ 的音质，很可能当时就是［ǖ］。⑪

在纪元前 2 世纪的印度 - 希腊钱币上，长音 υ 由 *i* 表示（譬如，*Dianisiyasa* = Διονυσίον）；但这并不必然意味着希腊语的［ü］当时

---

⑩ 在 5 世纪的波奥提亚方言中，在 ει（或专有符号┣）与 ι 之间变化，但后来 ι 变成了常规。

⑪ 更早期的证据，由下述事实所提供：在最早期的阿提卡碑铭中，总是一成不变地首选将 κ 而非 ϙ 置于 υ 前，表明 υ 已不再是一个后元音（见页 17）。约 570 年的一个双耳瓶上的"万无一失的"拼写 κϙυελνιοσ（指 κϙυλενιοσ），也许显示出一个过渡时期。在半文盲的铭文书写中，偶尔混淆 υ 与 ι（譬如在 433/432 年的陶片上，αριστονιμο 与 αριστονυμο 有密切关联），表明 υ 当时是一个前元音。参见 Threatte，pp. 22 f.，261 ff.。

已经变得如同现代语言中的［i］；它只是表明，印度－雅利安语中没有圆唇前元音，所以要用等价的非圆唇元音来转写。这个结论也有拉丁语证据支持；在早期的希腊语借用词和转写中，说拉丁语的人用 *u*（也就是等价的后元音）来写和读希腊语的 υ，譬如在恩尼乌斯（Ennius）以 *Burrus* 表示 Πύρρος（参 *VL*，页 52），但随着希腊语知识的传播，希腊语发音和字母开始被接受，至少在有教养的圈子里就是如此——因此，譬如 *hymnus*，*Olympia*。很清楚，希腊语的发音不是［u］，也不是［i］；拉丁语著作家提到，在拉丁语原生词语中不存在这样的发音：所以，譬如，西塞罗（Cicero, *Or.* 160）和昆体良（†Quintilian, xii. 10. 27）就是这样说的。

在纪元前 1 世纪，一种前闭圆唇音质，也大致是哈利卡纳苏斯的迪奥尼修斯所主张的发音（†*De Comp.* xiv, p. 52 UR），他一方面提到"嘴唇的显著收缩"，另一方面提到"发音阻断又微弱"。

阿提卡方言本身当中的语言演变表明，所讨论的这个元音，在纪元后 2 世纪仍然具有一种圆唇音质；因为，在这个世纪末的碑铭中，我们发现 υ 为 ου（＝［ū］，见 76 页及其以下）所代替的情形，见于某些特定条件下，主要是在 ρ 之后（譬如 χρουσου 表示 χρυσου）。⑫ 的确，纪元前 4 世纪以降，已然可见以 ημυσυ 代替 ἥμισν 的情形；但这也只意味着，圆唇音 ι［i］在这个词中与紧随其后的 υ［ü］同化了，而并未显示普遍混淆了这两个音（需要注意的是，当后接音节中没有 υ 时，譬如 ημισει，并不发生注意的变化）。同样，以 βιβλίον 取代 βυβλίον 的情形（稀见于铭文），只是表

---

⑫ 但特莱阿泰（页 266—267）怀疑这些论证的重要性。

2. 元音

明 [ü] 与随后的 [i] 同化了。⑬

到纪元后 4 世纪，υ 的发音还没有变成 [i]，这一点由下述事实可以见得：乌尔菲拉发现，在转写希腊语词中的 υ 时，必须采用希腊字母。⑭

然而，我们可以稳妥地说，在古典时代，阿提卡方言中短元音 υ，与法语 lune 中 u 的发音相像，长元音 υ 的发音与法语 ruse 中 u 的发音相像。

也许应注意，由于并非在所有情况下都一清二楚的原因，词首的 υ 总是要送气（ὐ）。⑮

混淆 υ 与 ι 的情形，见于纪元后 2—3 世纪间甚或更早期的埃及纸莎。但这很可能只是地方性特点；[ü] 最终变成 [i]，似乎并不普遍，直至第一个千年末前后。拜占庭希腊语将这个字母命名为 ὒ ψιλόν [不送气的 υ]，仍然显示发音为 [ü]；因为，ψιλός [不送

---

⑬ βύβλος 这种形式显然得以幸存（尽管也以类比方式由 βίβλος 取代），而这也许影响了 βυβλίον 的存留，参见卷首图。

⑭ 在罗马人转写哥特语时，通常写作 w，因为，在非希腊语单词中，这个字母用于表示半元音 [w]，所以，譬如 swnagoge = συναγωγή，但哥特语 waurd 表示 word。它也用于表示希腊语的 οι，后者当时明显与 υ 的音质一样（譬如在 Lwstrws = ἐν Λύστροις），参见页 81。亚美尼亚语中，希腊语的 υ 和 οι 转写方式，有 iu、i 和 u 几种变化。

⑮ 布克的意见是（[α], p. 134；参见页 54），原初的 u- 首先变成了 [yu]（"参见 NE unit，等等"），这种几乎说明不了问题；首先，所认为的英语中的对等发音，涉及中古英语发音 [ū] 的法语来源，其演变史远为复杂（→ēu→iu→iu→yū）；其次，希腊语中的演变不限于其中 [u] 变成 [ü] 的方言。波奥提亚方言中 ιου 的演变（譬如，τιουχα = τύχη）只表明前面的齿辅音具有腭音化音质（参见 Allen, Lingua, 7 [1958], p. 117）。词首送气音的普及，必定晚于格拉斯曼法则的运用时期（譬如 ὑφαίνω，密切关联梵语的 ubhnāti），参见页 43 注释 76。

气的]在拜占庭著作家笔下与术语 δίφθογγος [双元音] 相对;如此一来,就将 υ 与 οι (两者已然具有同样的音质,参见页 79,关于 ἒ ψιλόν [不送气的 ε] 的讨论)区分开来了,而未与 ι 区分开来。

显然,有些方言保留原初的**后元音** [u] 的音质,远比阿提卡方言时间更久。我们看到,在波奥提亚人采用阿提卡方言字母时,他们发现阿提卡方言的 υ 不适合于表示波奥提亚方言中的相应发音,而代之以 ου (后者在阿提卡方言中的音质是 [ū],见页 76)。同样保留了一种 [u] 音质的情形,见于拉科尼亚方言,诸如赫叙奇乌斯(Hesychius)的注释 οὐδραίνει· περικαθαίρει (也就是说 = ὑδραίνει), Λάκωνες。现代萨空尼亚方言(Tsaconian)也常被引为持续保留 [u] 的证据,有鉴于 [žuɣó] 这样的形式,源于 ζυγόν,与标准现代希腊语中的 [ziɣós] 相对(譬如,Buck [b], p.28; Sturtevant, p.42)。但这不可能有多少相关性,因为,萨空尼亚方言也以 [u] 来显示原初的 οι,这使得更有可能的情形是,[u] 由更早期的 [ü] **再演变**而来的形式;而这一点得到在这些情况下(譬如,[sčúlos] = σκύλος, [čumúme] = κοιμούμαι),[u] 前出现 "腭化" 现象的支持,因为,这只可能由一个**前元音**发音引起。⑯

---

⑯ 西普(G. P. Shipp,《现代希腊语中的 IOY = Y》["IOY = Y in Modern Greek", *Glotta*, 43 (1965), pp. 302 ff.])反对萨空尼亚语中的 [u] 源于 [ü],并且认为 ιου [yu] 这个发音是(伴随前面的辅音的腭化)讲方言者所导致的结果,据说这些方言保留了古老的 [u] 来读从其他方言借用的带有 [ü] 的词语。但这没有解释 οι 的演变。牛顿(Newton, pp. 19 ff.)主张 [ü] 是普遍的基础形式,却认为有些词(方言中常见)的发音需要用 [u](譬如 μουστάκι, στουππί)。方言细节由塞塔托斯提

2. 元音

η 与 ει　少有外部证据可支持确定这些符号在阿提卡方言中的音质。它们的不同见于下述事实：它们后来的演变不同，由 ει 所表示的音很快变成了一个闭长前元音 [ī]，而由 η 所表示的音在中部地区仍保留了一段时间。这些演变进一步表明，ει 所表示的音总是比 η 所表示的音闭口程度更大。这种情形反映在拉丁语中的希腊语词转写中，其中 η 由 ē 表示，直至很晚时期，可 ει 却由 ī 表示（譬如 *sēpia* = σηπία，*pīrāta* = πειρατής，*Arīstīdēs* = Ἀριστείδης）。⑰

ει 演变为 [ī]，由始于纪元前 4 世纪晚期，至 3 世纪司空见惯的 ει 与 ι 偶尔混淆，揭示出来。⑱但在早期，没有这种混淆之情形，ει 的中音音质，亦由色诺芬（Xenophon）将伊朗语的 *par(i)dēza-*，即"花园"（garden），转写为 παράδεισος 可以见得。⑲

所以在阿提卡方言中，η 与 ει 都是长中元音，但前者比后者开口程度更大。因其在前元音轴线必须置于开元音 [ā] 与闭元音 [ī] 之间（参见页 62），除了中开元音 [ę̄]（= η）和 [ẹ̄]（= ει），不可能是别的音——也就是说，大致 η 就是法语 *tête* 中的元音，ει 就是德语 *Beet* 中的元音。

常常引用以支持将 η 解释为 [ę̄] 的一点，在于下述 ę̄ 事实：在

供（M. Setátos, 'Τὸ πρόβλημα τῆς ἐξελίξης τοῦ ἀρχαίου ἑλληνικοῦ υ ὡς τὰ νέα ἑλληνικά', ΕΛΛΗΝΙΚΑ, 20 [1967], pp. 338 ff.）。

⑰ 原初的形式是 Ἀριστήδης，但这种形式在 4 世纪中叶左右过时了（参见页 85）：Threatte, pp. 372 f.。

⑱ 手抄本中的混淆，还导致有时候将某些词拼错（如历史语言学、比较语言学和铭文证据所表明的那样）：所以，ει 而非 ī 才是正确的拼写：譬如 τείσω、ἔτεισα、μείξω、ἔμειξα；而譬如在 οἰκτίρω 中，ī 而非 ει 才是正确的拼写。

⑲ H. Jacobsohn, *KZ*, 54 (1927), pp. 257 ff.

某些阿提卡喜剧残篇中，绵羊的咩叫用 βῆ βῆ 表示（亦请注意赫叙奇乌斯的注释，βηβῆν· πρόβατον），而这个音不可能表示中闭元音 [ẹ̄]。[20] 动词 μηκάομαι, βληχάομαι 的拟声来源，也很可能就是山羊和绵羊的咩叫。[21]

在前欧几里得字母表中，[ẹ̄] 与短元音 [e] 并无区分，两者都写作 E。[22] 在更早的铭文中，在某些情况下，写作 E (*a*) 也表示后来的 ει（譬如 νεσθε = νεῖσθε, εναι = εἶναι），但在其他情况下，(*b*) 很早以来就写作 EI，譬如 τειχοσ = τεῖχος（两类情况都适用的拼写形式是 ειπεν = εἰπεῖν）。两组之间的不同，可由下述事实得到说明：(*b*) 类原本是双元音（譬如就像在英语 *eight* 中），所以，大概是用二合字母 EI 的书写（与 τεῖχος 比较，譬如，与之相关的 τοῖχος 和奥斯坎语的 *feihúss = muros*）；另一方面，(*a*) 类书写是"缩合"或"补偿性延音"（由于失去了一个辅音）的结果，延长了原初的短音 [e]——所以上引例证源于原初的 νέεσθε, ἔσναι。因为这些情形原初并非双元音，一开始就用一个二合元音书写并不恰当。[23]

---

[20] 在现代希腊语中，同样的拟音可以发现是用 μεε 来表示的。

[21] η 更早的一个音质，很可能就是 [æ]（见页 73）；令人感兴趣的是，注意到在现代帖萨利方言（Thessalian）中，习惯上模仿绵羊咩叫的发音，据说是 [bæbæ]（Newton, p. 50）：亦参 Allen, "Varia onomatopoetica", *Lingua*, 21 (1968), pp. 1ff. (2 f.)。

[22] 参见，譬如卷首图中的 ποτεριον = ποτήριον。

[23] ειμι 即"是"（*sum*）这种拼写（源于 *ἐσμί）令人称奇。这种拼写早在 7 世纪的涂鸦中就出现了（参见卷首图：次几何体杯 [subgeometric cup]），事实上是规范拼写。这表明，无论其起源，都发为一个双元音——也许，类比第二人称的 εἶ（源于 *ἔσι，因此原本具双元音性质）：参见 Threatte, p. 176。与 εἶμι 即"将行"（*ibo*）混淆是较少可能性的解释。

早在纪元前 6 世纪，就开始零星出现，并且在 4 世纪形成常规，(a) 类情形也开始用 EI 来拼写（年代参见 Threatte, pp. 173—190）。对此唯一可能的解释是，(a) 和 (b) 两类情形有了同样的发音。理论上，这有可能意味着，要么 (a) 类中原初的两个单元音（两个单一元音）变成了双元音，要么 (b) 类中原初的双元音变成了两个单元音。但由于希腊语在所有时期都倾向于单元音化而非双元音化，只有第二种情形符合实际。事实上，单元音在某些情况下是一个更早的双元音 [ei] 的产物，包含一个中元音和一个闭元音要素，这进一步表明所形成的音是一个中闭元音。

两类音的融合，显然发生在很早时期；事实上，偶尔以 E 来拼写 (a) 类音，甚至一直持续到了纪元前 4 世纪，这完全可以归为正词法上的保守性，[24] 并且，几乎可以肯定，到纪元前 5 世纪，如今拼写为 ει 的所有词语，这部分音节都具有同样的发音，也就是说，是一个长闭中元音 [ẹ̄]。拼写选择 EI 而非 E，并不令人称奇，因为，这么做避免了用 E= 短元音 [e] 之歧义（而且，按照前欧几里得正词法，E= 长元音 [ẹ̄]）。

顺便提及，事实上，原初的短元音 [e] 延长为一个闭中长元音 [ẹ̄]，如在 (a) 类发音中那样，并不说明这个短元音就是一个闭中元音（譬如，斯特蒂文特就这样认为 [Sturtevant, p. 34]）；因为，通常长短中元音音质不同。[25]

---

[24] 也导致偶尔拼作 E，表示原本是双元音，譬如 τεχο[ποιοι；这样的拼写不常见，但总归有，进一步显示，两类情形融合为一个单元音而非一个双元音：参见 Threatte, p. 173, 299 ff.。

[25] 参见 Allen, *Word*, 15 (1959), pp. 240 ff.；亦参下文页 89 以下。

如我们所见，由于 ει 在某些词中所表示的音，从前不是双元音，在这类情况下，它被当成一个"假性双元音"（spurious diphthong）。这种说法用词不当。因为，首先，ει 不是一个双元音，而是一个二合字母；其次，无论哪一类情形，在古典时代，它都代表一个双元音。所以这个术语揭示了言辞与书写之间、描述式表达与历史表达之间的混淆。"简写"（Shorthand）表达，至少对前一类而言，没有害处（类似的例证也见于这本书），只要能认清其所是；但就这里所讨论的情形而言，有时候会导致对 ει（还有 ου，参见页 76）的两种不同发音的误解。

就上文对 ει 之音质的说明，有一个例外情形，就是当后接一个元音时。就后来 ει = 拉丁语的 ī 之对应关系，普利斯吉安（*GL*, ii, p.41 K）特别指出，"……当后接辅音时，我们用一个长元音 *i* 来代替双元音 *ei*，如 Νεῖλος Nilus'（ ... consonante sequente pro *ei* diphthongo longam *i* ponimus, ut Νεῖλος Nilus' ）"。另一方面，在元音前，规范形式是以 *ē* 来表示，如在 *Achilleus*, *Aeneas*, *Alexandrea*, *Alpheus*, *Augeas*, *brabeum*, *Calliopea*, *chorea*, *Dareus*, *Decelea*, *gynaeceum*, *Medea*, *museum*, *panacea*, *platea*, *spondeum* 中，[26] 这表明在此语境中，希腊语的 ει 直至罗马时代，仍然具有中元音音质。偶尔采用代替拼写形式 *ī*，如在 *Darius* 中，可能或表示后来的希腊语发音，或表示 ει = ī 之对应关系从辅音前的位置上发生的纯

---

[26] 参见托尔基恩（J. Tolkiehn）《希腊语词中的 -ει- 在拉丁语词中的转写》（"Die Wiedergabe des griechischen -ει- im Lateinischen", *PhW*, 43 [1923], pp. 44 ff. and 68 ff.）。

2. 元音

粹书写上的转换。[27] 有些早期借入拉丁语的词语中，显示有 $\bar{e}$ 缩短为 $\breve{e}$ 的情形，如 bal(i)nĕum 和变体 chorĕa，platĕa。

此特点与希腊语本身当中的书写语境一致；因为，尽管在辅音前，在纪元前 3 世纪 ει 开始与 ι 混淆，但在元音前，在同一时期，并且持续了一段时期，ει 开始与 η 而非 ι 混淆——这进一步显明，在此处境中它仍然具有中元音音质[28]（亦参下文页 83）。

我们现在可以回到另一个长中前元音 [ẹ]。在前欧几里得拼写法中，这个音也用 E 来表示。但随着引入伊奥尼亚字母，[ẹ] 明确由字母 H（η）来表示，后者此前表示 [h]（见页 52），但作为在东部伊奥尼亚语中"失去气音"（psilosis "dropping of h's"）的结果，得以自由用作元音。[29]

阿提卡 – 伊奥尼亚方言中的 [ẹ] 有两个来源：一是源于原初

---

[27] 一个相反的例证或许有可能说明令人费解的辅音前的 ει = $\bar{e}$ 的情形，如在 hypotenusa，tenesmos，hypogeson，cyperum 中，亦偶见在 edyllium，Helotes，Perithous，Polycletus 中。似乎可疑的是魏泽（F. O. Weise）《拉丁语中的希腊词语》(Die griechischen Wörter im Latein, p. 37) 的评论是否中肯（"……独特之处是，在所讨论的元音前或后，几乎都有一个流音"），因为，仅在前接一个 ρ 时，人们才会期待如此运用（参见页 65）。

[28] 在此位置上变成 [ī]，很可能要到纪元后 2 世纪，当时停止拼写为 η，希罗迪亚努斯（Herodian, ii, p. 415 ff. L）也发现，必定是这样发音的，按照正词法词尾是 -ιος/-ειος，等等；但更早期的变化，应归于同化，见于 ιει 这种拼写，纪元前 1 世纪以来，这种拼写经由 [īī] 演变为单音 [ī]（譬如，υγια = ὑγίεια）；甚至更早期的 [ẹ] 向 [ī] 的演变，也见于譬如阿提卡方言的 χίλιοι，密切关联伊奥尼亚方言的 χείλιοι。进一步细节参见特莱阿泰（Threatte，pp. 166, 190 ff., 202 ff.）。

[29] [h] 这个音质，在西部希腊语字母中得以保留，从而有了拉丁语的 H。由于同一个字母位置保留了两个音质，源于拉丁语的哥特语的 h 所具有的数字性质（8）与希腊语的 η 一样（其古格鲁吉亚语变体代表的音是 [ey]）。

的 ē，二是源于原初的 ā；所以，譬如 μήτηρ [mḗtēr] 源于 mātēr（比较多利亚方言 μάτηρ）。ā 演变为 [ẹ̄]，很可能经过了 [ǣ]（大概具有英语 bad 中元音的音质）这个阶段，介于 [ā] 与 [ẹ̄] 之间。这个阶段也许以昔克兰群岛（Cyclades）的伊奥尼亚方言铭文为代表，其中 H 一开始只用于表示源于原初的 ā 的元音，譬如，在 Qορη 中（源于 korwā）= 阿提卡方言的 κόρη，尽管 E 继续用于表示源于原初的元音 ē，譬如 ανεθεκεν = 阿提卡方言的 ἀνέθηκεν（源于 -thē-）。㉚ 但在阿提卡方言中未见这样的区分，两种其余的元音都由 H 来表示，所以，我们必须主张唯一的发音是 [ẹ̄]。㉛

波奥提亚方言，与阿提卡方言一样，也有两个中前长元音 [ẹ̄] 和 [ę̄]。但这两个音的分布与阿提卡方言中不同；因为更早期在波奥提亚方言中 [ẹ̄] 接近 [ī]（见页 67），而 [ę̄] 接近 [ẹ̄]。从而，当阿提卡方言字母采用进入波奥提亚方言之后，譬如人们发现波奥提亚方言的 πατειρ 对应于阿提卡方言的 πατήρ。波奥提亚方言中的 [ẹ̄] 是双元音 [ai] 单元音化的结果，所以波奥提亚方言有 κη 对

㉚ 关于昔克兰群岛的伊奥尼亚方言碑铭书写，请进一步参见埃尔（A. L. Eire）《伊奥尼亚－阿提卡方言（元音系统）的变迁》(*Innovaciones del jónico-ático* (vocalismo) = *Acta Salmanticensia*, filos. y letras, 60 [1970], p. 18)；阿雷纳（R. Arena），《古希腊语中的字母 Ε》("La lettera Ε nell'uso greco più antico", *RIL*, 102 [1968], pp. 3 ff.）。

㉛ 在论文《论 Eta 的双重发音》("On the dual pronunciation of *Eta*", *TAPA*, 93 [1962], pp. 490 ff.) 中，塔克（R. W. Tucker）表示，尽管有这样的拼写，阿提卡方言仍然在发音中区分了两个元音，直至纪元前 4 世纪。但他的论证可疑，基于假定，若非如此，在阿提卡悲剧合唱歌中，诗人将无法知晓何时不要用多利亚方言的 ā 代替阿提卡方言的 η。进一步讨论，参见巴托奈克（Bartoněk, pp. 104 ff.）；特莱阿泰（*TAPA*, 100 [1969], pp. 587 ff.）。

应于阿提卡方言的 καί，如此等等。从而，由波奥提亚方言的拼写清楚可见，在纪元前 4 世纪上半叶，阿提卡方言的 η 仍然具有 [ẹ̄] 音质。

4 世纪末，当阿提卡方言的 [ẹ̄] 一开始接近 [ī] 时，有可能 [ę̄] 也倾向于变得更接近后者了。可是，纪元前 2 世纪的印度钱币上以 e 表示 [ę̄]（拉丁语中也是如此，见页 70），显示它仍然是一个中元音，也尚未变成 [ī]，如在现代希腊语中那样。在纪元前 1 世纪，哈利卡纳苏斯的迪奥尼修斯（†《论构词》[De Compositione Verborum xiv, pp. 51 f. UR]）仍然区分 η 与 ι。事实上，他形容前者更悦耳，表明他也考虑它们的发音，而非仅仅考虑它们的书写形式。

阿提卡方言铭文中混淆 η 与 ι，㉜ 始于约纪元后 150 年，但仍可发现与 ε 混淆的情形。㉝ 在某些地区，通俗希腊语的 η 的中元音性质保持得更为长久，因为，尽管乌尔菲拉的哥特语拼写将 ει 与 ī 混同为 ei，η 仍然以 e 来表示。再到后来，古亚美尼亚语通常以 e 或 ē 来转写 η，用 i 来转写 ει 和 ι；而古格鲁吉亚语字母赋予源于 η 和 ι 的字母以不同音质（分别是 [ey] 和 [i]）。㉞ 但在古斯拉夫语字

㉜ 令人吃惊却完全反常的情形是在纪元前 5 世纪，属于一位学童的石片上有 αθινα αρισ αρτεμισ，显示他将自己写成了 διμοσοθενισ（原文如此）：参见 *SEG*, 19, no. 37；E. Vanderpool, *AJA*, 63 (1959), pp. 279 f. 和 Plate 75 fig. 11；Threatte, p. 165。

㉝ 甚至在雅典，[ī] 这个发音，150 年以后仍未成为标准：参见 Threatte, p. 166。

㉞ 值得指出的是，在现代黑海沿岸希腊语（modern Pontic Greek）中，在很多领域和处境中 η 仍然用 ε 来表示（参见奥依考诺米德斯 [D. E. Oeconomides]《黑海沿岸希腊语语音学》[*Lautlehre des Pontischen*, pp. 11 ff.]）。

母中，西里尔字母（Cyrillic）和格拉哥里字母（Glagolitic）在源于 H, η 与 I, ι 的字母之间不作语音区分，它们的语音分布纯粹由正词法约定。

ω 与 ου 由这两个符号所表示的音的早期演变，很大程度上平行于 η 与 ει 的早期演变。也就是说，在某一阶段它们有一种长开中后元音 [ǭ] 和一个长闭中后元音 [ọ̄]，与其等价的发音分别可由英语的 saw 和法语的 côte 中的元音来提供。

证据主要源于发音系统的内在结构；ω 作为一个开中元音的音质，偶尔适用于很可能出于拟音的 βρωμᾶσθαι（驴叫，比较英语的 (hee-)haw）[35] 和 κρώζειν（乌鸦叫，比较英语的 caw）。[36]

在前欧几里得字母表中，[ọ̄] 与短元音 [o] 没有区别，都写作 O。在更早期的铭文中，也写作 O 的**某些**情况，(a) 后来写成了 ου（譬如 μισθοντα = μισθοῦντα, ελθοσαν = ἐλθοῦσαν），[37] 但其他情况下，(b) 在从最早期开始就写作 OY，譬如，（随机举例 [pr. n.]）σπουδιασ（在 ακολουθοντα = ἀκολουθοῦντα 中，两类写法都有例证）。两组情况之间的不同，可由下述事实得到说明：(b) 类情况下，它原本是双元音（所属类型类似于英语的 low，但比后者发音靠后），从而写成 OY 是恰当的（与上文的例词可作比较的同类词有 σπεύδω, κέλευθος）；另一方面，(a) 类情况是原初的 [o] 缩合或补偿性延音的结果——所以，所引例证所源出的词是 μισθόντα,

---

[35] 比较阿普琉斯（Apuleius）的驴叫 ὤ（*Met.* iii. 29），后者想来显然要比拉丁语的闭中元音 ō 更切合（J. L. Heller, *CJ*, 37 [1941—1942], pp. 531 ff., and *CJ*, 38 [1942—1943], pp. 96ff.）。

[36] 还有在 μωκᾶσθαι 中，原初的意思是骆驼的嗥叫；可供替代的鼻音要素的表现，见于 ὠμάζειν 这种形式（参见 F. Bancalari, *SIFC*, 1 [1893], p. 93）。

[37] 亦参见卷首图中的 θαριο = Θαρίου。

2. 元音

ελθόνσαν。由于后一类情况原初并非双元音，一开始用一个二合字母来书写就不合适。

但在纪元前 6—前 4 世纪期间，有一种不断上升的趋势，最终变成了规范做法，就是也用 OY 来书写（a）类情况中的音。[38] 对此情形的澄清是，(a) 和 (b) 类情况开始有了同样的发音，从而可以同样方式来书写；这意味着（参见页 71），原初的双元音 [ou]，包含一个中元音和一个闭元音要素，变成了一个长闭中元音 [ọ̄]，与源出于缩合或补偿性延音的元音音质完全相同。

这些音的出现，肯定到 5 世纪就完成了，尽管如相应的前元音那样，有保守拼写的例证，也有偶尔以 O 拼写原初的双元音的例证（参见页 71，注释 24），譬如 σποδιασ。[39] 如拼写为 ει 的情形（见页 72），ου 表示一个非双元音来源的元音，有时候被当作一个"假性双元音"。

事实上，延长原初的短元音 [o]，在（a）类情况下形成了一个闭中长元音 [ọ̄]，并不表示短元音 [o] 也是一个闭中元音（参见页 72）。

我们已然看到，波奥提亚人发现，阿提卡方言的 υ 不适合于表示他们自己的元音 [u]，而采用了阿提卡方言的二合字母 ου。这很可能显示，到 4 世纪中叶，更早期的阿提卡方言中的 [ọ̄] 已经变成了一个完全的闭元音 [ū]，[40] 而在罗马时代则肯定是如此（所

---

[38] 拼写变化的年代学研究，见特莱阿泰（Threatte, pp. 238—259, 350 f.）。

[39] 相对而言，原初的 ει 比 E 更常见，也许是因为，原初的 ου 较不常见。参见特莱阿泰（Threatte, pp. 350 f.）。

[40] 然而，证据并非绝对，因为，甚至 [ọ] 音质也最接近波奥提亚方言的 [u]。

以，譬如 Thūcȳdides，反过来有 Ῥουφῖνος）。看来的确不可能确定，在纪元前 350 年以前，这种变化究竟持续了多久；变化不一定接近这个时期（如斯特蒂文特所认为的那样）；事实上，直至这个时间前后，Ο 继续写作 OY，这并不必然表明它仍然具有中元音音质，因为，它也许只是一种保守拼写而已。有可能，变成 [ū] 发生在古典时期；但由于日期不能确定，显然没有理由为不同的著作家采用不同的发音！在为 ου 采用一个发音时，似乎可取的做法是选择 [ū] 而非 [ọ̄]；因为，即使我们犯了错误，至少不会做得更糟，比方说，读埃斯库罗斯（Aeschylus）用的是德摩斯泰尼（Demosthenes）的发音；可是，如果我们采用了其他方式，也许会给予某个著作家一种古代从未采用过的发音。[41]

结构上的考虑表明，很有可能 [ọ] 向 [ū] 的变化非常早。我们已经讨论过由后元音 [u] 向前元音 [ü] 的变化，将时期确定在纪元前 7—前 6 世纪有一定道理（Bartoněk, p.115）。这种移位的效果是，将后音轴（back axis）上长元音音位，由四个 /ā, ǭ, ọ̄, ū/ 减少为三个 /ā, ǭ, ọ̄/，这也许符合一种普遍倾向：减少这个相对

---

[41] 关于赞同 [ọ] 向 [ū] 的早期（6—5 世纪）演变，参见施韦泽尔（Schwyzer, p. 233）。反对早于约 4 世纪中叶的论点，为瑞吉（Ruijgh）所持有（*Mnem.* 31[1978], p. 88）。到那时为止，如已论及的那样，拼写 Ο 可用于表示 OY：但事实上，阿提卡方言中并无以替代拼写形式 AO, EO 表示双元音 AY, EY 的情形——就像可望如此那样，按照瑞吉的观点情况下就是如此，如果元音 OY 的音质就是 [ū]（这种拼写在伊奥尼亚方言中司空见惯，见页 66）。可是否定性的证据并不具有决定性，而我在此倾向于追随其他学者的观点，包括泰奥多尔森（Teodorsson, 1974, pp. 291 f.）。

2. 元音

而言的短音轴上音位区分的数目。㊷ 即使我们不至于追随瑞贝雷兹（M. S. Ruipérez），㊸ 设想由 [ū] 向 [ü] 的变化事实上是由后音轴上"过挤的"（overcrowding）压力所致，一旦这种变化发生，也很有可能会抵制增大 [o̱] 与 [ǫ] 之间声距的机会，通过将后者转变为 [ū]。㊹

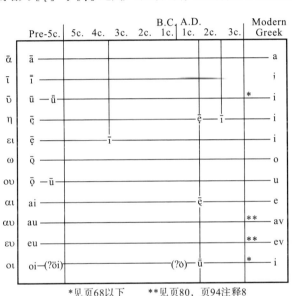

图3 阿提卡方言长元音和"短"双元音（排除了前元音位置）
演变年表略图

因此，清楚建议在所有情况下，都将 ου 发为一个长闭后元音

㊷ 参见马蒂内（A. Martinet）《语音变化的经济学》（Économie des changements phonétiques, pp. 98 f.）。

㊸ Word, 12(1956), pp. 67 ff.

㊹ 但请参见巴托奈克（Bartoněk, p 114）。事实上，尽管短音 [u] 跟随在其作为长音的 [ü] 的伴音之后，[o] 却未移位成为 [u]，这可由下述事实得到解释：在短元音系统中，开中元音与闭中元音之间无对照。[u] 事实上仍然是此系统中的一个缺口（见页62），直至在晚期希腊语中，彻底消除了长元音与短元音之区分。

79　[ū]，也就是说，像在现代希腊语中那样，将 ου 发为重音，或发音如英语的 *pool* 或法语的 *rouge*。

尽管有可能，开中元音 [ǭ] 解除了避免与 [ọ̄] 混淆的必然性，可以上移到一个与之相当接近的位置，就此亦无事实证据，因此，建议 [ǭ] 这个音要像 *saw* 的英语标准发音中的元音那样发音。

在前欧几里得拼写法中，[ǭ] 与 [ọ̄] 和短音 [o] 一样，也由 Ο 来表示。但随着伊奥尼亚字母的引入，[ǭ] 开始毫不含糊地由字母 Ω 来表示（后来称为 ὦ μέγα，有别于 ὂ μικρόν）。

(ii) 双元音 *

古典希腊语的双元音，由二合元音 αι, αυ, ευ, οι 来表示。

αι　对应于相关语言（譬如 αἴθω：拉丁语的 *aedes*）中的双元音 [ai]（如在英语 *high* 中那样），这个音质直至罗马时代可由转写为拉丁语或由其而来的转写得到证实（譬如 *palaestra*, Καισαρ）。

在后来某个时期，发生了向单元音的演变，出现了音质 [ẹ̄]；这种音质首先由纪元后 125 年的采用 ε 的拼写揭示出来，特别是 150 年以后（参见 Threatte, pp. 294 ff.）。就此音质，使用 ε 而非 η 来拼写，无疑是由于下述事实：η 已然接近于 [ẹ̄]，后者后来很快进一步接近于 [ī]（见页 74）；所以，新的元音 [ẹ̄] 的拼写后来大概只能使用短元音符号 ε（譬如 κιτε = κεῖται）。㊺ 短元音的发音，在

㊺ 反过来，可见 αι 表示 ε，这也反映在哥特语用 *ai* 来表示 [e]，譬如 *taihun* 即 "十"。

此时期亦由恩披里克（Sextus Empiricus, *Adv. Gramm.* 116）的一项特殊陈述所证实：αι 这个发音，与 ει 的发音一样，"单一而又统一"。在拜占庭时代，αι 与 ε 有相同音质，导致将后者区别为"不送气的 ε"（ἒ ψιλόν，参见页 69）。

αυ 同样对应于相关语言（譬如 αὔξω : 拉丁语的 *augeo*）中的双元音 [au]（如在英语 *how* 中那样），这个音质也可由转写为拉丁语或由其而来的转写得到证实（譬如 *glaucus*, Κλαυδιος）。

ευ 无证据显示，在古典阿提卡方言中，这个二合字母意指任何不同于其外表的发音，也就是说，一个双元音 [eu]。在英语标准发音中，这个双元音没有对应的发音，尽管类似的发音可在伦敦方言的 *el(l)* 的发音中听到，如在单词 *belt*, *bell* 中。值得注意的是，有一个真正的双元音，也就是说，从 [e] 滑向 [u] 的音，并且如通常在讲英语的人那里听到的那样，并非一个半元音加上一个长元音，如英语 *neuter* 中的 [yū]（参见页 146，以及 *VL*，页 63）。

在 αυ 和 ευ 中，υ 保持着其原初的音质，作为一个后元音 [u]，也就是说，它并不像在其他地方那样与 [ü] 相对（参见页 66 及其以下）。这两个双元音都未演变为单元音；⁴⁶ 但在不能肯定的后来某个时期，⁴⁷ 它们的第二个要素（或可分析为一个半元音 /w/：见页 48）。⁴⁸ 这种演变完全可以与 β [b] 向 [v] 的演变关联起来（见页

---

⁴⁶ 哥特语的 *au* 表示 [o]，堪比 *ai* 表示 [e]。

⁴⁷ 罗马的犹太地下墓穴遗物仍显示，在纪元后 2—3 世纪，它们具有双元音音质。

⁴⁸ 同样的演变独立出现在了现代希腊语方言中：所以，在罗德岛西南（S. W. Rhodes），μάγουλο 即"脸颊" → *[máulo] → *[máwlo] →

30 及其以下）——但演变时期也不确定。⁴⁹

οι 明显是一个双元音，至少到罗马时代还是如此（譬如 *Phoebus*, *poena*：*VL*，页 62）。最浅显可以解释为 [oi]，譬如，英语中的 *toy*, *coin*；但在某些希腊语方言中，有证据似乎表明，经过同化，这个双元音的第一个要素，具有某种 [öi] 类型的发音特点，⁵⁰ 堪比法语中 *feuille* 中 *eu* 的发音。这个音在阿提卡方言中并无证据；却使修昔底德（Thucydides, ii. 54）报告的混淆变得相当可信，关于神谕说的究竟是 λοιμός 即"瘟疫"还是 λῑμός 即"饥荒"，因为，[öi] 完全是一个前双元音，比混合音 [oi] 更接近 [ῑ]。

在后来某个时期，οι 与 υ 混而同之；所以（约纪元后 240 年）ποιανεψιωνα = Πυαν.,⁵¹ 显示两音都发为 [ǖ]，⁵² 紧随一个为波奥提亚方言所证实的甚早的发展时期（见页 66 以下）。也正如波奥提亚方言之情形，演变的中间阶段发音很可能是 [ȫ]（参见 *VL*，页 52，注释 2；页 62）；而 [ȫ] 接近 [ǖ]，也许平行于更早期的阿提卡

---

*[mávlo]；平行的演变甚至出现在带有 ι 的双元音中：所以，在扎昆托斯岛（Zakynthos），βόιδι 即"公牛"→ [vóiði]，βοηθάω 即"我帮助"→ [voxθáo]（Newton, p. 65）。

⁴⁹ 进一步参见页 94，注释 8。

⁵⁰ 参见 Sturtevant, p. 51, n. 48。

⁵¹ 更早期还有 ανυγησεται = ἀνοιγ，在出自潘泰诺斯图书馆（Pantainos）的一张便条上：参见 *SEG*, 21, no. 500；*Hesperia*, 5 (1936), p.42；以及上文的卷首插图。这座图书馆是献给特拉扬皇帝（Trajan）的（参见 *SEG*, 21, no. 703）；这张便条当然最有可能晚于图书馆建立，但书写符合纪元后 1 世纪晚期或 2 世纪早期的风格（参见 M. Burzachechi, *Rendic. Lincei*, ser. viii, 18 [1963], pp. 91 f.）。

⁵² 这个发音也很可能反映在晚期拉丁语中以 *squinum* 代替更早期的 *schoenum* < 希腊语 σχοῖνος（譬如伊西多尔 [Isidore]《辞源》[*Orig.* xvii. 11]；参见 Forcellini s.v.，亦参见上文页 66）。

方言由 [ẹ] 向 [ī] 的变化（见页 67，70）。[53]

元音前的"双元音"

在元音前的位置上，上述所有二合字母，或许视为表示短元音（/a/，/e/ 或 /o/）或半元音（/y/ 或 /w/）的前起后继要更好，这些半元音一般都会重叠，从而在音节中造成重音量（参见 VL，页 38 及其以下）。同样的情形也适用于 υι（先于其向单元音 ū 的演变[54]），这个双元音，在阿提卡方言中，只出现在元音前，[55]故而有 [üyy]。[56]

这些音质的标志，或许由方言拼写所表明，诸如阿尔戈斯方言（Arg.）的 αθαναιαι，科孚岛方言（Cor.）的 ευϝαρχοσ；[57]这些音

---

[53] 关于由 οι 向 [ọ̄] 演变的一个中间阶段，趋向于混淆 οι 与 υ，参见卡普索梅诺斯（S. G. Kapsomenos）《希腊语在埃及》（"Das Griechische in Ägypten", MH, 10 [1953], pp. 248 ff. [255 f.]）。关于纸莎草本中的混淆，也参见吉格纳克（F. T. Gignac）《不合文法的希腊语纸莎草本中的语言》（"The language of the non-literary Greek papyri", Proc. XII Int. Cong. of Papyrology [= Amer. St. in Papyrology, vol. 7, 1970], pp. 139 ff. [141]）。

[54] 以 ὑός 代替 υἱός 始于纪元前 6 世纪（譬如六音步结尾是 ευδικο hυοσ）。阴性分词以 -υῖα 结尾，一致持续到了纪元前 4 世纪。这种演变尤其见于阿提卡方言，如希罗迪亚努斯的清晰陈述（参见 Threatte, p. 338），后来，至少 υἱός 也得以保留。

[55] 元音前的 υι，上古普遍单音化为 ū（譬如阿提卡方言的指小词 ἰχθῡ́διον，荷马的祈愿语气 δαινῡτο）。但注意，荷马的 πληθυῖ，莱斯博斯方言 τυῖδε（= τῇδε）等（由 υϝ 缩合而来）。

[56] 注意：υι 不要发成半元音 [w] 和如英语 we 中的长元音 [ī] 的前起后继（参见 VL，页 42）；这种发音，尽管经常听到，却为 υἱός 前有省音（以及演变为 ū）的事实，也为譬如 ἰδυῖα（这里的 [dw] 会造成重音量，参见页 49）首音节是轻音节，证明是错误的。

[57] 插入 ι 和 ϝ，可以换一种方式，仅视其为自动的滑音（因此并不以规范方式显示），紧接元音要素 ι, υ 之后（譬如在阿尔戈斯方言 δαμιοργοι 中，在伊奥尼亚方言 γαρυϝονεσ 中）；但在语音学上，所导致的差异很小。

质有下述事实支持：在阿提卡方言诗歌中，半元音重叠的[yy]，偶尔可以缩减为一个[y]，造成这个音节是轻音量——所以，譬如 γεραιός，δείλαιος，中间的音节在悲剧（抒情诗体）和喜剧中都是轻音节，而在 ποιῶ，τοιοῦτος 中，起首音节通常是轻音节。[ww]缩减为[w]的情形，亦见于品达（Pindar，*Pyth.* viii, 35）的 ἰχνεύων，中间音节是轻音节。同样的缩减，也见于荷马（譬如在 οἷος 中，见《伊利亚特》[*Il.* xiii, 275] 等；χαμαιευναι [xvi, 235]；υἱός [iv, 473]）；由于一个双元音不可能在同样意义上缩短为一个单元音，词首是元音的词之前的词（参见页 97）的词末双元音的所谓 "史诗体元音缩减"（epic correption），这是短元音后接单一半元音的另一例证（注意：《伊利亚特》[*Il.* xiii, 172] 中，αἰδοῖός τε μοί ἐσσι 中的 οι 的两种处理方式）。在某些情况下，缩减最终导致完全失去了半元音，如在阿提卡方言中的同源对生词（doublet）ποεῖν 和 πόα，στοά 密切关联伊奥尼亚方言的 ποίη 和多利亚方言的 στοιά。㊾ 类似的同源对生词，亦见于荷马文本——譬如《奥德修纪》(*Od.* vi, 292)中的 νάει，密切关联（ix, 222）ναῖον；连同一方面有属格 -οιο (=[oyyo])，另一方面有缩合形式 -ου，必须保留 -οο（或如[oyo]），譬如在《伊利亚特》(*Il.* xv, 66; xxii, 313) 中（抄本中有 Ἰλίου，ἀγρίου）。㊿

㊾ 也有丰富的铭文证据。αθηναια 经由 αθηναα 演变为缩合形式 αθηνα，后者在纪元前 300 年后成为规则形式。关于这些演变的细节，参见特莱阿泰（Threatte，pp. 270—294, 324—333）。阿提卡方言的 ἐλᾶα，ἀεί，ἀετός，κλάειν 等中的元音延长（密切关联，譬如荷马的 ἐλαίη），尚无定论。

㊿ 失于认识到这一点，导致了校勘错误，譬如在《伊利亚特》(*Il.* v, 21) 中（ἀδελφειοῦ κταμένοιο，而 ἀδελφεοῦ 恢复为 ἀδελφεο(ι)ο）；vi, 34（κακομηχάνου ὀκρυοέσσης，而 -ου κρυ- 恢复为 -ο(ι)ο κρυ-）。

所以，二合字母 αι, αυ, οι, ευ, υι 在元音前的通常发音，很可能是 [ayy], [aww], [oyy], [eww], [üyy], 前三个在语音上堪比英语词组如 high yield, bow-wave, toy yacht 中的发音（其"缩减"形式 [ay], [oy], 堪比譬如 my own, coyote 中的发音）。

我们已然看到（页 72），长闭中前元音 [ẹ] 和 ει, 更为缓慢地演变成为一个闭元音 [ī], 在元音而非在辅音或标点前。这很可能是元音前的 ει 在更早时期的演变延迟的结果；它总是源于一个先前的"双元音"（可以解释为 [eyy]），有可能单元音的演变在这里要比辅音前的 [ei] 的演变慢。更早期的音质，似乎保留了荷马史诗当中，若着眼于同源对生词 τελέω, 密切关联 τελείω, χάλκεος 密切关联 χάλκειος, 这些词很容易解释为表示一个缩减变音 [ey], 密切关联 [eyy], 譬如也像在 [oy] 中, 密切关联 [oyy]（τελέω, χάλκεος 等中省略了 ι, 可以归结为下述事实：一个滑音 [y] 自动跟在一个闭或中前元音后；在阿提卡方言中, 进一步失去了单音 [y], 这些词中的元音发生了缩合, 形成了 τελῶ, χαλκοῦς, 等等）。然而，同一类型的缩减，也见于纪元前 5 世纪以来的阿提卡方言，在 4 世纪变得特别普遍；铭文有揭示，如荷马文本有显示，书写没有用 ι, 譬如 ιερεα, δωρεα 表示 ιέρεια, δωρειά；4 世纪后，一种或另一种变体趋向于普遍化（大多数情况下是 ει）; 就 πλείων 而言, ει 在长元音前是规范形式, 而 ε 在中性词 πλέον 中也是规范形式, 尽管具体在其他形式的词语中的短元音前有变化。⑩

这些演变，非常容易理解，如果承认在古典时期，ει 在元音前，

---

⑩ 铭文证据的全部细节，见特莱阿泰（Threatte, pp. 302—323）。

83

84 不像在辅音前（见页 71）表示［eyy］，⁶⁰ 只是后来，［ey］部分演变为单元音发音［ē］（同时第二个音［y］又自动变成了一个滑音）。与之接近的语音类比，可由英语短语如 *hay-yield* 提供；"缩减"变体，如在 πλέον 中，语音类比大约可由，譬如，*play on* 显明。⁶²

有鉴于 ει 与 ου 的演变之间总体上的平行关系，人们也许想知道，是否一种有所推迟的演变也同样适用于元音前的 ου。的确，在某个早期阶段，其音质似乎是［oww］，因为，缩减形式［ow］也见于，譬如阿提卡方言的 ἀκοή，⁶³ 密切关联荷马的 ἀκουή；而阿提卡方言的 ὠτός（οὖς 的单数属格），密切关联荷马的 οὔατος，表示 ὀατος 的一个缩合形式，后者反过来以一个中间阶段的 ὀϝατος 为前提。但在元音前保留了 ου 的地方，没有迹象表明在古典时期其发音不同于处在辅音前的发音，也就是［ū］。

（iii）"长"双元音

一个特殊的难题，在希腊语中表现为一系列双元音，通常称为

---

⁶⁰ 可以比较的情形，存在于波奥提亚方言中，其中 οι → υ［ū］，发生在辅音前（见页 67），而少见于元音前：所以，譬如 βοιωτυσ = Βοιωτοῖς。梵语也提供了类比，譬如意指"欺骗"（lie）的动词中：在无词干（athematic）形式的第三人称单数现在时态中（以 -te 结尾），显示为 śete（= κεῖται），但在有词干形式的变位中（以 -ate 结尾），显示为 śayate，与之相比较，反过来又有荷马的第三人称复数未完成时变位 κείατο ~ κέατο。

⁶² 关于元音前的"双元音"的变体之详情，进一步参见鲁帕什（Lupaş, pp. 47 ff.）。

⁶³ 不需要显示［w］，因为，这是一个处在闭元音或中后元音之后的自然而然的滑音。

2. 元音

"长"双元音，它们部分继承而来，部分由缩合造成，其中的第一个要素由一个长元音表示，与到日前所考察的双元音中的短元音不同。若第二个要素是 ι，这样的"长"双元音相对比较常见——所以有 āι, ηι, ωι；但阿提卡方言中也有较为罕见的情形：āυ（譬如 ταὐτό），ηυ（譬如 ηὑρέθην），还有 ωυ（πρωὖδᾱν，见阿里斯托芬《鸟》[Ar. Birds, 556]）。现代文本普遍倾向于遵循拜占庭希腊语的做法，将其写成 ι ├ 标——所以有 ᾳ, ῃ, ῳ。

在元音前的位置上，这些双元音不会造成困难，因为，它们可简单视为表示后接一个半元音的长元音，也就是 [āy]，等等——所以，譬如在 ῥᾴων, κλῄω, πατρῴος 中，或当一个词末"长双元音"后接一个词首元音（譬如 τῇ/τῷ ὄρνιθι）。[64] 难题起于当其更为确定地表示真正的双元音时，也就是说，在一个辅音或标点前时。因为，希腊语中的双元音，不能严格区分"短"与"长"；为重音之目的，它们的音质都有 2 "莫拉"（时间单位），有似于一个单元音。一个双元音由一个持续的滑音构成，从一个元音音质滑向另一元音音质，在希腊语中可以从时值上区分两类双元音的唯一方式，就是最大转折点的设定——譬如可以推测，在 αι 中，滑动在约 ⅓ 处加速，但在 ᾱι 中，滑动延迟至约 ⅔ 处。这类情形似乎也见于古印度语，其中双元音 āi, āu 有别于 ai, au；但我们知道，在这种情况下，ā 与 a 在起点上音质也有重要不同（参见阿伦，页 62 及其以下）；

---

[64] 比较伊奥尼亚方言的 τη αφροδιτηι（= τῇ Ἀφροδίτῃ），等等，其中元音前的 ι 省略了，大概 = [y]，自然也处在一个前元音之后（在辅音前和在 τῷ 中亦循此规则）。

似乎很有可能,纯粹时值上的区分,持续很长时间仍然可行,即使在缺乏这类附属要素的情况下。

我们知道阿提卡方言的 α 的长短音有这种音质上的区分;ῳ 也更容易与 οι 区分,若如已论及的那样,后者的音值实际上是 [öi];在历史中,ῃ 能够区分于 ει 的事实是,后者表示一个单元音 [ẹ];但似乎希腊人自己并不知道这种区分易于遵循。音距最狭窄的"长"ι-双元音(也就是说,涉及第一、二要素之间最接近的相似性)是 ῃ,在某些词中它已经变成了单元音,与 ει 一致了,在纪元前 4 世纪早期。[65]——所以,譬如 κλείς 表示旧阿提卡方言的 κλῄς(与此类似,λειτουργεῖν 表示更早期的 λῃτ-)。同样的演变,虽不迅速,却出现在曲折词尾(inflexional endings)中(譬如与格单数 βουλει,第三人称单数虚拟语气 ειπει),[66] 但在纪元前 200 年左右发生了逆转,类比恢复了其他变格和人称中的 ῃ,[67] 音的平整或许受到支持,ει = [ẹ] 进一步转变为 [ī](参见页 70),[68] 导致不规则的词型变化类型,属格是 [-ēs]:与格是 [-ī]。

可是,"长"双元音明显不再可行,同时一种新的演变占了上风,从而使其失去了第二要素,ᾳ、ῃ、ῳ 为 ā、ē、ō 所代替;双元

---

[65] 变化有可能更早,但也许被前欧几里得时期将 ε 和 η 都拼写为 E 掩盖了。

[66] 也出现在增音音节中(譬如 ειρεθη = ἡρέθη)。

[67] 参见 A. S. Henry, *CQ*, N.S. 14 (1964), pp. 240 ff.。

[68] 我不确定 ει<η 与 ι 直到罗马时代都有混淆,但看来很有可能,ει<η 在任何可察知的时代都是双元音,未分有从 [ẹ] 到 [ī] 的变化,亦参 Threatte, pp. 368 ff.。

2. 元音

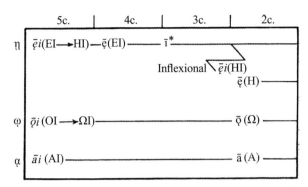

* 见页 86 注释 68。以斜体表示的音质，参见页 84 以下的讨论。铭文拼写在最早期之后就涉及革新而忽视守成。

图 4 "长" ι- 双元音的演变

音和单元音形式，也反映在拉丁语借用词中：*tragoedus*, *comoedus* 借自 τραγῳδός, κωμῳδός，但后来有了 *r(h)apsōdus*, *melōdus*（也因此有了区分，譬如英语的 *tragedy* 和 *rhapsody*）。纪元前 2 世纪后半叶，语法学家特拉克斯（Θρᾷξ）言之凿凿：在动词形式 βοᾷς 和 βοᾷ 中，ι 这个要素实际上不发音（†《语法技艺》[*Ars Gramm.*, p. 58 U]）；纪元后 1 世纪，昆体良指出，在如 λῃστῇ 这样的形式中，两个 ι 纯粹出于正词法的需要（† i. 7. 17）。各种演变总结如上（图 4）。⑩

纪元前 1 世纪以来，"长" υ- 双元音也出现了同样的演变，如

---

⑩ 关于铭文证据，参见特莱阿泰（Threatte, pp. 352—383）；进一步讨论，参见阿伦《长短双元音》（"Long and short diphthongs", in *Studies offered to Leonard R. Palmer*, pp. 9—16）。

以 εατου 表示 ἑᾱυτοῦ。⁷⁰

还有一个问题是，为阿提卡方言中的"长"双元音推荐的发音是什么。很有可能，或许也离正确发音不远，就是将ῳ读如 boy 中的 [oi]（比较拉丁语转写为 oe 的做法）——却规定将 οι 区别对待读如 [öi]；并将ῃ读如 hay 中的 [ei]——却规定将 ει 区别对待读如 [ẹ]，而不双元音化。但这些规定，要英国的古典学者完全实行仍有疑问；因此，上述"长"双元音发音几乎不可能是所推荐的发音；而且，任何情况下，都仍有将ᾳ与αι区别发音的难题。

最简单的解决办法，看来是实际广为采纳的办法，也就是说，将ᾳ, ῃ, ῳ读如 ᾱ, η, ω，也就是不考虑其双元音因素。这种读法固然混淆了"长"双元音与长元音——但实际造成歧义的情形相对较少；而且这种读法至少在古代已有先例。

因为，单一的 [y] 在阿提卡方言中倾向于失去（见页 83），元音前的 ᾳ, ῃ, ῳ 以同样的方式发音，也是有道理的（参见页 84）。

应当注意，"长"双元音中的ι要素，一般写法是下标，在与大写字母结合时则不下标；所以，Ἅιδης 中的 Αι（一般的气音和重音标写法）是一个"长"双元音⁷¹（譬如在 ᾄδει 中），而且，如果采

---

⑦⁰ 可是，纪元前4世纪以来，增音音节 ηυ- 为"短"双元音 ευ- 所取代，亦如 ῳ- 为 οι- 所取代，在动词增音形式 οἰκοδομεῖν 中：参见特莱阿泰（Threatte, pp. 383—385）。现代希腊语不定过去时 ηὕρα (ηὗρα)，读如 [ívra]，从而必定是一个古典化的发音模型（在任何情况下一般都是 βρήκα [vríka] < εὕρηκα）。

⑦¹ 可是，尽管劳伊曼（Leumann）有引述（《拉丁语发音与构型规则》[Lat. Laut- u. Formenlehre, p. 69]），罗马化的词形 Hades 却不可引为证据，这"拉丁语衍生词"而非就是拉丁词；很奇怪，这个词未以任何形式出现在拉丁文献中（至少到文艺复兴）；在英语中，首次出现（连同变

2. 元音

纳上述推荐发音,就必须读如 [ā] 而非通常所听到的 [ai]。

关于"长" υ- 双元音,ᾱυ 和 ηυ 可冒一点模糊之风险读如 αυ 和 ευ,而孤立的 ωυ,发音也许非常接近英语的 owe。

体诸如 *Aides*)在 1600 年左右,作为直接来自希腊语的借用语。

在希腊语本身当中,αδ[ου 密切关联 αιδου,出现在约纪元前 4 世纪(?)的咒语牌(defixio)上,但这也许是一个书写错误(Threatte, p. 359)。在古教会斯拉夫语中,ᾱι 被转写为 e,Ἅιδης 写成 *adŭ*。

标注重音的 Ἅιδης(亦如 Θρᾷξ、κλῄς、ᾔδεσμαι、τῷδε,如此等等,写成 ι 后标 [adscript]),事实上不规则,譬如比较 ηὕρημαι:参见阿伦上引书(见页 87 注释 69),p. 11, n. 11。

3. 元音音长
Vowel-Length

正词法在阿提卡方言中的地位，与其在拉丁语中殊为不同（*VL*，页 64 及其以下），因为，伊奥尼亚字母的引入，为区分中元音系列中的长短元音提供了方法。所以，短元音 ε 不同于长元音 η [ẹ] 和 ει [ẹ̄]，短元音 o 不同于长元音 ω。

可以指出的是，没有好的理由认为短元音 ε 与长元音 η 或 ει 特别密切。人们往往认为，η 是 ε 的对应长元音，所以，这个长中元音开口比相应的短元音更大（不像通常，如拉丁语中的情形 [*VL*，页 47]，长元音是闭合度较高的元音）。[①] 主张 ε 与 η 相对，似乎出于混淆了描述音韵学（descriptive phonology）与历史方面或书写方面的考虑。历史地看（也就是说，回溯到"原始希腊语"或印欧语），ε 与 η 可由原初对应的 ĕ 与 ē 引出，这反映在语法上的替代形式中，譬如，πατέρες 与 πατήρ，τίθεμεν 与 τίθημι，或 φανέντες 与 ἐφάνην。从书写上看，倾向于将 ει 排除于视其为一个二合字母之外，所以只留下了 η；这个因素无疑解释了恩披里克（*Adv. Gramm.* 115）的说法："两者（ε 与 η）具有同样的音质；η 发短音就变成了

---

① 参见 Buck (*a*)，p. 92；Heffner，p. 209。

ε, 而 ε 发长音就变成了 η。"② 从纯粹描述的观点看, 这种主张存在矛盾之可能。确有继承下来的方才论及的替代方式, 但 ε 与 ει 替换见于, 譬如 ἐστί 与 εἰμί, φανέντες 与 φανείς, 这是由下述事实所导致的结果: 阿提卡方言补偿性延长了 [e] 所产生的发音不是 [ẹ] η 而是 [ẹ] ει。同样, 词首 ε 的时值增音诚然会产生 η, 这是习传的形式, 诸如荷马的 ἦα (参见梵语的 āsam< 印欧语的 ēsṃ < e-es-ṃ), 也扩展为譬如 ἤγειρα; 但以描述方式, 还有很多 ἔχω: εἶχον 方式的增音之情形。进而言之, 当希腊人开始命名字母 E 和 O 时, 他们以希罗多德的说法为原则 (ii, p. 403 L): "每个单音节音名都要发长音" (πᾶν ὄνομα μονοσύλλαβον μακροκαταληκτεῖν θέλει), 结果在阿提卡方言中有了 εἶ 和 οὖ, 也就是 [ẹ] 和 (原初的) [ọ] (譬如阿泰奈奥斯 [Athenaeus, 453d] 引述卡利阿斯 [Callias, 纪元前 5 世纪]; 柏拉图, 《克拉底鲁》[*Cratylus*, 426C], 还有 4 世纪的铭文; 普鲁塔克 [Plutarch, *Mor.* 384 ff.])。③

所以, 事实上存在一种更好的情形, 是将 ει [ẹ] 视为一个与 ε 相应的长元音, 而这种做法似乎反映了母语使用者的直觉。但从语音上看, 阿提卡方言的 ε [e] 很可能处在 η [ẹ] 与 ει [ẹ] 的中途, 若设定其与后两者有某种特殊关系, 似乎无任何益处。在后元音音轴上, 情形殊为不同, 因为 [ọ] ου 变成了 [ū], 意味着 ω 开始成

---

② 此外, 当然 ει 作为长音, 音质是 [ī], 而 η 是闭中元音 [ẹ](参见页 74)。

③ 希罗迪亚努斯 (ii, p. 390 L) 指出, (作为阿提卡方言中 [ẹ] → [ī] 的结果) 字母 E 的音名的发音, 在他的时代变成了 [ī](同样, 作为古英语和中古英语中的音名发音由 [ẹ] 变成了现代的 [ī] 的结果, 我们将相应的罗马字母读如 [ī])。在古典时代, O 的音名已然变成了 [ū]。

为唯一的长中后元音，也从而有理由认为，它在古典时代对应短元音 o。

就 [ẹ] 和 [ọ] 之情形，阿提卡方言利用了原初的 [ei] 和 [oi] 已变成单元音（见页 71 及其以下，页 75 及其以下）这一事实，从而提供了一种以二合字母 EI 和 OY 来显示音长的方法。就 [ẹ] 之情形，东部伊奥尼亚语利用失去气音（见页 73），提供了一个符号（H）来显示音长；甚至一种像阿提卡方言这样的未失去气音的（non-psilotic）方言，发现更为重要的是显示音长而非送气发音（aspirate）。就 [ọ] 之情形，O 的一个变形，也就是 Ω（或者在某些岛屿上是 Ο），这个字母的设计就是为了区别长元音。

在开元音和闭元音 [ă][ĭ][ŭ]（→ [ǚ]）之情形，没有这种习传或设计的区分，这些元音从而被称为 δίχρονα，也就是说，"有两倍音长"（of two lengths）。亚历山大语法学家发明了上标符号 ‾ 和 ˘ 以表示音之长短，这些符号偶尔也用于纸莎本（尤其是方言文本，尤其是显示 ā = 阿提卡方言的 η），但它们从来也没有成为正词法系统的规范部分。这种区分处理的原因，如费舍尔（I. Fischer）所言，[④] 很有可能是：对音长之区分的语法运用，在这些元音中要比在中元音中少得多，在中元音中，可以发现此类对照：ἀληθές, ἀληθής, ἀληθεῖς; τό, τώ, τοῦ，如此等等。在开元音和闭元音中，此类对照少见：譬如现在时和未完成时变位，在ἱκετεύομεν/ἱκ-, ὑβρίζομεν/ὑβ- 中。原始希腊语（Proto-Greek）中存在的 [a]:[ā] 对照，在阿提卡方言中，很大程度上都通过将 [ā] 变成 [ẹ] η 而

---

④ *SC*, 3 (1961), pp. 29 ff. ; 亦参 Ruipérez, *Word*, 12 (1956), pp. 76。

消除了；所以，譬如在阿卡迪亚方言中，尽管在陈述语气与虚拟语气之间有 ἱστᾰται / ἱστᾱται 的对比，但阿提卡方言中相应的形式是 ἵστᾰται / ἱστῆται。这种见于开元音与闭元音的对比之情形不多，都是词法而非语法上的（譬如 θῠ́μώδης，"强烈的 / 百里香味的"），而且尤其是如果考虑到重音之不同，数量不会超过真正的同形异义词（譬如 τέλος，意为"终点""税金"，等等）；词法处境在任何情况下都极少为歧义留下空间。

"隐藏音量"

在开音节（亦即以元音结尾的音节，见页 104）中，以符号 α，ι 或 υ 表示的元音的音长，可由其在诗行的音节中所占据的位置推知；因为如果这个音节是重音节，元音必定是长音，而如果这个音节是轻音节，则元音必定是短音。但在闭音节中，无须格律辅助，因为，这些音节都是重音节而不论元音音长如何。因此长元音在这类音节中有时被认为具有"隐藏音量"，而不靠格律证据也一定可以发现这些长元音。⑤

---

⑤ 按肌动理论的术语，"隐藏音量"是音节的一个特征，可以描述为"超特征化"（hypercharacterized，参见 AR，页 66 以下），因为，长元音容许胸阻（chest arrest）音节，所以，从冲击运动的观点看，随后的辅音成为冗余，很可能必须以控制活动来发音。有一种广泛倾向是，重音的音节通过缩短元音（-V̆C）而缩减了词尾 -V̄C，所以，辅音发挥了阻止作用；从而，在希腊语中（按照"奥斯特豪夫法则"[Osthoff's Law]）*γνωντες → γνόντες，如此等等。各种缩减"长双元音"（见页 84 及其以下）的情形，代表了同样的趋势的一个方面，进一步参见 AR，页 222 以下。

92   在拉丁语中，关于这种"隐藏"音长，有一些差不多是普遍的规则（VL，页 65 及其以下）；元音总是长音，譬如在 ns 和 nf 前；在某些形态学（morphological）类型中（如 -x- 完成时和 -sco 现在时），也普遍如此；还有符合"拉赫曼法则"（āctus 等）之情形。但没有适用于希腊语的此类法则；因为，短音和长音的 α，ι，υ 的音质区别不大，差别也不见于后来演变，如罗曼语中的某些情形。所以，我们关于希腊语的"隐藏音量"的知识有些偶然性。整体而言不常见。但可以给予由以察知此现象的某些类型的证据。

（a）作为由 [ē] ει 转变为 [ī] 的结果，用于铭文（尤其纪元前 100 年之后）和纸莎本的往往是 ει 而非（长音）ι，从而显明了后者的音长：所以，譬如 ῥειψαι，προσερρειμμενων 见于赫库兰尼姆（Herculaneum）的纸莎本（也因此早于纪元后 79 年），表明单词 ῥίπτω 词干中有一个长元音。但约纪元后 100 年以后，这种证据失去了价值，因为，也开始以短元音 ι 出现。

（b）在某些情况下（即在 ρ，ι，ε）之后，原初的 α 在阿提卡方言中得以保留或恢复，尽管伊奥尼亚发音显示为向 η 的演变。所以，由于阿提卡方言的 πράττω，θώραξ 在伊奥尼亚方言中有相应的形式 πρήσσω，θώρηξ，我们知道阿提卡方言词汇中的 α 是长音。⑥

（c）分析一个词的内在构造，或比较其同源词形式，可以表明元音的音长。所以，ῥίπτω 中的元音可以推知是长音，与 ῥῑπή 比较，在后者的开音节中，音长由诗句可知；φρίττω 同样如此，譬如根据

---

⑥ 此标准为人所知，已然由希罗迪亚努斯所表明（ii，p. 932 L）。

荷马史诗中的 φρῑκί，还有 στῦψις，根据 ἐνστύφοντι（尼坎德，《植物矿物毒理学》[Nicander, *Alexiph.*, 375]）。

另一方面，我们料想 πίπτω 中的 ι 是短音，因为，πι- 是重叠音节，如在 δίδωμι 中（但参见下文的 [e]）。

在（伊奥尼亚方言）ἆσσον 中，一个长元音可由下述事实推知：它源于起初的 ἀγχιον；因为，通常拉长一个元音要通过失去 σ 前的 ν 来补偿（参比 πᾶσα 源于 πανυια）。⑦

(*d*) 重音证据也具有价值，因为，扬抑音只可能出现在一个长元音上：所以，譬如在 θᾶττον, μᾶλλον 中；反之，在如 κῆρυξ, φοῖνιξ 这样的词中，显示 υ 和 ι 是短音（尽管有 κήρῡκος, φοινῑκος）。但人们通常宁愿用其他证据来确定重音惯例。

(*e*) 语法学家特别提到某些情形——值得一提希罗迪亚努斯著作《论双音节》(περὶ διχρόνων) 文摘中的说法（ii, pp. 7 ff. L）。所以，可以确定 μᾶλλον, θᾶττων（还有 ἐλάττων）中是长元音。可以确定 κῆρυξ 中是短元音，θώρᾱξ 中是长元音。因为，ζ 代表辅音 [zd]（见页 56 及其以下），它前面的音节总是闭音节，因此也能隐藏元音音长；特别谈及在此位置上是长元音，譬如 κρᾱζω, χαμᾶζε, ἀλαζών。

可以确定是长元音的还有 ῥίπτω；在一个段落中（ii, p.570 L），希罗迪亚努斯确认了我们关于 πίπτω 的重叠音节的预期（因为，重叠音节开头应当是短音节 [ἐπειδὴ οἱ ἀναδιπλωσιασμοὶ ἀπὸ βραχείας

---

⑦ 料想的形式也许是 ἆσον；但很可能引入 σσ 符合 θᾶσσον 模式。

θέλουσιν ἄρχεσθαι]）；可是，在其他位置上，他又以 ῥίπτω 将重叠音节归为有一个长元音（p. 10 L），这一点也可以由常见的拼写 ει 确证。事实上，有可能的确存在两种形式，πίπτω 是原初形式，而 πίπτω 是类比形式，基于与 ῥίπτω 的语义学和语境关联（参见 *Il.* i, 591 ff.；Plato, *Rep.*, 617 E，619 E）。

在现代希腊语中，元音音长没有音位上的区分；音长只是成为一个音位变体特征，有重音的元音发音普遍长于无重音的元音，无论其原本之长短。音长区分究竟是何时失去的，并不容易确定。我们已然看到（页 79），源自 αι 的单元音往往写作 ε；但这种特殊需要，只是显示其所具有的单元音**音质**，因匮乏其他任何适用符号（参见 Sturtevant，pp. 39，103）。纪元后 2 世纪出现了以 ει 表示短音 ι 的情形，这种特殊需要只是用 ι（=［ῑ］）表示 ει 在书写上的反射形式。所以，尽管这些现象**可能**由失去了音长之区分所致，但它们不必然如此，因此，也不能引以为可靠证据。更有意思的是 ο 与 ω 的混淆，这种现象在纪元后 2 世纪以降司空见惯（主要在个人著述文本中：参见 Threatte, p. 387）；但由于这种混淆早在纪元前 4 世纪就开始了（Threatte, pp. 223 ff.），也可能又显示出一种音质的收敛而非音长的收缩，页 90 上所论及的考察与此具有相关性。

似乎很有可能，这种演变与由音高重音向重读重音（stress accent）的转变有关，就重读重音而言，音长成了一个次要功能。音长的这种地位变化受欢迎，出于消除双元音和将长元音体系缩减为同维度的短元音的做法。向这些情况的变动，在纪元后 100 年前后开始加速，υ- 双元音可能有例外（见页 79 及其以下），大约到 3

世纪中叶告成。⑧ 基于其他证据,能够将向重读重音的转变确定在这个时期。因此,失去具有区分性质的音长的时期,似乎最有可能在纪元后 2—3 世纪。⑨

各种表面上无关联的转变,在前述世纪中发生在长元音和双元音系统中,可以看到,根据一种理论,作为一种长期"共谋"(conspiracy)的部分,目的就是最终的革命性结果(参见阿伦,*TPS*, 1978, 页 103 及其以下),或者,按照出自拓扑学领域的一种类比,作为"突变理论"(catastrophe theory)的一个例证,按此理论,具有相应的复多性的大量次要的、区域性的不连贯,逐步达到一个状态,使得"突"变得以在其中发生。⑩

一项关于希腊语长元音演变的总结,已在页 78 上给出了。⑪

---

⑧ 虽然 υ- 双元音向 [av], [ev] 的语音转变尚未发生,所论及的其他演变也会倾向于使其分离,因此支持其音位构成 /aw/, /ew/(参见页 5, 80),从而为这样的转变铺平道路;哥特语和亚美尼亚语证据难以作出解释,但能够反映一种按这些术语所作的分析(参见 Sturtevant, pp. 54 f.; H. Jensen, *Altarmenische Grammatik*, §28)。

⑨ 在不符合书写规范的纸莎本中,纪元前 2 世纪以降,音长区分的失去和非重读音节中的元音交换,表明了重读的影响;但可能是埃及口音所具有的独特性(参见上文页 81 注释 53,所引吉格纳克的文章,页 142;亦参奈特 [C. M. Knight]《从古代到现代希腊语重音的转变》("The change from the Ancient to the Modern Greek accent", *JPhil* Cambridge, 35 [1920], pp. 51 ff. [56 ff.])。

⑩ 进一步参见阿伦《阿提卡方言元音系统的演变:共谋抑或突变?》("The Development of the Attic Vowel System: Conspiracy or Catastrophe?", in *Studies in Mycenaean and classical Greek presented to John Chadwick* [= *Minos* xx-xxi, Salamanca, 1987])。

⑪ 前文讨论过的某些元音转变的本质,精巧地体现在最近在昔克兰群岛的阿诺·库佛尼西亚(Ano Kufonisi)一艘轻舟上观察到的铭文中:ΠΟΛΙΤΕ (= πωλεῖται, 意为"出让" [For Sale])。

4. 元音关联
Vowel-Junction

一个词末元音与下一个词首元音①最简单的关联形式, 就是将所涉及的元音并置, 对其音长、音质或音节功能不作任何调整——譬如在荷马史诗中: ἄνω ὤθεσκε, μὴ ἴομεν, τάχιστα ὑπὲκ, ἀέξετο ἱερὸν。这样的发音通常以其拉丁语名称叫作**元音分读**(*hiatus*, *VL*, 页 78); 相应的希腊语术语(χαίνειν, χασμῳδία)没有出现, 直至罗马和拜占庭时期; 在各种描述性名称中还有 σύγκρουσις, 意为"碰撞"。这种并置并未排除下述可能性(possibility), 其实是或然性(probability): 两个元音中的第一个是闭音或中音音质, 后接一个半元音 [y], [w] 或 [ẅ] 的过渡滑音(分别是前元音、后元音和前圆唇元音)——譬如在荷马史诗中: τί(*y*)ἔκλυες, ὃ(*w*)ἔγνω, σύ(*ẅ*)ἐσσι; 同样, 在双元音的情况下, 譬如在荷马史诗中: ἔμεναι(*y*)ἄγαμος, τίμησόν μοι(*y*)υἱόν (同样完全可视为表示 [-ayya-], 等等, 参见页 81 及其以下)。所以, 譬如在荷马史诗中: ὀπωρινῷ ἐναλίγκιον, σκαιῇ ἔγχος, 分别表示 [-o̱ye-], [-e̱ye-]。

---

① 为此, "元音"包括双元音(除非有特殊表述)以及送气词首元音和双元音(参见页 54)。

4. 元音关联

这类关联在荷马史诗中随处可见。[②] 然而，在阿提卡方言诗歌中，实际运用局限于感叹词，感叹呼格如 παῖ，还有疑问代词 τί（还有，在喜剧中，περί 和 ὅτι，统一为一个词的 εὖ-οἶδα/-ἴσθι, μηδέ-/οὐδέ-εἷς/-ἕν）。[③] 这并不局限于诗歌；马斯注意到（页 90），这也适用于散文，譬如伊索克拉底（Isocrates），"并且支配着大部分散文，几无例外，直至晚期拜占庭时代"；柏拉图表现出逐渐将元音分读严格局限于"前置词"（prepositive）的倾向，[④] 这在德摩斯泰尼（Demosthenes）那里是一项普遍规则，也适用于亚里士多德的某些作品。碑铭证据不是非常有启发性，因为由有格律的铭文可见，书写经常显示应采用元音分读，在此不能如此发音（譬如纪元前 4 世纪的铭文：π]ατρισδεστιεφεσοσ = πατρὶς δ' ἐστ' Ἔφεσος）；但总而言之，文本越"正式"和越不"通俗"，它越是倾向于显示为元音分读，这完全有可能符合一种更为深思熟虑的言辞风格，远离书写惯例。关于阿提卡方言使用元音分读之详情，参见特莱阿泰（页 418 及其以下）。

刻意选择词语或词序以避免元音分读，只在有限范围内可行；我们现在必须考虑实现元音关联的其他各种方式。

一种模式是缩短第一个词末的长元音，譬如在荷马史诗中：πλάγχθη ἐπεί, οὐδέ πω Ἕκτωρ。这一特点，或许可以追溯到印欧语，

---

② 甚至在忽视那些应归于原初的 F 的情况下（参见页 48 以下）。
③ 参见 A. C. Moorhouse, *CQ*, N.S. 12 (1962), pp. 239 ff.。
④ "也就是说，冠词，介词，单音节连词，代词，如此等等"（Maas, p. 84）。

因为，它也见于吠陀梵语（Vedic）；⑤ 最常见于荷马史诗，因此，称为"**史诗体元音缩减**"（correptio epica，更为普遍的规则是称其为"**位于元音前的元音要缩减**"[vocalis ante vocalem corripitur]）；较为少见的非史诗例证，在任何情况下大都局限于长短短格/短长长格节奏（dactylic/anapaestic rhythms），譬如，欧里庇得斯《赫库帕》（Euripides, Hec., 123）: ὄζω Ἀθηνῶν。

普遍列述于此类别之下的情形，也涉及一类含有轻音量的双元音，譬如在荷马史诗中: καὶ ἀναίτιον, ἄνδρα μοι ἔννεπε, κλῦθί μευ ἀργυρότοξ'。但这类双元音不能"缩减"（参见页 82），所有这里包括的情形，都将其第二个要素作为一个紧接词首元音的辅音（半元音）来处理: 所以，在上文的例证中，就是 [-aya-]，[-oye-]，[-ewa-]。同样的处理见于涉及"长双元音"（ὀπωρινῷ ἐν，如此等等）的情形，尽管通常如此分类，但这并不真正属于元音分读之情形。⑥ 也有一个"长双元音"的[y]要素失去的例证，第一个要素则会经受史诗体元音缩减: 所以，譬如 πειρᾷ ἐμεῖο = [-a, e-]，πέτρῃ ἔπι = [-e, e-]，οὔτε τῳ ἄλλῳ ἐπεὶ = [-o, a-] ... [-o, e-]。两种处理方式均见于《伊利亚特》（Il. i, 30）: ἡμετέρῳ ἐνὶ οἴκῳ ἐν Ἄργεϊ，其中有 [-ōye-] 和 [-o, e-]。

---

⑤ 参见阿伦，*Sandhi*, pp. 35 ff.。

⑥ 查德威克博士（Dr. Chadwick）指出，在荷马史诗中，轻音量合乎比例地更常见于词末 αι, οι, 而非长元音；这有可能意味着，正是这一点，而非印欧语传承，通过类比扩展，引起了"史诗体元音缩减"的其他情形。这种观点（他拒斥这种观点）的其他支持者，列述于罗西（L. E. Rossi, "La *pronuntiatio plena*: sinalefe in luogo d'elisione", *Omaggio a Eduard Fraenkel*, pp. 229 ff.[234, n. 13]）。

4. 元音关联

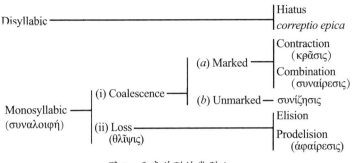

图 5　元音关联的类型 ★

甚至连这些有时候称为"弱元音分读"的例证，也涉及音节数量的缩减。但到目前为止，更为常见的情形涉及将两个并置的音节缩减为一个。这种处理被希腊语法学家称为"单音节元音关联"（συναλοιφή），字面意思是"混合"（blending）。传统上分为两种情形：(i) 两个元音的溶合，(ii) 两个元音失去一个。首先看（i）这种类型，又分为书写时（a）有音标和（b）无音标两种次属类型。

类型（a）又进一步划分为元音缩合（κρᾶσις）和元音结合（συναίρεσις），按其涉及元音缩合过程（譬如，μὴ οὖν → μῶν, τὰ ὅπλα → θὤπλα, καὶ ἐγώ → κἀγώ, μοι ἐστι → μοὔστι），⑦ 还是较为少

★ 图 5 中的名词解释：双音节元音关联（Disyllabic），元音分读（Hiatus），史诗体元音缩减（correptio epica）；单音节元音关联（Monosyllabic/συναλοιφή），元音溶合（Coalescence），有音标的元音溶合（Marked），无音标的元音溶合（Unmarked/συνίζησις），元音缩合（Contraction/κρᾶσις），元音结合（Combination/συναίρεσις）；元音失去（Loss/θλῖψις），元音省略（Elision），词首元音省略（Prodelision/ἀφαίρεσις）。——译注

⑦ 尤其在阿提卡方言中，元音缩合的规范往往为一种维持词首元音音质的倾向（在 α- 这种情况下，全然如此，除了 α- 前面是ὤ）所推翻，所以，譬如 ὁ ἀνήρ → ἁνήρ（接近词内元音缩合：πειθόα → πειθώ；比较多利亚方言ὠνήρ），τὸ αὐτό → ταὐτό（比较伊奥尼亚方言τωὐτό），τὸ ἡρῷον → θἠρῷον（接近词内元音缩合 δηλόητε → δηλῶτε）。

见的情形，也就是第二个元音是 ι 或 υ，只是将其结合为一个双元音（譬如 τὸ ἱμάτιον → θοἰμάτιον）。两种情况下，类型（a）一般都按照通行（源自亚历山大学者 [Alexandrian]）系统，以 κορωνίς 意为 "弯符"（crook）加注音标，⑧ "弯符" 形式上等同于 ἀπόστροφος [省音符]（见下文页 100）。⑨

类型（b）的传统名称是 συνίζησις，⑩ 不同于类型（a），如我们所论及的那样，书写时不作特别标注——所以，譬如 μὴ εἰδέναι。在现代术语中，synizesis 常用于意指将一个音列中的第一个元音缩减为一个半元音（譬如，[u] → [w]，在英语口语 How do I look？→读如三个音节 [haudwailuk]：参见页 51）；但很可能这并非希腊语中属于类型（b）的情形。因为，一方面，前面的音节未 "因位置而延长发音"（见页 104）——所以，在 ἐπεὶ οὐ（《奥德修纪》[Od. iv, 353]）中，第一个词的首音节仍然是轻音节，尽管有人预料这种音节在荷马史诗中按照惯例都是重音节，如果元音关联中隐含 [epyū]（参见页 49，页 51 注释 99）；反过来，即使第二个词的首音节按照惯例是轻音节，由元音关联所产生的音节也是重音节——所以，欧里庇得斯《奥瑞斯特斯》(Or. 599)：εἰ μὴ ὁ κελεύσας（参见页 52）。因此，很有可能，συνίζησις 所指元音缩合

---

⑧ 除了已给出的标志，在元音缩合中，还涉及元音变化和所涉及的缩减；可是，在铭文中，这些标志在约纪元前 480 年以后不常见，尤其在公共文本中，参见 Threatte, pp. 427 ff.。

⑨ 可是，它原本并不等同于 "不送气符号"（见页 52）。

⑩ 也被称为 συνεκφώησις [合并发音]。

指向长元音或双元音,如在类型(a)中。⑪分类和书写中缺乏任何特殊标志,大概只是由于下述原因:元音缩合的结果,在这些情况下,是一个音或几个音的结合,而这些音没有出现在没有元音关联的处境中——譬如一个"上升"(rising)元音[ea],在阿里斯托芬《地母节妇女》(Ar., Thesm., 476)中: μὴ ἄλλην(参见页5)。所以,没有纯粹语音上的原因来区分类型(b)与类型(a);但必须认识到,在类型(b)的情形中,我们最多只能根据一般语音上的可能性猜测造成元音结合的性质(很像拉丁语中类似的现象: VL, 页81;参见 Schwyzer, p. 401)。

元音关联类型(i)所涉及的词语,绝大多数彼此有密切语法关联(尤其当第一个词是一个"前置词"时),尽管并非唯独如此。可是,元音关联类型(ii),并无任何限制。它们在希腊语中名为 θλῖψις 或 ἔκθλιψις(亦偶见名为 κουφισμός),涉及前起后继的第一个或第二个元音的失去。前一种情形,至今较为常见,普遍称为"省音"(elision,最终基于 ἔκθλιψις,后者有时候仅指此意)。⑫在合乎书写规范的文本中,失去第一个词末元音的情形,除了不使用符号的情形,要用 ἀπόστροφος [省音符]来表示;⑬可是,在铭文

---

⑪ 可能的例外是,在极少情况下,涉及词末的 ι,如《伊利亚特》(Il. xvii, 324): κήρυκι Ἠπυίδῃ(但请参见利夫[Leaf]版的其他解释);亦参 Maas, p. 73。

⑫ 也使用 ἀποκοπή 这个术语,尽管这个术语的含义相当广泛。在现代用法中,"**尾音省略**"(apocope)用于特指辅音前的元音失去,譬如在荷马史诗中: κὰπ πεδίον(表示 κατὰ π.)。

⑬ 也就是 ἡ ἀπόστροφος προσῳδία [省音符号]。英语拼写形式为 *apostrophe*,经由法语采用了这个术语,其通行发音有四个音节,这是由于与修辞手段 ἀποστροφή [顿呼]混淆了。注释对这个术语有各种解

中，元音往往都要写出来，如在韵文文本中，甚至明知要省音也会写出来（参见页 97）。希腊语中的省音（elision）基本上限于短元音，但其中的 υ 从不省略，而省略 ι 主要是动词词尾的一个特征。明显省略了一个双元音的情形，譬如 βούλομ' ἐγώ（《伊利亚特》[*Il.* i, 117]：主要见于史诗、抒情诗和戏剧的动词词尾）；但这极有可能表示失去了 [-aye-] 等音序中的 [y]（如"长双元音"之情形，见上文），结果省去了 [-a]；⑭ 同样的情形适用于 μοι, τοι, σοι 的偶尔省音。⑮

在希腊语中，从一个辅音到随后一个元音的过渡，有可能听起来感觉不同，这要看两个音是否属于同一个词——就譬如，在英语中，*a notion*（"词内"过渡）与 *an ocean*（"词间"过渡）之间的区别。⑯ 希罗迪亚努斯关于辅音"附属"于元音有一个说法（†ii,

释，指符号形式上的"弯曲"（bent，像 κορωνίς），或指其功能是"避免"（averting）元音分读（譬如《特拉克斯语法技艺评注》[*Schol. In Dion. Thr.*, p.126 H]）；后一种解释的可能性似乎更大。

⑭ 与此有切近对比的情形存在于古印度语中（其中的元音溶合而非省音是普遍规则）；譬如，*vāi asāu* 一列音隐含着元音关联形式 *vāyasāu*，其中的 *y*（我们由古代权威可知要发弱音）后来省去了，在古典梵语中形成了一个元音分读形式 *vā asāu*；但在吠陀颂诗中，词语偶尔进一步溶合，形成一个元音关联形式 *vāsāu*（参见 Allen, *Sandhi*, pp. 37 ff.）。

⑮ 索默施坦因（Sommerstein, p. 166, n.）表明，-αι 和 -οι 的省音不是讲究的阿提卡方言的特征。

⑯ 参见琼斯（D. Jones）《连字符作为语音符号》("The Hyphen as a Phonetic Sign", *ZPh*, 9[1956], pp. 99 ff.)；奥康诺和图雷（J. D. O'Connor & O. M. Tooley），《某些词语边界的可感知性》("The Perceptibility of Certain Word-boundaries", *In Honour of Daniel Jones*, pp. 171 ff.)；德拉特（P. Delattre），《比较英语、法语、德语和西班牙语的语音特征》（*Comparing the Phonetic Features of English, French, German and Spanish*, pp. 36 ff.)。

pp. 407 f. L），似乎指书写而非发音（参见页 105 以下）——但这很有可能有其语音上的根据，一条关于特拉克斯（Dionysius Thrax）的注释（†p. 156 H）清楚地指向发音之不同，譬如 ἔστι Νάξιος 与 ἔστιν ἄξιος。[17] 希罗迪亚努斯进而提出一条规则，如果从语音上解释，这条规则意味着：当一个词末元音失去后，它前面的发音却保持着其原初特征，如此一来，词内就存在一种向紧随其后的词首元音的过渡。[18] 这也许就是促使西格罗库斯（Hegelochus）将 γαλην' ὁρῶ[19] 当成 γαλῆν ὁρῶ 的著名误读的一个因素，也就是说，认为它是词内而非词间过渡，见欧里庇得斯《奥瑞斯特斯》(Eur., Or., 279, 比较阿里斯托芬《蛙》[Ar. Frogs, 303]），[20] 根据注释，由演员方面短了一口气所致。[21] 对过渡之不同的进一步支持，据称出于下述情形（尽管多数有争议）：打破波尔森法则（Porson's Law）似乎是容许的，如果涉及省音，[22] 正如对在三音格中间分音有更大的宽容度，若

---

[17] 进一步参见斯坦福德（Stanford, pp. 145 f.）和氏著《希腊语文献中的歧义》（*Ambiguity in Greek Literature*, pp. 42 f.）。

[18] 当然，除非在此有一个自然的停顿（由说话者的标点或变化显示出来），在此省音必定是对通常言说习惯的人为延伸（亦如送气音的转换，譬如在索福克勒斯《特拉基斯妇女》[Soph., *El.*, 1502] 中：OP. ἀλλ' ἔρφ'. AI. ὑφηγοῦ）。

[19] 省音词的重音不确定（参见 B. Laum, *Das alexandrinische Akzentuationssytem*, pp. 420 ff.）。

[20] 参见斯坦福德上引书（页 51 以下）。

[21] 可是，对西格罗库斯的失误的更为简单的解释也许是这样的：省音只是持续性言辞的一个特征；因此，如果在 ν 后来一个停顿，听者会将其解释为表明没有省音——所以，听成了 γαλην(α) 而非 γαλην（参见 *AR*，页 227）。

[22] 参见索伯雷夫斯基（S. I. Sobolevskij）《和平》（*Eirene*, 2 [1964], p. 50）: "vox elisa tam arte sequenti adhaerebat ut unum cum eo vocabulum faceret"（省音遵循下述方法）。

其以省音来"桥接"(bridged)。

欲避免元音分读和省音,可用的办法是,在元音为 -ι 和 -ε 的某些语法类型中,为其增加一个 ν ἐφελκυστικόν[后置音 ν][23](又称"词尾附加音 ν"),譬如在与格复数 πᾶσιν 变格、第三人称多数变位 ἔδοξεν 中。这么做的确切来源不明,但好像最初源于阿提卡 – 伊奥尼亚发音(注意:不见于希罗迪亚努斯),大概由最初传下来的可以替换的带或不带 ν 的形式扩散而来(一个平行的交替使用 ς 的情形,譬如见于 πολλάκις,密切关联荷马的 πολλάκι)。[24] ν 的这种用法扩展甚广;拜占庭希腊语的规则是,它只应用在一个元音或停顿前,只是实际应用中有限制条件;在铭文中,它出现在辅音前与出现在元音前一样常见,[25] 在诗歌中,这提供了一种方法以造成重音量(譬如 ἔστιν θάλασσα)。

比省音更为少见的情形是"词首元音省略"(Prodelision),其中第二词的词首短元音,在词末长元音或双元音之后失去了——

---

[23] 这个术语原本用于词末**元音**,描述为 ἐφελκυστικόν τοῦ ν,即"吸引 ν 的元音";但这个名称转借于 ν,已然见于拜占庭文献(譬如《特拉克斯评注》[*Schol. in Dion. Thr.*, p. 155 H])。

[24] 另一种说法,基于并置交替的类比扩展,参见库吕洛维奇(J. Kuryłowicz),《ν ἐφελκυστικόν [后置音 ν] 的起源》("L'origine de ν ἐφελκυστικόν", *Mélanges...P. Chantraine*, pp. 75 ff.,譬如,复数 ἔλεγον + σ-→ ἔλεγο + σ-[参见上文页 34, 56]~ ἔλεγον + τ[等等]-,由此可类比 ἔλεγε + σ-→ἔλεγεν + τ[等等]-)。

[25] 特莱阿泰(Threatte, p. 642)指出,ἔδοξεν 总是带有一个 -ν,所有时期均如此;与日俱增的情形是 ἐπεψήφιζεν 和 ἐγραμμάτευεν(亨利[A.S. Henry],《关于希腊化时期雅典的散文铭文语言的注释》["Notes on the Language of the Prose Inscriptions of Hellenistic Athens", *CQ*, n.s. 17 (1967), pp. 257 ff. (283 f.)])。

4. 元音关联

譬如在 ἦ 'μός 中。其较为特定的名称是 ἀφαίρεσις（尽管这个术语就像 ἀποκοπή，在希腊语中还有更为广泛的含义）。此变化过程主要用于悲剧和喜剧中词首的 ε。并不总是能够确定一种关联涉及词首元音省略还是元音溶合，譬如手稿中 μη 'ς 与"元音缩合"形式 μῆς 有变化——这里的关键纯粹在于书写，因为发音在两种情况下都一样；可是也涉及某些意义上的差别，譬如在 χρῆσθαι 'τέρῳ 与 χρῆσθἀτέρῳ 之间（阿里斯托芬《和平》[Ar. Peace, 253]——分别是布伦克[Brunck]与贝克[Bekker]的校勘），亦如在 μὴ 'δικεκῖν 与"元音缩减"（synizesis）形式 μὴ ἀδικεῖν（Eur., Hec. 1249; Aesch., Eum., 85）之间。如在 λέγω· 'πὶ τοῦτον（Soph., Phil., 591）这样的情形中，词首元音省略有下述事实支持：关联跨越了停顿，在此通常出现的是省音而非元音溶合。

为方便查考，各种类型的元音关联都列述于图 5（页 98）中了，从上至下依次展示了所讨论的各类元音关联。

5. 音量
Quantity

音量与音长

在**元音音长**（*vowel-length*）的名义下，我们已然考察了一个领域，在希腊语中，这个领域与**音量**有密切关联。但后者属于**音节**而非元音的性质，一定要清楚区分这两者。

音量的规则，很容易从格律的用法推知，希腊语语法学家已有全面讨论（譬如，特拉克斯《语法技艺》[Dionysius Thrax, *Ars Gramm.*, pp.17 ff. U]，赫费斯提翁《指南》[Hephaestion, *Enchiridion*, pp.1 ff. C]）。如果一个音节包含一个长元音，它总是"**重音节**"，譬如 λήγω 或 πλῆκτρον。但如果它包含一个短元音，其音量依赖于音节末尾的性质。如果它以一个元音结尾（"开"音节），这个音节就是"轻音节"，譬如 λέ-γω 的首音节；但如果它以一个辅音结尾（"闭"音节），则这个音节是重音节，譬如 λεκ-τός。

希腊语语法学家在其术语中没有区分音长与音量，而是将术语"长"和"短"，既用于元音，也用于音节。这么做的一个结果，就是主张只有当一个音节包含一个长元音时，才可能是"自然"（φύσει）长音节（即重音节）；但由于有些音节包含短元音，其功能却是重音节（按照希腊语术语是"长音节"），把它们当成长音节，只是"位置使然"（θέσει），即"根据惯例"或"根据位置"（按照某人对此术语的解释）。这些范畴的拉丁语翻译是 naturā（= φύσει）和 positu/positione（= θέσει）。在中世纪，此学说甚至变得更为混乱，因为，不是以"位置长音节"指称音节，而是这种音节中的短**元音**被说成"根据位置"要**延长**。①这个错误一直持续到了文艺复兴，很不幸仍可见于某些现代语法手册。有可能将此错误减到最小的做法，就是采用古印度语法学家的术语，他们用术语"长"和"短"指元音长度，而以"重"和"轻"指音节音量（尽管许他们也未完全免于表达之疏失和所造成的混乱）。②关键在于，闭**音节**若包含短元音就是**重音节**，这里不存在**元音变长**的问题。

除了格律证据和语法学家的说法，"自然"和"位置"重音节在音量上等价的情形，也见于形容词比较级和最高级的节奏模式；所以，一个词，如 σο-φός，首音节是轻音节，在比较级 σο-φώ-τερος 中有一个长元音（导致第二个音节是重音节）；但 ὠ-μός，首音节是重音节，在 ὠ-μό-τερος 中有一个短元音（导致第二个音节是轻音节）；这里的要点是，后一种模式也适用于如 λεπ-τός 这样的词，比较级是 λεπ-τό-τερος，尽管首音节中的元音也是短元音。

---

① 参见希尔舍（R. Hiersche）《术语"位置长音节"的来源和含义》（"Herkunft und Sinn des Terminus 'positione longa'", *Forschungen und Fortschritte*, 31［1957］, pp. 280 ff.）。

② 参见阿伦，页 85 及其以下，术语"重"和"轻"，有时候也被冰岛语法学家用来指元音，古冰岛语中分别以长和短来称呼它们。

音节划分

为了确定一个音节是开音节还是闭音节,从而确定一个包含短元音的音节是轻音节还是重音节,当然有必要在前起后继的音节之间设定划分点。为此,要运用下述规则:(i) 两个或更多的前起后继的辅音,至少第一个辅音从属于前面的音节(也就是说,这个音节是闭音节,如在 λεκ-τός, πλῆκ-τρον, ἄρκ-τος 中);这条规则也适用于双辅音,譬如 ἄλ-λος, πλήτ-τω。(ii) 元音之间的单个辅音,从属于其后的音节(也就是说,它前面的音节是开音节,如在 λέ-γω, λή-γω 中)。

语法学家的这些规则陈述,有某种误导性,因为,他们倾向于混淆言辞与书写,还倾向于将专属于正词法上的词语划分(在一行末尾)也包括其中。③ 尤其,他们有一条规则:任何可以出现在词首的辅音组合(譬如 κτ 在 κτῆμα 中),都被**全部**指派给了其后的音节,甚至当其出现在词中时也是如此——所以,譬如 τί-κτω(参见希罗迪亚努斯 [†Herodian, ii, p.393 L]);但这种做法完全违背希腊语中的语音划分,④ 就是 τίκ-τω, 导致首音节是重音节。⑤

---

③ 关于阿提卡方言铭文实况之详情,参见特莱阿泰(Threatte, pp. 64 ff.)。
④ 尽管这条规则普遍适用于斯拉夫诸语言。
⑤ 希腊语的规则为拉丁语语法学家所接受(譬如,Caesellius Vindex, in Cassiodor(i)us, *De Orthog.*, *GL*, vii, p. 205 K);但在拉丁语铭文中,比在希腊语中程度更大地倾向于,当其与发音冲突时,则不予遵循。更为普遍的规范,还是为现代印刷的行业规则提供了一个框架(参见哈特《牛津

这些规则并不必然意味着，音节划分会准确无误地发生在所显示的划分点上，⑥但它们足以实现确立音量性质之目的。

"阿提卡方言缩减发音"

在阐述音节划分规则时，我们向来忽略的特殊情形是：一个破裂辅音（πτκ, φθχ, βδγ）后接一个流音（ρ, λ）或一个鼻音（ν, μ）。在这种情形下，按照我们所要讨论的限制，辅音组合要么可以在前后音节之间作出划分，如其他任何音节划分那样（所以，譬如，πᾰτ-ρός，导致首音节是重音节），或其整体属于后面的音节（所以，πᾰ-τρός，导致首音节是轻音节）；两种划分类型，譬如，都见于索福克勒斯《安提戈涅》(Soph., *Ant.*, 1240): κεῖται δὲ νεκ-ρὸς περὶ νε-κρῷ。

大学出版社的编者和读者规范》[H. Hart, *Rules for Compositors and Readers at the University Press*, Oxford, 36th edn, pp. 64 f.]）："作为一条规则，在一个元音后断开一个词，要翻转辅音……概而言之，任何时候，当两个辅音合在一起时，要在中间加上连字符"；例外如 *divid-ing*，与通常的希腊语的实际语法划分并行，譬如προσ-ῆκεν（参见凯尼恩《希腊语纸莎本的古文字学研究》[F. G. Kenyon, *Palaeography of Greek Papyri*, pp. 31 f.]，以及希罗迪亚努斯 [Herodian, ii, p. 407 L]）。

尽管希腊语和拉丁语的规则，至少在这些语言中有其潜在的语音根据，它们往往与英语发音具有差异，因此，英语的语音构造并不明智（譬如，柯林斯《作者和印刷商词典》[F. H. Collins, *Authors' and Printers' Dictionary*, 8th rev. edn] 的词条**词的划分** [*division of words*] 中指出："要避免将一组表示一个音的字母组合分开"——这条规则为 *des-sert* 这个例证所遵循，其中 *ss* = [z]！）。

⑥ 参见罗塞蒂（A. Rosetti）《论音节理论》（*Sur la théorie de la syllable*, pp. 11 ff.）。

107　关键在于，流音和鼻音涉及一定程度的气流闭塞，介于破裂音（气流最大处）和元音（气流最小处）之间。⑦一个音节以单一辅音开头，后接一个元音（譬如 πά-τος 或 πά-ρος 的第二个音节），涉及闭塞渐弱——或者，用更为确定的术语说，涉及开口（和响度）渐增。但在破裂音＋流音或鼻音＋元音的一列音中，也有一种（更为平缓的）开口渐增，所以，这也可以是一个音节的开始；替代情形是，有可能由破裂音结束前一个音节，而流音或鼻音开始下一个音节，如在其他类型的音组中。用肌动理论的术语讲，破裂音＋流音或鼻音，能够发挥与一个单一辅音一样的作用，以辅助音节的释放，因为，破裂发音中渐增的压力，在流音或鼻音发音中能够得到释放，而不受后者影响（由于它们的相对开口）。⑧

就此情形希腊语语法学家有充分考察，他们相应地将流音和鼻音一道划分为 ὑγρά 即"流畅音，流音"（fluid，liquid，见页 40），与 ἄφωνα 即"哑音"（mute）也就是破裂音相对（譬如，†赫费斯提翁《指南》[p.5 C]），并将这种情形之下的前一个音节描述为 κοινή 即"普通音节"（common，拉丁语是 anceps 即"不定音节"[doubtful]）。然而，当破裂音结束一个语法要素（词或复合词的

---

⑦ 从声学立场来看，参见塔尔诺奇（T. Tarnóczy，*Word*，4[1948]，p. 71）："鼻音和 L 与 R 这样的音的波形图，展示出很多与元音类似的特性"；雅克布森、方特和哈勒（Jakobson, Fant & Halle）《言辞分析初步》（*Preliminaries to Speech Analysis*，p.19）："所谓流音……兼具元音和辅音的特质。"从发音观点看，流音"结合了闭塞和开口，要么间歇地，要么阻塞了中路而开启了边音旁路（lateral by-pass）"（同前，页 20）；鼻音像破裂音那样，也完全闭塞了口腔通道，而让气流通过鼻腔。

⑧ 关于这种讨论在非希腊语和拉丁语的语言中的情形（英语和冰岛语），参见页 57 以下，页 69 以下。

部分),而流音或鼻音开始另一个语法要素时,可供选择的处理方式并不适用,所以,譬如在 ἐκ μάχης 或 ἐκλιπών 中,首音节只能是 ἐκ,因此是闭音节和重音节⑨——这一点在古代已有关注(†赫费斯提翁《指南》[p. 6 C])。

在最早期的希腊语中,破裂音+流音或鼻音这类音组,合乎规律地划分为不同音节,造成一个在先的重音节,即使它包含一个短元音;这一点见于下述事实：在形容词比较级和最高级构型中(参见页 105),这样的音节与 λεπτός 类型的音节有同样节奏效果——也就是说,πικρός 的比较级是 πικρώτερος(如 λεπτότερος),而非 πικρώτερος(如 σοφώτερος)。⑩ 就此方面,上古希腊语如上古拉丁语,⑪ 尽管不像书面拉丁语的最早期形式(VL,页 89 以下)。这种处理方式在荷马史诗中仍然占据统治地位,其中轻音节只见于破裂音+ρ 或清破裂音+λ 音组前,后来几乎只是**由于格律**(*metri gratia*)才如此,否则一个词就不能合律(譬如 ἀφροδίτη, ˘προκείμενα)。另一方面,在韵脚的弱音位置上(参见页 131 及其以下),获得重音量很少靠一个词末短元音后接一个这种类型的词首音组;所以,这里词与词之间的语法划分,再次对语音划分产生了影响。

轻音节更为普遍地出现在破裂音+流音前,是阿提卡悲剧和

---

⑨ 参见 VL,页 90。

⑩ 如像 ἐρυθρώτερος, ἐμμετρώτερος, εὐτεκνώτατος 这样的情形是后来的构型。另一方面,κενότερος 的构型是由于其更早期的形式 κενϝός 的首音节是重音节(比较伊奥尼亚方言的 κεινός)。

⑪ 这种音节的闭音性质,由中间音节的元音音质得以揭示,如在 *intĕgra* 这样的词中,它遵循譬如 *infĕc-ta* 而非 *infi-cit* 模式。

喜剧口语格律的一个特征，故而称为"阿提卡方言缩减发音"。因为，这在阿里斯托芬剧作中特别常见，大概这种处理方式反映了当时口语的一个特点。进而言之，在阿提卡方言中，这种处理方式扩展到了所有破裂音+流音组合，也扩展到了清破裂音+鼻音组合。但甚至在此情况下，当音组由浊破裂音+λ结合而成时，轻音量的倾向也受到限制。于是，这样的音组被沙德（J. Schade）称为"重音结合"（coniunctiones graves，连同浊破裂音+鼻音，后者从不容许有轻音节——譬如 βλ，γλ，γν，γμ，δν，δμ），他的博士论文《论阿提卡方言缩减发音》(De correptione Attica, Greifswald, 1908）是此主题的基本材料汇集。

关于音节划分的不同倾向，由不同辅音组合展现出来，见于荷马史诗，也见于阿提卡方言，大概反映了音组中开口渐增的不同程度（参见上文）；所以，ρ 比 λ 阻塞程度更小，而 λ 比 ν，μ 阻塞程度更小——因此，开口渐增程度最大是在破裂音+ρ 音组中，开口渐增程度最小是在破裂音+鼻音音组中。[12] 此外，浊破裂音和清破裂音之区分也十分重要，很可能因为，如通常所见，元音倾向于在浊音前比在清音前更长一点（参见 Jones [c]，pp.52 f.; Heffner, pp.209 f.），所以在希腊语中元音也倾向于偏爱重音量（清破裂音的发音通常更紧张，也倾向于强调渐强）。在阿提卡喜剧中，包含一个短元音的音节，在"轻"音组（不是"重音结合"）前极少是重音节，在中间位置的"重"音组前从来都不是轻音节。

---

[12] 参见德拉特《开口度与音节》(P. Delattre, "L'aperture et la syllabation phonétique", *The French Review*, 17.5 [1944], pp. 281 ff.)。

根据沙德的数字，可以比较喜剧与悲剧处理破裂音＋流音或鼻音音组的整体方式。在阿里斯托芬的三音步和四音步诗行中，下列数字见于非末音节，它们包含一个短元音，后接这类音的组合：[13]

（a）轻音节：1262
（b）重音节：196
大致比率 a/b：6.4/1

在悲剧的三音步诗行中，下列数字分别见于埃斯库罗斯、索福克勒斯和欧里庇得斯：

（a）214，438，1118
（b）66，189，493
a/b：3.25，2.3，2.25/1

喜剧中 a/b 的比率更高，反映了其比悲剧中更倾向于将破裂音＋流音或鼻音类型的音组分配给紧随其后的音节。与其他悲剧家相比，埃斯库罗斯的比率之高相当惊人，这很可能只是表面现象，因为如佩吉（D. L. Page）所指出的那样，[14] 如果排除了"重音组"，两个名词词干 πατρ- 和 τεκν- 可对索福克勒斯悲剧中超过一半的重音量例证作出解释；而如果忽略这些例证，埃斯库罗斯和索福克勒斯所表现出的比率则是一样的。

在一个"重"辅音组合前，轻音节仅见于下述情形：元音与

---

[13]（a）只包括弱音位置，也就是说，在确定的音步中排除了强音位置；（b）只包括强音位置，因为重音量不能确定在弱音位置上。

[14]《希腊悲剧史上的新篇章》（*A New Chapter in the History of Greek Tragedy*，pp. 42 f.）。

辅音组合的分离由语法界限造成，譬如 δὲ γλῶσσαν（Aesch., *Ag.*, 1629），ἔβλαστε（Soph., *El.*, 440）;⑮ 在词首"轻"辅音组合前，词末音节若以短元音结尾，在阿提卡方言中它们总是轻音节，甚至在悲剧中也是如此，亦如在大多数情况下音节都要增音。⑯

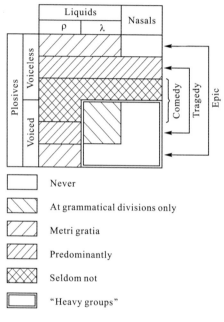

图 6 "阿提卡方言缩减发音"的影响范围 ★

---

⑮ 一个孤例是 Aesch., *Supp.*, 761（第二音步中的 βύβλου）。
⑯ 例外参见佩吉，前揭书，页 24 和注释 25。
★ 图 6 中的名词解释：流音（Liquids），鼻音（Nasals），浊破裂音（Voiced Plosives），清破裂音（Voiceless Plosives），喜剧（Comedy），悲剧（Tragedy），史诗（Epic），从不出现缩减发音（Never），只在语法划分处出现缩减发音（At grammatical divisions only），由于格律（Metri gratia），占主导（Predominantly），极少不如此（Seldom not），"重音组"（"Heavy groups"）。——译注

"阿提卡方言缩减发音"的影响范围之程度，可以用对比图表来总结（排除罕见的例外），以喜剧为中轴，沿不同维度展示各种因素——方言/类型、（破裂音的）发音、（流音和鼻音的）阻塞/开口——的地位，影响就基于这些因素。

音量与时长

音量，如元音音长（见页 6），不应仅仅被视为一个时长问题。如哈利卡纳苏斯的迪奥尼修斯所认为的那样（† *De Comp.* xv, p. 58 UR），事实上，重音节 σπλήν 的时长要比 ἤ 更长，可是，后者也是重音节；同样，ὁδός 的首音节是轻音节，时长比 στρόφος 的首音节更短，可是，后者也是轻音节。这种时长上的变化，古代的 ῥυθμικοί（韵律家）已有讨论，他们主要关注其与音乐的相关性，他们也采信惯例，认为一个辅音的时长等于一个短元音时长的一半；一个短元音被认为占有时间的一个"基本时长"（χρόνος πρῶτος）；一个长元音或双元音，被认为等值于两个这样的"基本时长"。在此基础上，将有一个时长的连续数值范围，譬如从 σπλήν 的四个"基本时长"，到 ὁ 的一个"基本时长"；而且，在数值范围的任何特殊节点上，没有理由为"重"与"轻"音节划清界限（的确，"轻"音节 στρο-，也要比"重音节"ὠ- 多 ½ 个基本时长）。但正如考罗博思库斯（Choeroboscus）在其对赫费斯提翁的评注中所指出的那样（p. 180 C），μετρικοί（格律学家）和 γραμματικοί（语法学家）用同样的术语 χρόνος πρῶτος（基本时长）来表达一个轻

112 音节的音量性质，而一个重音节被认为等值于 2 倍基本时长（χ. π.）。重音节与轻音节之间的这种关系，基于一个重音节和两个轻音节通常在格律上等价。按照现代术语，基本时长（χ. π.）一般以拉丁语的"莫拉"（mora）来表示，第一个在此意义上使用这一术语的人是赫尔曼（Gottfried Hermann）。⑰

所以，与其说音量关涉一个音节整体的时长（尽管总而言之重音节比轻音节的时长更长），不如说关涉音节末尾的音质。在此关联中，可以有效采纳斯泰森（Stetson）的"肌动语音学"（motor phonetics）术语（参见页 2，6），并简单表明，一个轻音节的运动"未受阻止"（unarrested），而一个重音节的运动"受到阻止"（arrested，以长元音结尾时受胸肌阻止，以辅音结尾时受口腔收缩阻止，或以双元音结尾时受两方面阻止，根据斯泰森，页 7 注释）。斯泰森（页 46）进而指出，一个**释放性**（releasing）辅音"从不增加一个音节的音长，实际上会加速音节的运动"。

分解与收缩

由于时长为确定音量提供的根据不能令人满意，也不能用它来解释希腊语中一个重音节与两个轻音节等价。

在这一点上，根本在于区分两种完全不同类型的"等价"，两

---

⑰ 更早使用这一术语的人是拉姆斯（Petrus Ramus，《拉丁语语法》[Grammatica Latina]，3rd edn [Paris, 1560], Lib. I, Cap. 3），但含义更为广泛，指一个停顿、拉长。

者往往被混为一谈（参见 AR，页 60 以下）。一种等价的基本要素由两个轻音节构成（如在长短短格六音步中），⑱ 而另一种等价的基本要素由一个重音节构成（如在短长格 [iambics] 和长短格 [trochaics] 中）。有时候，方便的做法是，将其基本形式中包含一个重音节的韵脚部分称为"强音位置"（strong position），而将其基本形式中包含一个或两个轻音节的韵脚的其余部分，称为"弱音位置"（weak position）。以两个轻音节来代替一个基本重音节（即在强音位置上）通常称为"分解"（resolution），而以一个重音节代替两个基本轻音节（即在弱音位置上）通常称为"收缩"（contraction）。

  与弱音位置上的轻音节不同，由强音位置上的分解引起的音节，服从于严格程度不同的对词语边界的限制，对此现象的一种解释牵涉相当多的技术细节，就此在《重音与节奏》（页 316 及其以下）中有非常详细的解说（参见下文页 137）。格律收缩的根本原因（《重音与节奏》中有探讨，见页 255 及其以下）还远未澄清，但基于纳吉（G. Nagy）提出的一种理念（《希腊语与印度语格律比较研究》[*Comparative Studies in Greek and Indian Meter*, pp. 49 f.]），在此可以对一种可能性加以总结。据说，这种替代在众所周知的元音缩合过程中有其来源（τιμάετε → τιμᾶτε，如此等等）。尽管此种过程在阿提卡方言中要比在其他方言中推进更深，

---

  ⑱ 六音步的最后一个韵脚，基本上都不是一个长长格（spondee）而是一个长短格（也就是缺少一个音节的长短短格 [catalectic dactyl]），争议见《重音与节奏》（AR，页 301 及其以下）。这里作为替代的长长格，只是出于行末"不论"（indifference）原则。

在荷马史诗中，某些元音缩合必须追溯到早期，因为格律有时候阻止其扩展（为非缩合形式），甚至在规则形式中也是如此（参见尚特雷［Chantraine］，页 27 及其以下］）。可是，荷马史诗中的非缩合形式，在后世有受到误解的倾向，如会从"插入音节来拉长发音"（diectasis）现象出发来对待（参见尚特雷，页 75 及其以下］）。譬如，荷马史诗中的 ὁράω，在阿提卡方言中缩合为 ὁρῶ，但在荷马史诗中格律要求有三个音节，为满足此要求，使用阿提卡方言的吟诵者（不知道任何 ὁράω 这样的形式）只是"延长"（stretched）缩合后的元音，导致我们看到的文本中的 ὁρόω——而后者在历史上是不存在的。

提出的解释主张，纯粹长短短格形式的荷马史诗中的六音步有一个前身；后来，在某些诗歌词语中，元音缩合导致长长格音序。似乎很有可能是首先采用了缩合形式以构成韵脚的强音位置，这是**由于格律**（*metri gratia*），然后，在吟诵时再扩展到弱音位置。用纳吉的话说，这种替代形式后来"超越了它由以产生的原初的程式规定"（也就是说，扩展到了**并非**出于元音缩合的情形），"所以，新的构词程式使用长长格而非长短短格获得认可"（前揭书）——这是这一过程的一个例证，格律模式由此进程发展了"其本身的动力，变成了任何新出现的非传统措辞的调整者"（前揭书，页 145）。

如果这种解释正确，那么，表示格律替代的"收缩"这个术语，从历史音位学的观点来看，也非常贴切。

"强音"问题

到目前为止,我们讨论了希腊语中音量的决定性因素,并且已看到它作为一种节奏因素在语言和格律中发挥着作用。另一方面,我们已然看到,音量的主要特征不可能是时长;因为希腊语诗韵(verse)基于音量,其节奏也不可能纯粹基于时间比率(time-ratios)。这些前提有下述事实进一步支持:在短长格和长短格中,一个重音节在某些同样的位置上可以作为轻音节出现;在长短短格和短短长格(anapaestics)中,在韵脚的某个特殊(即"弱音")位置上可以为两个轻音节所代替(见上文页113)。无论对于前者的可能性而言,还是对于后者的限制而言,音节等价都不可能符合纯粹时长上的节奏根据。⑲因此,人们必定会寻求其他某种音量特征,一方面,可以解释一个重音节有时候在节奏上等价于一个轻音节;另一方面,对于一个长长格而言,它包含两个同等音量的要素,在节奏上要么等价于一个特殊的"降"(长短格或长短短格)韵脚,要么等价于一个"升"(短长格或短短长格)韵脚。似乎符合此需要的一个特征是"可重读性"(stressability);换句话说,似乎重音节在语言中有可能倾向于承载重读——但并非所有这样的音节都重读;轻音节倾向于不重读;而诗韵-节奏(verse-rhythm)基于重读

---

⑲ 对于前者而言,参见戴尔(A. M. Dale, *WSt*, 77 [1964], p. 16):"长自由音节(anceps)必定能够区别于邻近的长音节,否则节奏的清晰性就会受损害。"

和非重读音节之交替，也就是说，一个"强音"要落在韵脚的强音位置上，后者通常由一个重音节构成。[20]

古典希腊语中的重读问题将在另一关联中作更为详尽的探讨（页131及其以下）。

---

[20] 关于"分解"，见页112及其以下和页137，进一步参看《重音与节奏》。

6. 重音
Accent*

众所周知，古希腊语重音主要是一种音高（pitch，即"旋律"[melodic]）而非重读（stress）。从柏拉图时代以降（譬如 *Cratylus*, 399 A），我们发现希腊人自己承认的重音主要有两类，其所使用的两个相对的术语是 ὀξύς（"升音，锐音"[sharp, acute]）和 βαρύς（"重音，钝音"[heavy, grave]）。如果在此处境中 ὀξύς 意指"响音"（loud），则 βαρύς 就意指"平音"（quiet）——但并非如此；事实上，如斯特蒂文特（Sturtevant）所指出的那样（页 94），它倾向于指相反的意思，适用于既低沉（low）又响亮的音，譬如，在宙斯的一个绰号 βαρυβρεμέτης 中，还有在《斐德若》（*Phaedrus*, 268 D）中涉及音乐的一个段落中，柏拉图认为这些术语适用于音高诸特点。同样，由《修辞学》（1403 b）中的一个段落清楚可见，亚里士多德将重读（accentuation）视为一种 ἁρμονία [和谐]，而响亮（loudness）指 μέγεθος（以 μέγας 和 μικρός 指其两个极端）。希腊语中事实上用于指重读的术语，本身就显示出了其性质：因为，τάσις 或 τόνος（字面意思是"延长"[stretching]），可以认为其含义源于琴弦张力（string-tesion），乐器的音高随其变化，"升音"重音通常与 ἐπίτασις 即"紧绷"（tightening）有关，而"重音"与 ἄνεσις 即

116

"松弛"（slackening）有关——这些术语事实上也适用于弦乐器（譬如柏拉图《理想国》[Rep., 349 E]）；常见的术语 προσῳδία，拉丁语直译为 accentus [**重音**]，显然指希腊语重音的音乐性质（如此称谓，"因其让音节和谐发音"[quia προσᾴδεται ταῖς συλλαβαῖς]，如拉丁语语法学家所解释的那样）。①

也许同样重要的是，在希腊语中（与拉丁语中不同，参见 VL，页 85），与重音位置有关的规则主要涉及元音因素，准确地说，涉及那些"可以歌唱"的因素，在容许有音高变化意义上；所以，譬如 φοῖνιξ 的重音（相较于 φαίνω）显示，在末音节中只有短元音 ι 对重音功能有重要意义，而非音节 νιξ 作为一个整体的（重）音量。②

希腊语重音特质的一个更为普遍的标志，由布拉格学派（Prague school）的音位学研究所规定，它表明重读（stress）是以音节为重音单位的语言（譬如拉丁语）的一般特征，而以"莫拉"为重音单位的语言（如在古希腊语中，参见页 111 以下，页 122）的一般特征是音高。③

希腊语重音的旋律性质，进一步有其与吠陀梵语的旋律性质

---

① 狄奥美德斯（Diomedes），见《拉丁语语法学家》（GL, i, p. 431 K）。
② 参见考罗博思库斯（Choeroboscus, *Schol. in Theod.*, ii, pp. 364, 384 f. H）。
③ 参见特鲁别茨柯依（Trubetzkoy, p. 179，"格律音位的区分，在计算音节的语言中要通过强度，在计算莫拉的语言中要通过音高"）；雅克布森（R. Jakobson, *TCLP*, 4 [1931], pp. 166 f.）。页 154 所论及的考察或许也具有重要意义。

的切近类比支持,印度语音学家用音高的"高""低"④和声带的"紧""松"对其作了正确描述。⑤尽管有诸多分歧,希腊语和吠陀梵语的重音系统,一定是出自一个共同的印欧语源头——证据是它们的名词变格规则极为契合:

	Greek	Vedic
Nom.sing.	πατήρ	pitā́
Voc.sing.	πάτερ	pítar
Acc.sing.	πατέρα	pitáram
Dat.sing.	πατρί	pitré
Dat.plur.	πατράσι	(loc.) pitŕ̥ṣu

原始重音系统的残余,仍然见于某些现代波罗的海(Baltic)和斯拉夫语言(尤其是立陶宛语和塞尔维亚-克罗地亚语[Serbo-Croat]);⑥但正是吠陀梵语保留的重音系统最为可靠,因此,库吕洛维奇评论说,"对于理解希腊语重音,从吠陀梵语的遗产出发足矣"⑦。

正是高音(high pitch),在古代普遍被视为一个词的重音,在

---

④ 关于术语"高"和"低"与西方古代的音高之关系的讨论,参见扬(C. Jan)《希腊音乐著作家》(*Musici scriptores Graeci*, pp. 58 f. and 143 ff.)。
⑤ 参见阿伦,页87。
⑥ 某些现代斯堪的纳维亚和印度语言(瑞典语[Swedish],挪威语[Norwegian];旁遮普语[Panjabi],拉亨达语[Lahnda])的旋律重音,有其次级和独立的起源。
⑦《印欧语的重音》(第二版,*L'accentuation des langues indo-européennes*², p. 7)。

其作为发音"高点"（culminative）之特征的意义上，它出现且仅出现在这个词的一个音节上；所有其他音节都是低音（low pitch）。因此可以仅仅视其为一种否定性特征，也就是说，缺乏高音。⑧ 所以，有时候高音指 κύριος τόνος，即"固有音高"，而低音指 συλλαβικός，即"内在于音节之中"。

似乎还有证据出自存世希腊文献中的乐理残篇。音乐著作家阿里斯托克塞诺思（Aristoxenus）注意到，言辞中有一种自然的旋律以词语重音为基础（†*Harm*. i. 18，p.110 M）；但在歌唱时，据哈利卡纳苏斯的迪奥尼修斯，这种旋律从属于音乐的要求。迪奥尼修斯谈到，欧里庇得斯的歌队抒情诗（choral lyrics）将这一点表现得最为清晰，他还引《奥瑞斯特斯》为例（*Orestes*，140—142：†*De Comp*. xi. pp. 41 f. UR）。如此偶然，这出戏剧的一段歌队残篇（338—344）附有也许是原初就有的乐理指示，保存在了纸莎本上。尽管损毁严重，但可以支持迪奥尼修斯关于在语言重音与乐理之间些许关联的说法。这一点，如蒙特福德（J. F. Mountford）评论的那样，没有什么好奇怪的，因为，"如果以同样的旋律唱出歌队颂歌中的正旋舞歌（strophe）和反旋舞歌（antistrophe），往往会导致旋律升降违背歌词音高重音；因为诗节的应和不会扩展到与重

---

⑧ 古印度权威提到吠陀梵语中类似的重音时，称其为 *udātta* 意为"升高的音"（raised）和 *anudātta* 意为"不升高的音"（unraised）。

6. 重音

图7 西西鲁斯墓志铭（epitaph of Sicilus）
（出自埃丁铭文 [Aidin inscription]，承蒙威斯巴登迪特里希出版社提供）

可是，出自德尔斐（Delphi，很可能晚于纪元前 2 世纪）的音乐铭文显得不同；其中，在音乐与我们相信是言辞的旋律模式之间有一种符合倾向。⑩ 这同样也适用于 1883 年在小亚细亚特拉勒斯（Tralles）附近的埃丁发现的西西鲁斯墓志铭。这篇铭文（不早于纪元前 2 世纪，很可能早于纪元后 1 世纪）品相优于其他任何音乐残篇，音符保存完好；石碑运到士麦那（Smyrna）后，在 1922 年的大火中消失了（但传闻 1957 又出现于世）。页 119 上这篇墓志铭是摹写复制本，附以现代音乐记谱（均据 O. Crusius, *Philologus*, 52 [1894], pp. 160 ff.）。⑪

就高音（high pitch）而言，承载扬音（acute accent）的音节在音乐铭文中几乎全部标注要唱更高的调，相较于歌词中的其他音节（譬如，注意埃丁铭文中 ὅλως, ὀλίγον, χρόνος 上的标注）。⑫ 关

---

⑨ 参见《希腊文学新篇》(*New Chapters in Greek Literature*, ed. Powell & Barber, p. 165)；亦参博尔特维科（E. K. Borthwick, *CR*, N. S. 12 [1962], p. 160）；波尔曼（E. Pöhlmann, *WSt*, 79 [1966], p. 212）。可是，瓦尔斯特罗姆（E. Wahlström）《希腊歌队正旋舞歌诗中重音的回应》(*Accentual Responsion in Greek strophic poetry*, *CHL*, 47 [1970], p. 8) 已然指出，的确，"从一位像欧里庇得斯这样知名的高超剧作家的编剧实践出发推而广之是危险的"；并且，从对抒情诗人的诗段的重音分析出发，他试图表明，诗节（stanzas）之间在重音上有一种回应之趋势，在诗行末尾尤为显著，从而显示，诗人重视乐理。但诗节之和谐并不彻底，瓦尔特罗姆也承认（页 22），"所编写的大规模的诗作，重音和格律完美符合，同时又文笔上乘，这恐非人力所能及也"。

⑩ 参见波尔曼《希腊音乐残篇》(*Griechische Musikfragmente*, pp. 17 ff.)。

⑪ 照片见 *BCH*, 48 (1924), p. 507。

⑫ 关于明显抵牾的（第一个歌词）ὅσον, 参见温宁顿-英格拉姆（R. P. Winnington-Ingram）《古希腊音乐中的调式》(*Mode in Ancient Greek Music*, p. 38)；也有可能所期待的是 ἔστι 而非 ἐστί。

于言辞中高低音变化的范围,哈利卡纳苏斯的迪奥尼修斯(†De Comp. xi. pp. 40 f. UR)有一段著名的说法,意思是"言辞的旋律要按单个音程(a single interval)来度量,大概可称其为'五度音程'(fifth),不会通过多于三个全音(tones)和一个半音(semitone)而上升到高音,也不会通过同样数目的音程下降到低音"。这个说法普遍被按其最表面的解释来理解,但另一种暗示[13]值得注意——也就是说,五度音程也许并非指整体范围,而是指从一个均值开始的变化(the variation of a mean)。[14]迪奥尼修斯的表达并不总是清晰,但这种解释可以让其说法的后半部分免于赘言之虞;即使意指整体范围,也不一定过分,至少若如其表面看来,它意指一个最高音(maximum)。譬如描述挪威语的旋律范围,平均大概有六度音程,[15]"在日常言语中,音程度数有可能变化很大,从无声到一个八度,要看说话者的年龄、性别、脾气和情绪状态;他语速快还是慢,有无强调,也要看一个词在句子中的位置。词的长度也有可能影响音程的度数"[16]。

很可能,类似的考察也适用于希腊语的旋律范围。可以肯定,

---

[13] J. Carson, *JHS*, 89 (1969), pp. 34 f.

[14] 这个段落进而比较音乐的旋律,使用了各种音程,直至一个八度音(octave)。但这不必然与上述解释抵牾,尽管有人主张,迪奥尼修斯在此是指,两个八度的"大全音阶体系"(Greater Perfect System)的中间音的变化。

[15] 譬如,参见波佩维尔(R. G. Popperwell)《挪威语的发音》(*The Pronunciation of Norwegian*, pp.151 f.);豪根和朱斯(E. Haugen & M. Joos),《东部挪威语的音调和语调》("Tone and intonation in East Norwegian", *Acta Philol. Scand.*, 22 [1952], pp.41 ff.)。

[16] 波佩维尔,前揭书,页169。

言辞中音高的变化要比在歌唱中更为平缓；从对有旋律重音的现代语言的经验中可以期望了解到这一点，阿里斯托克塞诺思也明确提到过这一点（†Harm. i. 8 f., pp. 101f. M），他区分了持续的音高变化（συνεχής）和间隔变化（διαστηματική），并且指出，使用后一类型语调变化的人，可以说是在唱而不是说。⑰ 在某种处境中音高变化的渐进性有古印度语的证据证实，我们从古印度语音学家那里知道，在吠陀梵语中，紧接一个高音的音节，并不是承载一个水平低音，而是承载一个下降的滑音，以高音开始，以低音结束，他们名之为 svarita，意为"吟诵音节"（intoned）。⑱ 因为这样一个滑音在此语境中自然而然，可以从结构上（如印度人所认为的那样）仅仅视其为低音的一种变化；所以这一在希腊语中不并特别明显的事实，并未排除在这种语言中也存在类似现象；支持这一点的证据，也见于音乐残篇中的某些倾向⑲（譬如埃丁铭文中 ὅλως 的第二个音节）。

在希腊语中，亦如在吠陀梵语中，当一个音节包含一个长元音或一个双元音时，高音有可能出现在第一个或第二个莫拉上。在前一种情况下，下降的滑音会出现在第二个莫拉上，也就是说，第

---

⑰ 可是，昆体良（Aristides Quintilianus, De Mus. i. 4, pp. 5 f. WI）认为诵读诗作采用了一种过渡形式。

⑱ 有些权威学者描述为一种 pravaṇa，字面意思是"下坡"（downhill slope，参见阿伦，页 88）。

⑲ 参见特纳（R. L. Turner, CR, 29 [1915], p. 196）。有些音乐证据也证明，高音前的音节中也有音高升高的倾向；但"由有重音的音节下降的倾向，明显强……于升高到这种音节的倾向"（R. P. Winnington-Ingram, Symbolae Osloenses, 31 [1955], p. 66）。

二个莫拉承载着一个低音变体。高低（下降）音结合在同一个音节中的现象，特别受到希腊著作家的关注，并被给予各种名称，诸如 δίτονος, ὀξύβαρυς, σύμπλεκτος, περισπώμενος（尽管后一个名称也可以指重音标记，而非重音本身）。从语音上看，两个要素很可能是融合在一起的，所以，"复合"重音很可能与下降滑音是一回事，后者出现在紧接一个高音的长元音或双元音上，而印度著作家将同一个名称 svarita 用于两者（亦请比较埃丁铭文中对 λυποῦ, ζῆν, ἀπαιτεῖ 的音乐化处理）。

除了上述范畴，我们也发现大量著作家（包括亚里士多德，他未特别论及复合重音）提到一种 μέσος 意为"中"（middle）重音。关于这个术语的含义，人们少有一致意见；现代学者众说纷纭，或认为它指后接一个高音（或在同一音节中，或在后接音节中）的滑音，或认为它指复合重音之整体，[20] 或认为它指末音节上标注"抑音标号"（grave）的一个高音变体（见下文），或更为普遍地，认为它指所有水平的、介于最低与最高音之间的音高。在此关联中，我们也可以较为详细地考察迪奥尼修斯关于言辞旋律的进一步陈述：

οὐ μὴν ἅπασα λέξις ἡ καθ' ἓν μόριον λόγου ταττομένη ἐπὶ τῆς αὐτῆς λέγεται τάσεως, ἀλλ' ἣ μὲν ἐπὶ τῆς ὀξείας, ἣ δ' ἐπὶ τῆς βαρείας, ἣ δ' ἐπ' ἀμφοῖν. τῶν δὲ ἀμφοτέρας τὰς τάσεις ἐχουσῶν αἱ μὲν κατὰ μίαν

---

[20] 大量拜占庭语法学家也这样认为，可是他们表示，μέσος 这个术语主要是一个音乐术语而非一个语法术语。参见波尔曼（E. Pöhlmann, *WSt*, 79, pp. 206f.）。

συλλαβὴν συνεφθαρμένον ἔχουσι τῷ ὀξεῖ τὸ βαρύ, ἃς δὴ περισπωμένας καλοῦμεν· αἱ δὲ ἐν ἑτέρᾳ τε καὶ ἑτέρᾳ χωρὶς ἑκάτερον ἐφ᾽ ἑαυτοῦ τὴν οἰκείαν φυλάττον φύσιν. καὶ ταῖς μὲν δισυλλάβοις οὐδὲν τὸ διὰ μέσου χωρίον βαρύτητός τε καὶ ὀξύτητος· ταῖς δὲ πολυσυλλάβοις, ἡλίκαι ποτ᾽ ἂν ὦσιν, ἡ τὸν ὀξὺν τόνον ἔχουσα μία ἐν πολλαῖς ταῖς ἄλλαις βαρείαις ἔνεστιν.

关于这段话，建议作如下解释："当然，并非每一个词[21]都要以同样的音高模式形诸言辞，而是有的词读高音，有的词读低音，还有的词读两种音。就读两种音的词而言，有些在一个音节上结合了高音和低音，这种音高模式我们称其为扬抑音（circumflex）；而其他词在不同音节上有不同音高，并保持其本身的音质。在双音节中，低音与高音之间没有中间位置；但是在多音节中，无论长短，都有唯一一个音节包含高音，处在多个低音之中。"

所以对于迪奥尼修斯而言，如果只有一个低音音节与高音音节相对，则径直判其为低音，即使其形式有所变化；但如果有一个

---

[21] 关于"词"（word）的冗长迂说，因下述事实而有其必要：希腊语中没有一个词毫无歧义地意指"词"（word）（参见希罗迪亚努斯 [Herodian, ii, p.407 L]：ἐν ἑνὶ μέρει λόγου, ἤγουν ἐν μιᾷ λέξει [在言辞的一个部分中，也就是说，在一个词中]）。λέξις 本身能够指任何长度的表达，因此，这里需要对单一的"言辞部分"作出限制（清楚地以特拉克斯的定义为根据 [Dionysius Thrax, Ars Gramm., p.22 U]：λέξις ἐστὶ μέρος ἐλάχιστον τοῦ κατὰ σύνταξιν λόγου [词是连续的言辞中最小的部分]；比较普利斯吉安 [Priscian, GL, ii, p.53 K]，以及词的现代定义：一个"最小的自由形式" [minimal free form] ——譬如布伦菲尔德 [L. Bloomfield, Language, 2 (1926), p.156]；布洛赫和特拉格尔 [B. Bloch & L. Trager, Outline of Linguistic Analysis, p.54]）。

以上低音音节，除了推测为最低的音节，其他所有音节都占据 τὸ διὰ μέσου χωρίον［中重音位置］（也有可能，这些音节就是其他某些著作家以 μέσος 所描述的音节）。换句话说，按他关于音节的陈述，迪奥尼修斯的说法是就结构而言，而按他关于多音节的陈述，他的说法又是就语音而言；但总体描述与一种言辞—旋律（speech-melody）一致，后者逐渐升至高音，而无论靠逐步递进或滑音，然后再回到低音。

虽然先行于高音的要素一般与这种音高的位置无关，（与吠陀梵语中的情形不同）接于其后的要素对高音的位置有限制。为此目的，希腊语重音本质上可视为一种"语调"，包括高音和紧随其后的音高下降；这种语调升降（contonation）可以是单音节（在复合重音的情况下）或双音节；[22] 但在两种情况下，**都不会有多于一个元音—莫拉（＝短元音）紧接此语调升降之后**。[23]

124

---

[22] 这种区分让人联想到挪威语重音也常常这样命名（参见豪根和朱斯前揭书）。

[23] 为此目的，词末"双元音" αι 和 οι 一般认为堪比一个短元音加上一个辅音 y（亦参页 81 以下，页 97）；参见 M. Lucidi, *RL*, 1 (1950), p. 74。鲁帕什（Lupaş, p.180）反对这种阐述，根据是也许有必要将非末音节中的长元音视为包含一个莫拉（譬如在 ἄνθρωπος 这个词中）。但此反对意见主张，下降音必然仅占据一个莫拉；而由上文页 121 清楚可见，不可如此设想——而且就语音而言最不可能；下降被设想为占据了随后的音节之**整体**（正如吠陀梵语中的 *svarita*）。亦参 *AR*，页 238。
关于这条法则的其他阐述，见 *AR*，页 236 及其以下。
关于关涉这条法则的词末双元音，进一步参见 *AR*，页 238 和注释 2。

重音音标

在铭文中,事实上并没有重音符号,㉔我们也没有理由认为,在古典时代有任何普遍应用的音标系统。讲母语者自然知道重音的位置和性质,因为,这是其日常语言的构成部分;所以,他们无须在书写中表明这一点,亦如挪威语或瑞典语旋律重音之情形,或者英语或俄语重读重音之情形;歧义相对较少,靠语法和上下文的意思差不多都可以解决(譬如,名词 τόμος:形容词 τομός——比较,英语的名词 *imprint*:动词 *imprint*;挪威语 ʹhjelper 意为"帮助"〔help(s)〕:ʹhjelper 意为"帮助者"〔helper〕)。希腊语中重音音标的使用,部分出于史诗口传的衰落之结果(如此一来,讲希腊语的人本身就不熟悉的发音形式需要指导),部分出于需要教授作为一门外语的希腊语。这种音标传统似乎始于纪元前 200 年的亚历山大里

㉔ 参见特莱阿泰(页 97)。恰好有一个出自纪元后 220 年左右的雅典的明确例证,在萨拉皮翁纪念碑(the Sarapion monument)残片上,οἶ(意为"为了自己")上有一个扬抑音(和送气符号)跨在二合字母上,这是一段医学格言:

  Ἔργα τάδ(ε) ἰατρ[οῦ]...πρᾶτον...
  καὶ νόον ἰῆσθαι καὶ οἶ πρόπαρ ἤ τῳ ἀ[ρήγην]
  〔医生(的)职责……首先……
  当然是治疗自己的心智,而非先给某人帮(助)〕

(比较,"医生,治疗你自己")。这里的目的是消除诗体形式的歧义,或为了强调。参奥利弗(J. H. Oliver,和马斯),见《医学史学报》(*Bull. Hist. Med.* 7〔1939〕,pp. 315 ff.〔页 319 上的绘图〕);还有几个例子(包括某些可能是阿提卡方言的例证)见威尔海姆的引述(A. Wilhelm, *SbAWB*, 1933, pp. 845 f.)。

亚（Alexandria），通常都与拜占庭的阿里斯托芬（Aristophanes of Byzantium）这个名字有关。首先，从纸莎本来判断，音标偶尔并且大多用于解决歧义。

从一开始，落在短元音上的高音就由扬音重音音标表示，譬如在 λέξαι 中；同样的音标也用于当高音出现在一个长元音或双元音的第二个莫拉上时，譬如在（祈愿语气）λήξαι 中；但当它出现在一个长元音或双元音的第一个莫拉上时，会造成一个"复合"重音（单音节上的语调升降），音标是扬抑音[25]重音符号，譬如在（不定式）λῆξαι 中。

在一种早期音标系统中，每一个低音都由抑音重音音标表示——譬如 Θεὸδὼρὸς；但这种书写方式显然不经济也不雅观，[26] 后来被流行的（拜占庭）音标系统所代替，只采用高音和复合高音来表示（使用扬音和扬抑音符号）。然后，又用抑音符号代替最后一个莫拉（"词尾重音"［oxytone］词汇）上的扬音，例外是疑问词（譬如 τίς），或者当后接一个非重读后接词（enclitic）或标点符号时——譬如 ἀγαθός ἐστιν, ἔστιν ἀγαθός·，可是 ἀγαθὸς ταμίας。[27] 从语音学观点看，这种替代法究竟有何含义，就此有很多讨论，但

---

[25] = περισπώμενος，"弯符"（bent round）。有一种拜占庭传统认为，这个术语原初指一个尖顶符号，拜占庭的阿里斯托芬代之以术语 ὀξύβαρυς，将符号由ˆ（扬音符号与抑音符号的组合）变成了˜，以免与辅音 ∧ 混淆；但有理由怀疑这种说法的真实性。

[26] 参见 Herodian, i, p. 10 L；*Schol. in Dion. Thr.*, pp. 153 and 294 H。

[27] 关于早期重音的运用，参见劳姆（B. Laum）《亚历山大学派的重音系统》（*Das alexandrinische Akzentuationssytem*）；舒巴特（W. Schubart），《希腊人和罗马人的书》（*Das Buch bei den Griechen und Römern*³, pp. 75 f.)。

126　尚无定论——譬如，它指音高完全或部分降低，[28] 还是仅指一种书写特点。[29]

我们已然看到，在其他类型的词语中，高音很可能后接音高下降以完成语调升降。在吠陀梵语中，当高音出现在词末时，音高下降由后接词的词首音节来承载。但与古印度语比较，从语音学观点看，希腊语词汇是更具自主性的单位，这种语调升降扩展跨越词语边界的情形是异常现象。一种例外可以理解为与非重读后接词结合的情形，因为非重读后接词本身缺乏重音，从而会与它前面的词构成单一的语音单位。譬如在 ἀγαθός ἐστιν 中，ἐστιν 的首音节能够创造下降的滑音；同样，在 ἄνθρωποί τινες, δῶρόν ἐστιν 这样的组合中，需要第二个语调升降，若非如此，就会违反一个语调升降后接音节不可多于一个莫拉的规则。然而，对具有限制性的规则能够应用的范围又有限制条件，譬如在 καλῶς πως, καλοῦ τινος, καλῶν τινων 中，虽然其中违反了规则，但为主要词语增加第二个重音是有可能的；同样的情形也适用于，譬如 οὕτω πως，由于 οὕτω 的第二个音节上承载着一个下降的滑音，所以，不可能获得第二个重音；再譬如在 οἶκοί τινων 中，违反了规则，因为非重读后接词末音节中是长元音。在后一情形中，通常认为非重读后接词末音节中的元音长度无关紧

---

[28] 语法学家们使用的术语是 κοιμίζεται 或 τρέπουσα εἰς βαρεῖαν（参见 Herodian, i, pp. 10 and 551 L；Apollonius Dyscolus, *Pron.*, p. 36 S）。

[29] 事实上，语法学家们有时候似乎认为，这种情形下的一个高音，不一定就是违反元音变化规则的证据，因为它们可以用相关术语很好地说明，从而，甚至一个音高降低的变化形式也仍然可以归入高音。关于"抑音"重音，进一步参见 AR，页 244 及其以下，页 269 及其以下；Sommerstein, pp. 160 f.。

要；但这也许只是重音问题上的**权宜之计**，正如在 καλῶς πως, οὕτω πως 等中缺乏第二个重音。㉚

在非重读后接词（non-enclitic）语境中，譬如 ἀγαθὸς ταμίας，ἀγαθός 的高音不能后接音高下降，语调升降也会不完整。音高下降的重要性进一步见于如下事实：在非重读后接词组合中，高音可**径直**后接另一个高音，所以我们容许譬如 μεγάλοι τινές，而**不容许** μεγάλοὶ τινες，因为后者的重音标注会剥夺 μεγάλοι 这个词整体当中的下降滑音，而后者似乎是高音的一个必要附属音。㉛ 因此，在希腊语中，当"词尾重音"词后接一个完整的词语时，吠陀梵语所展现的重音系统就不起作用了；㉜ 这种反常情形，或许可由调整高音得到解决——但必须承认，调整的性质未获得确认，似乎仅靠猜测很

㉚ 在如 μεγάλοι τινές（以及譬如 παίδοιν τινοῖν）的情形中，非重读后接词上会因误解而产生令人相当称奇的第二个重音。进一步讨论（也包括"非重读前接词"[proclitics]问题）见 AR，页 241 以下，页 248 以下；Sommerstein, pp. 162 f.；Lupaş, pp. 172 ff.。

㉛ 关于"非重读后接词连用"（连续使用非重读后接词）难题，见文德里耶斯（Vendryes, pp. 87 ff.）；AR，页 244；Sommerstein, pp. 164 f.。"荷马史诗中的"非重读后接词的重音标注，如 Λάμπέ τε 等（频繁见于纸莎本和手抄本，一些语法学家都对此作了"校正"，但现代编者普遍对其作了"校正"），并非真的就是例外，因为在这种情况下，首音节包括一个短元音后接一个流音或鼻音；这样的辅音能够承载与元音一样的音调运动（波佩维尔前揭书§442，将其解释为像挪威语中的"拉长了元音的滑音"）；在印欧语中（甚至在立陶宛语中），这样的结合在结构上等价于双元音；所以下降的音调能够出现在流音和鼻音上，如此一来，如 Λάμπέ τε 等中的重音标注从一开始就等价于，譬如 εἶτά τε 中的重音标注。可是，同样的处理方式进一步并且错误地扩展到了全部重音节，譬如 ὄφρά σε（参见文德里耶斯[Vendryes, §92]）。

㉜ 在这种情况下，本来的词尾重音被当成"词尾无重音"（enclinomena）。

少能把握关键。㉝

疑问词和停顿前（pre-pausal）的形式当然本身就是特殊情形，完全有可能如音标和语法学家们的陈述所表明的那样，这里容许词末高音，而无须后接音高下降。如迪斯克鲁斯（Apollonius Dyscolus）关于 τίς 的评述，词尾重音无区分功能，而有疑问功能（Pron., p. 28 S: οὐ γὰρ ἕνεκα διαστολῆς τὸ τίς ὀξύνεται ἀλλ᾽ ἕνεκα πεύσεως [的确不是为了区分，τίς 才变成扬音，而是为了疑问]）。标点前的扬音是句终语调或整句语调（clause-intonation）的特征，而非词的语调升降的特征；按照特鲁别茨柯依（Trubetzkoy, p. 215）的术语，"末音节上的扬音，不是真正意义上的重音，而是根据外部条件提升一个词的末音节的音高：这种音高提升出现在一个标点前，若这个词不包含其他高音莫拉"。㉞尽管非疑问句中的升高语

㉝ 前述关于希腊重音系统的解释，和关于抑音重音音标之含义的解释，都基于阿伦的《希腊语重音之难题》（"A Problem of Greek Accentuation", *In Memory of J. R. Firth*, pp. 8 ff.）；但其要害如朗西罗（C. Lancelot）在著名的《易于理解希腊语的新方法》（*Nouvelle Méthode pour apprendre facilement la langue grecque*, 1st edn, Paris, 1655；1696 年第 9 版以来的引述）页 22 上所说："升高一个音节上的语音之后，就必须降低其后音节上的语音……我们无法设想出因的音高，除了在言辞中……后者总是由高音变为低音……表明不应当升高最后一个音节，否则就会影响下一个词，其效果与非重读后接词中的情形一样，后者会将后面的词与前面的词联合为一体"；比较页 547："……不提升最后一个音节，因为，看来要非常顾及后面的词，从而将其与后面的词联合为一体，只有非重读后接词才能做到这一点。"上文页 124 所述限制规则的建构，朗西罗也有预见，如页 548："……扬抑音之后的末音节，按其性质不能是长音节，因为这个音节前已有音高降低之情形，后者就在扬抑音之中，扬抑音之后的末音节不能占有两个音长单位。"

㉞ 在其他地方（《音韵学描述原理引论》[*Introduction to the principles of phonological description*, p. 38, n. 1]），特鲁别茨柯依引述了干达语

6. 重音

调不是英语的规范特征，但应指出的是，在挪威语中，"包含普通、限定、确切陈述的句了，以一个升高的旋律结束……结果，在句子的最后一个词中，会有一个发声的音高提升。若句子以一个音调群（Tone Group）结束，音高的提升幅度甚至会更大"[35]。再加上挪威语中的疑问句也以音高提升模式结尾，以至于"挪威语往往给外国人的印象是，好像带有一系列无尽的问号"[36]。证据显示，似乎古希腊语句子的语调效果与挪威语有些相似，这种语言有一个堪比希腊语的旋律重音系统。

我们很可能拥有足够的知识，大致接近孤立的希腊语词汇（包括非重读后接词的组合）的旋律模式；但除了"词尾无重音"（enclinomena）这个特殊难题，我们事实上对"旋律句法"（melodic syntax）一无所知，后者就是旋律模式的相互作用及其与持续不断的言辞中的从句语调和句子语调的相互作用。从我们在生动的音调语言和旋律重音语言中的发现判断，这些相互作用可以说广泛而又复杂。即使给出这类语言中孤立词语的旋律模式，当然有可能从中得出句子的旋律模式——但后者一般并非前者的简单总和。[37]笔者

（Ganda）实例，其中，音高提升"只出现在疑问动词形式中，这无关乎词语音韵学，而从属于句子音韵学领域"。乌尔坦（R. Ultan, *Working Papers in Language Universals*, Stanford, 1〔1969〕, p. 54）在研究79种语言的疑问句系统的过程中指出，尽管缺乏重音信息，其中20种语言据说有"重读强音（fortis stress）或重读句、高音、升高的曲折声调（rising contour），或在疑问词上有重读和高音的组合。这些语言分布均匀"。关于疑问词的进一步讨论见 AR，页251及其以下。

[35] 波佩维尔，前揭书，§454。
[36] 同上，§455。
[37] 作为这些关系的复杂例证，可以参考豪根和朱斯前揭书，尤可参考

听过一些最近和更早的录音，尝试朗诵古希腊语的旋律重音，虽然有些相较于其他较少异议或显得可笑，但没有哪些朗诵令人信服；亦如克拉克（W. G. Clark）一个多世纪前对这些努力的评论，这种做法的缺乏天赋的倡导者"也许不会想到，当他们不要这样行事时，反而会将其再现出来"[38]。

因此，深思熟虑给出的建议是，即使差强人意，也不要费力去表现旋律，[39]而应将关注点放在致力于语言其他方面的流畅和准确。进一步讨论参见"附录 A 2"。

可是，这些实践上的困难不应模糊下述事实：旋律重音是古希腊语最典型的语音学特点之一；我们的通行文本中的重音标号，普遍被认为是对词语旋律的可信指示；[40]除了语法学家们的说法，可靠性较低的手稿传统，原则上有吠陀梵语和其他语言证据支持，其

夏普（A. E. Sharp）《马切姆查加方言中的双音节名词的音调分析》（"A Tonal Analysis of the Disyllabic Noun in the Machame Dialect of Chaga", *BSOAS*, 16 [1954], pp. 157 ff.）。

[38]《哲学杂志》（*Journal of Philology*, i. 2 [1868], p. 108）。关于所遇到的困难和音调语音学所需要的能力训练，参见派克《音调语言》（*Tone Languages*, pp. 18 ff.），以及我的进一步评论（*Didaskalos*, 2.3 [1968], pp. 152 ff., 亦参见 AR 页 75）。关于识读方面，请注意利伯曼（P. Lieberman）所揭示的音高标号的广泛变化，见《论语言学家识别语调的声学基础》（"On the Acoustic Basis of the Perception of Intonation by Linguists", *Word*, 21 [1965], pp. 40 ff.）。

[39] 可是，旋律方法的狂热爱好者也许可以研究戴兹教授（Prof. Stephen Daitz）的录音——譬如《古希腊语音读》（*The Pronunciation and Readings of Ancient Greek* [2 cassettes], publ. Jeffrey Norton, Inc. N.Y./London: 2nd edn 1984）。

[40] 关于"非重读前接词"的主要疑问，参见文德里耶斯（Vendryes, pp. 63 ff.）。

具体位置也有现代希腊语发音支持，其中，除了可解释的例外，有音标的音节如今需重读。[41] 具有误导性的是，如在古典学会（the Classical Association）发表的一个演讲中，[42] 谈论"希腊语重音的复杂的拜占庭规则"——通行的音标系统，的确以早期拜占庭对亚历山大语法学家的规则的发展为根据；但远谈不上复杂，倒是值得称赞它经济地再现了语音学的事实：事实本身，和支配它们的规则一样，与这门语言的其他要素一样古老。

转变为重读重音

希腊语最终由旋律重音转变为重读重音的时间无法确切知晓。但看来显而易见，这一转变发生在纪元后4世纪下半叶，因为拿撒略的格里高利（Gregory Nazianzen）创作赞美诗的格律就基于重读重音（也采用"音量"格律）；且有迹象显示，向重读重音的转变是一首匿名的4世纪早期基督教赞美诗的内在要素（《阿莫赫斯特纸莎本》[*Pap. Amherst*，ed. Grenfell & Hunt，I. ii]）。2世纪晚期至3世纪早期，在亚历山大里亚的克莱门（Clement of Alexandria）的赞美诗中也有类似证据。但无更早的可信证据。[43]

---

[41] 事实上，标有"抑音符号"的音节也要重读，这并不必然意指，古希腊语中，在这样的音节上存在一种高音（参见页125），因为这并不简单表示一种从标点前的位置出发的普遍化（一种并非不寻常的过程，参见阿伦《连接音变》[*Sandhi*, p. 27]；赖谢特 [H. Reichelt]《阿维斯陀语基础教程》[*Awestisches Elementarbuch*, p. 86]）。

[42] 《英国国家学术院院刊》(*Proceedings*, 1964, p. 17)。

[43] 亦参上文页94注释9。

与此关联，习惯上认为巴伯里乌斯（Babrius）的跛脚短长格（Choliambics/scazons）的某些重音特点，显示有重读重音的迹象（在一行诗末尾倒数第二个音节上有重音 [paroxytone]）。巴伯里乌斯诗作的日期不确定，但很可能在纪元后 2 世纪左右，[44] 当时很可能转变正在进行，至少在某些地域是如此。但巴伯里乌斯不能作为证据，因为以其为论据是基于对跛脚短长格节奏的错误解释，而他的诗作重音的特点可以按旋律重音作出更好的解释。[45] 可是，类似的重音倾向存在于瑙努斯（Nonnus）的史诗体六音步格律中，这可以合法地解释为重读之证据，因为节奏完全不同；而且，因为瑙努斯盛期在纪元后 5 世纪左右，这种对其诗作重音特点的解释最具有可能性。

希腊语的重音问题

古典希腊语重音，如我们所知，就是旋律重音。可是，要说古典希腊语的词语和句子中不存在重读变化，却不大可能。这是常识，但有一种倾向认为，任何这样的重读因素都与高音有关，因为，音高通常是重读重音的复杂现象中的一个重要因素。但是，一方面，高音不一定与此类情形有关——在不同的语言中，音高有高有低，或有变化（参见 AR，页 74 及其以下）；另一方面，反

---

[44] 纪元后 1 世纪下半叶，根据赫尔曼（L. Herrmann, AC, 18 [1949], pp. 353 ff.; 35 [1966], pp. 433 ff.）。

[45] 详参阿伦（Allen, TPS, 1966, pp. 138 ff.）；《雅克布森 70 诞辰纪念文集》(To Honor Roman Jakobson, I, pp. 58 ff.）。

过来重读也不一定就是旋律重音的一个特点；所以，有可能一种有旋律重音的语言也有一种重读模式，后者与旋律重音毫无关联。㊻

进而言之，重读与高音的任何关联，看来都被以下事实排除了：在古典希腊语中，重音与任何格律重读或"强音"（ictus）无关，尽管当重音转变为一种动力类型后，它的作用越来越重要，并最终有了排他性。这种转变的一个后果就是，讲现代希腊语的人读古希腊语诗歌时，一般都重读有重音的音节，而不区分元音长度，从而消除了诗歌中的任何有规律的节奏要素。对于古希腊语，我们能够设想重读与重音具有某种关联的情形是，只有当我们认为古希腊语诗作的动力机制与朗读现代希腊语的机制一样不规则，而且古希腊语的"节奏"（rhythms）的传达只遵循时间比例（time-ratios）。内在于后一主张中的某些困难，在上文页114以下已有论及，而对现代语言的格律研究倾向于强调其不可能性。㊼ 最有可能的结论，我们已有暗示：韵脚，也就是通常由重音节充当的"强读"位置，倾向于承载一种格律上的重读或"强音"。

当然，这并非意指，希腊语诗作基本上就是重读诗作，譬如就像英语那样，重读是其结构原则。从结构观点来看，希腊语诗作具有音量特点（也就是说，基于不同类型的音节结构的交替），其

㊻ 就此情形，普遍的条件并非与希腊语不同，参见道克（C. M. Doke）《南部诸班图语》（*The Southern Bantu Languages*，pp. 43 f.）。

㊼ 参见查特曼（S. Chatman）《一种格律理论》（*A Theory of Meter*，p. 43）："我不否认，时间是格律流动的中介，甚或译成本身是'重读'的构成部分；我真正否认的是，思想有某种细密的能力以度量和识别时间跨度，而这也正是其对格律的所作所为。"习惯于将这样一种能力归于"古人有灵敏的耳朵"，遭到斯泰森（Stetson）的批评（《语音学基础》，页71）。

某些特点只能按这些术语来说明（譬如承认"自由音节"[anceps]只存在于短长格或长短格节拍上）。我们仅提议，在此之上叠加了一种动力强化要素。

因为，希腊语的格律模式，不同于古典拉丁语，就我们所知，形成后专用于希腊语，有可能，用梅耶（Meillet）的话说，它们"代表了语言的自然节奏的风格化或规范化"。所以，很有可能，任何此种格律强化模式，都倾向于与言语中类似的模式相符合而冲突。若如此，则可以认为，特殊的音节词语模式（syllabic word-patterns）倾向于被置于其与诗行强/弱位置的特殊关系中，尽管它们纯粹的音量结构或许使其有资格占据其他位置。反过来，如果有人可以发现这样一种强烈的倾向，就可以认为在诗作和言辞中存在某种附加于音量的要素——无论这种要素的性质有可能是什么。尽管已然表明的观点是，古典希腊语诗作很有可能以动力强音为标志，我们仍然要避免偏见，认为语音学问题只关涉言辞，并且暂时仅将此作为"显著要素"。

133　　为探究任何此类关联之目的，最安全的资料储备，看来就是说话严整的诗作（史诗六音步格律；悲剧短长格或长短格），与之相对，一方面是抒情诗，其中的语言模式也许已然受到音乐动力机制的影响，另一方面是喜剧。在语音学上，有可能这样的非功能（non-functional）模式如我们所期待，其强烈之程度要低于某种语言的重音重读（accentual stress），如拉丁语或现代希腊语。因此，这样一种探究的可能性，基于我们的著作家试图让其诗作惯常的强/弱模式符合口语中优势要素的这种相对精细的变化。人所共知的是，希腊喜剧诗作并未如悲剧那样，表现出了同等程度的格律约束（有人也许会提及，并非不常见的音顿［caesura］或"波尔森法则"［Porson's Law］的忽视，还有转向协和韵脚［resolved feet］的频率，包括容许在除行末之外的所有地方使用短短长格，以及最主要的，容许在第五行中使用长短短格，连同所导致的对音量增强模式的翻转，甚至在诗行收束之处），参见 *AR*，页 311 以下。因此，人们不能同意牛顿（B. E. Newton）的说法（*Phoenix*，23，p. 368）：这会显得"非常奇怪"，如果我们在悲剧而非喜剧中找到我们的证据，"人们期待喜剧会尽可能表现出市场上的言辞节奏"。关键仅在于，正如喜剧在关涉格律的词语的运用上都满不在乎，它更不可能在节奏上有**规范性**（*regularity*）；在此方面，喜剧的确比悲剧更"自然"和更少"人为"——但出于同样的原因，作为证据也更少有价值，因为，不可能期待靠喜剧证据来揭示格律优势与语言优势之间的这种规范关联。

我们也许会进一步期待，我们所寻求的这类限制尤其会出现在诗行的后半部分，也就是"尾音"（coda）上，其中节奏的规范性在很多语言的格律中最为常见（请注意，譬如，重视拉丁语六音步最后两个韵脚中重读重音与强音位置的一致），参见 *AR*，页 106，337。

事实上，一项关于荷马史诗和悲剧文献中的词语位置与强音位置关系的研究揭示，[48] 主导趋势可用单一的程式来阐明。此项研究

---

[48] 最初讨论在《语文学会会刊》（*TPS*，1966，pp. 107 ff.）中，进一步发展在《重音与节奏》页 274—334（对此感兴趣的读者，可查阅资料中的详细分析）。

的根据是主要的音顿（或长短格中的分音）之后的诗行部分，"词"（word）这个范畴扩展到包括词+同位语组合，其中的"同位语"一般都包括前置词和后置词，而非仅仅包括传统上的"非重读后接词"（所以，譬如 περὶ πάντων, θνητοῖς γάρ，每个词组都算作一个词）。由此产生的程式如下，其中，S = 韵脚的强音位置，— / ○ = 重 / 轻音节：

$$(\ldots) \frac{S}{\circ\circ}(\circ) \frac{}{\circ} \frac{S}{\circ\circ}(\circ)。$$

由此程式可以获得特殊音节的词形及其主要位置。要获得这些词形，可按此程式由左（词末）至右进行，可以选择由音节的上排到下排转换，或者相反，但附带条件是：对诗行中的轻音节序列的限制，排除了从表示可以选择的音节的（○）向○○的运动。

在解释此程式时，需要注意，它假定运用传统的"不论法则"（law of indifference），[49] 按此法则，在一行诗的末尾，终端强音位置上的一个轻音节视为重音节。如此一来，六音步末尾可以是一个——（在这个位置上是 $\underset{}{\overset{S}{-}}$ —）词（—尾），因其等价于—○（= 不完全长短短格），而一个短长格三音步（iambic trimeter）或不完全长短格四音步（catalectic trochaic tetrameter），末尾可以是一个○○（在这个位置上是 $\overset{S}{\underset{\circ\circ}{}}$）词（—尾），因其等价于○—（参见 AR, 页 296—303）。

我们迄今所谓"主导趋势"，事实上结果近乎完全规范——也就

---

[49] 譬如，昆体良（Aristides Quintilianus）《论音乐》（De Musica, i. 21, p. 44 WI, παντὸς μέτρου τὴν τελευταίαν ἀδιάφορον ἀποφαινόμεθα [对每个韵脚的终结处，我们都表现出不论法则]）；参见赫费斯提翁（Hephaestion）《指南》（Ench., p. 14 C）。

6. 重音

是说，极少有例外，对于一个具有特殊音量模式的词而言，其与诗行尾音处的强音位置具有特殊关系。当然，确有很多类型的词，仅按其音量结构，只能出现在某些位置上，后者关系着强音和弱音位置，所以，这些类型的词没有提供肯定证据：这一点适用的所有词语，其中的音节左右相接着（一边或两边）一个或两个轻音节。因此，提供关键证据的词语仅包含重音节（或两个以上轻音节序列，在"协和"韵脚["resolved" feet]情况下）。在此，**不能由此程式导出的**词形的性质事关重大：它们包括，譬如 $\underline{S}$—, $\underline{\overset{S}{\circ\circ}}$, $\underline{S}\circ\circ$, $\underline{S}$—, $\circ\underline{S}$—, $\overset{\circ}{\underset{\circ}{S}}$—, $\circ\underline{S}$—, —$\underline{S}$—, $\circ\circ\underline{S}$—, $\underline{S}\circ\circ\circ$, 等等（与之相对，可由此程式导出的词形是—$\underline{S}$, $\circ\circ\underline{S}$, $\underline{S}$—$\underline{S}$, $\underline{S}\circ\circ\underline{S}$, 等等）。这些不能导出的性质，**尤其**反映了波尔森法则在短长格和长短格中的限制（参见 *AR*, 页304—312），转向协和的规则（the rules of resolution）限制（参见，譬如，West, pp. 86 f.），还有六音步中"奈克法则"（Naeke's Law）的规则限制。最后这个法则，在卡利马霍斯（Callimachus）诗作中几乎没有例外，在荷马史诗中容许有例外；但这些例外主要涉及词语或 ($\circ$)$\circ\underline{S}$—组合模式，末尾是第四音步，这里显然证明有一种"退而求其次"（faute de mieux）原则在起作用（参见 *AR*, 页286—291）。另一种较不常见的例外是短长格中的 $\underline{S}\circ\circ\underline{S}$ 位置，但在其中对末尾两个音节的性质有特殊限制（参见 *AR*, 页323 以下）。

那么，如果我们认为，确定与强音位置有特殊关系的词语的音节位置，有一种非常强的倾向，显示所探讨的音节具有某种固有的语音"优势"，我们能够从程式中推导出某些规则，以描述这种优势在希腊语词汇中的影响范围：

1. 优势适用于一个要素，由（*a*）一个重音节或（*b*）两个轻音节构成。

2. 词（或类似于词的序列）比一个要素长，它们内在就会有优势 / 无优势对比。

3. 如果一个词的末音节是重音节，它就具有优势。

136 4. 如果末音节是轻音节，接下来在先的要素就具有优势。

5. 在先的要素，虽然与优势要素分离㊿，也（在次要意义上）具有优势。

还需要考虑，这种优势的语音参数有可能是什么。可能的候选中，高音已然被重音先占；音长已然被先占为一个独立的可变的音位；还有两者中任何一个叠加到过于具优势的音节之上，会与其所发挥的重要作用相冲突。三个普通的韵律参数中（参见 *AR*，页 6），剩下的就只有动力参数，也就是重读音。

这个结论也许可以离开希腊语用类比来得到加强。(51) 我们可以将希腊语程式中所表达的认为具有优势的模式，视为那种类型的优势的一种类型学“指纹”（fingerprint）。而且，如果有可能在一种语言中发现一个匹配的指纹，而这种语言中确立了具有优势的语音性质，我们就完全有很强的理由支持下述结论：希腊语中的优势具有同样的性质。在《古典拉丁语语音》（页 124—125：页 91 的附注）中，重述了支配拉丁语重音位置的规则，所使用的术语“音

㊿ 也就是说，以一个重音节或一两个轻音节，其中的首尾两个音节，尽管本身就是要素，却不与（首要意义上）具有优势的要素分离。

(51) 下文的观点构成了一篇文章的主题，这篇文章是投给《霍尼希斯瓦尔德纪念文集》（*Festschrift for Henry Hoenigswald*，Tübingen，1987）的。

阵"（matrices）包括一个重音节或两个轻音节。这个规则，也可以按照上文所使用的程式类型，以同样的推导规则来阐述，其中 A 指重音的位置，所以（对于两个或更多音节的词而言）：

$$(\ldots)\frac{A}{\circ\circ}(\circ)\frac{}{\circ}$$

这里的 $\frac{A}{\circ\circ}$ 对应传统音标 ´⌣ 和 ´⌣⌣，譬如 *nómĭna*, *nōmĭnĭbus*。我们可以扩展这个程式，把更长的词语中的次重音考虑进来，有可能主要重音前的词语部分，可作为一个具有次重音目的的词（譬如 *indìligéntia*, *mìsericórdia*，参见 AR，页 190）。㊷ 那么，扩展后的程式就是：

$$(\ldots)\frac{A}{\circ\circ}(\circ)\frac{}{\circ}\frac{A}{\circ\circ}(\circ)\frac{}{\circ}$$

可见，拉丁语的这种重音模式（A-formula），不同于希腊语的重读模式（S-formula）之处，仅在于末音节一方面——这一事实，可由拉丁语重音系统中末音节音量无关紧要得到说明。㊸ 因此，从结构上讲，希腊语的重读要素（S-elements），紧密对应拉丁语的重音音阵（A-matrices），而一种有力的类型学上的或然性，导致两者都以同样的优势为标志。就拉丁语之情形，人们普遍赞同重读，而且，如果希腊语的优势要素完全不同，那将是相当奇怪的巧合。双

㊷ 参见阿卜多（D. A. Abdo,《论重读和阿拉伯语音韵学》[*On Stress and Arabic Phonology*, p. 73a]）。关于阿拉伯语（Arabic）中的次重音的阐述："从紧接重读元音前的音段开始，再次将规则应用于又匹配其结构描述的任何音段。在第二次应用中重读的元音需次重读（secondary stress）。"

㊸ 是否平行于希腊语格律系统中的"不论"末音节音量不仅仅出于偶然，这恐怕不能靠猜测。

音节重读音阵与双音节强音位置精确对应，又进一步表明了对协和（resolution）现象的语音学解释（参见 *AR*，页 316 及其以下）。(54) 另一方面，可以为希腊语的（旋律）重音规则设计的任何程式，或许具有完全不同的性质。

其他与拉丁语的重音规则类似，已知具有重读重音的语言，有阿拉伯语和印度－雅利安语（Indo-Aryan）。在前者中，以及在后者的现代形式（譬如印地语［Hindi］）中，末音节上也可以有重音，但仅当末音节具有“超特征化”（hypercharacterized［p.91，n.5］）时，也就是说，以 -V̄C 或 -V̆CC 结尾 (55)（在拉丁语中也有几个这样的例证，作为历史音变的结果，诸如，*nostrā́s* < **nostrā́tis*，*illínc* <
138 **illínce*；但没有无历史变化的规则：所以，*laúdās*，如此等等）。拉丁语和其他这些语言中的重音规则的一个结果是，某一给定的词中的重音位置不可变化，而无论文本处境如何。在此方面，确定希腊语诗歌中的词语位置的规则，具有重要不同。就音量而言，也因此就位置而言，希腊语末音节以 -V̆C 结尾，有赖于下一个词以元音或辅音开头：所以，譬如 νῆας 这个词，在《伊利亚特》（*Il.* i. 306）中是 ν$\overset{S}{\text{ῆ}}$ας $\overset{S}{\text{ἐ}}$ΐσας，在《伊利亚特》（*Il.* ii. 493）中却是νη$\overset{S}{\text{α}}$ς τε προπ$\overset{S}{\text{ά}}$σας。这表明，有可能在很多希腊语词汇中，强调模式会随文本处境而变化。但这并没有什么好奇怪的。在希腊语中，与已论及的语言不

(54) 据信，在双音节组合中，音峰出现在首音节，而收束（cadence）出现在第二个音节上，所以，óò 对应于单音节组合ˆ，这里的音峰和收束都出现在同一个音节上。更为全面的讨论，包括与英语的平行情况，参见 *AR*，页 170—177，191—199，页 316 及其以下。

(55) 较为全面的讨论，参见阿伦（*ICS*，viii. 1，pp. 1—10）。

同，我们处理的是过多的**非重音**模式，这些语言中组合关系上的变化，并不比像英语这样的重读重音语言在旋律（语调）模式上的此类变化更奇特。㊱这些考察，连同在古典希腊语中任何此类重读模式有可能相对较弱，也许解释了它们何以完全为后来的语言的强重读词语重音模式所取代。

在上述结论缺乏实际证据的情况下，不建议将其应用于希腊语散文的诵读实践（就此参见页149及其以下）。就诵读诗歌而言，如果遵循通常的朗诵惯例，重读诗行中的强音，本研究发现的建议令人放心：尤其在每一行诗的结尾处，这么读也非常接近自然的诵读，尽管对之前的部分可以引入不同程度的人为方式，因为，重读程式的例外在这些部分中相对更多：在此类情况下，希腊语本身更

㊱ 参见 AR，页295以下："……句子的产生，无论在语法还是音韵层面，都不是一个音节一个音节出现的，甚至不是一个词一个词出现的；相当长的一段话已经提前准备好了，实际发音中先发要素与后发要素的关系，就像后发要素与先发要素的关系一样，都提前有了考虑。举一个语法层面的例证：在拉丁语中，词性与定语匹配，后置名词的实际言说，必定提前已经确定好了——譬如 et *hic* quidem Romae, tamquam in tanta multitudine, *habitus* animorum fuit。就音韵层面而言，在英语中，句子中一个词的旋律模式，很大程度上基于句子整体的结构，包括后接词语；譬如，see 这个词，在 I could see something 和 I could see éverything 中的常规发音模式完全不同，在前一句话中音高下降，在后一句话中音高平缓。从音位角度看，此原则由'首音互换'（spoonerism）现象得以清楚证明，其前提是在音位转换的第一个要素发音前，已为第二个要素做好了准备。……因此，为希腊语假定一个重读模式，并没有什么不合理，就某些类型的词语而言，可以表明其基于语境有一种双重变化，此语境直接后接词为限。这仅仅意味着，胸部搏动和胸阻模式已按比单词更长的'词段'中准备好了；虽然在口语中，无疑存在思想变化导致韵律'失误'之情形，如语法上的中断（anacolutha），但这与更为正式的诗歌中所表达的话语类型几乎没有关系。"

偏向于强调自然还是人为，仍是一个开放的问题，因为，我们缺乏在拉丁语中就类似问题可以获得的证据（参见 VL，页 126 以下：页 94 的附注；AL，页 335 及其以下）。

  希望进一步研究希腊语词语格律定位的限制难题的读者，完全可以查阅德瓦恩和史蒂芬斯（A. M. Devine & L. D. Stephens）最近的著作《语言与格律》（*Language and Metre*，A. P. A., American Classical Studies 12：Chico，Cal., 1984）。尽管我对其所提出的节奏的作用持保留态度，对于一种（如上文所指出的）音长独立可变的语言中的时长——正如他们对我自己的提议也在类型学上持有保留态度——他们独创进路以达成一种穷尽式的普遍理论（包括协和问题），具有引人入胜的特点，也是对持续讨论的重要贡献。

附录 A

1. 英格兰的希腊语发音

1267 年，培根（Roger Bacon）注意到，在讲拉丁语的基督教世界，通晓希腊语的不到五人。1311 年，维也纳公会议（Council of Vienne）提议为意大利的主要城市各指派两名希腊语教师；一所希腊语学校得以在罗马开设，还筹款在牛津设立了一个教席。[①]1325 年，巴黎大学开设了希腊语课程，这门语言遭到异端怀疑，13 和 14 世纪索邦大学的文献目录中，有大量关于亚里士多德的论著，显示其中没有通晓希腊语文本的证据。1360 年，彼得拉克（Petrarch）能数得出的懂希腊语的意大利人，也只有八九个。

可是，这门语言的讲授，逐步在 14 和 15 世纪的意大利发展起来，并且因 1453 年君士坦丁堡（Constantinople）陷落后拜占庭学者不断涌入而加速。但这些学者使用和讲授的希腊语发音，自然是他们通行的母语发音，也就是说，事实上是现代希腊语发音。这种发音的典型特征，可以指出下面几条：

---

① 关于将希腊语引入英格兰，包括某些更早期的偶然例证，参见柯林斯（J. C. Collins）《希腊语对英语诗歌的影响》（*Greek Influence on English Poetry*）第二章。

β, δ, γ（还有 φ, θ, χ）发擦音；

ζ 发为一个单音 [z]；

κ, χ, γ, λ, ν 在前元音前腭化；

π, τ, κ 在鼻音后浊化；

υ 在 αυ, ευ 中发为 [v] 或 [f]；

αι 发为一个单元音 [e]；

而且，尤其是将单一音质 [i] 给予了 ι, η, υ, ει, οι, υι 这些元音。如阿斯克姆（Roger Ascham）后来抱怨的那样，尽管带有令人遗憾的主观性和夸张："希腊语中的所有语音现在完全一样了，可以说简化成为一个瘦长的字符，并且只服从一个字母 *iota* 的权威；如此一来，人所能听到的，都是一种微弱的尖音（feeble piping），就像麻雀鸣叫，或者都是一种令人不舒服的嘶声，就像蛇在嘶响。"

没过多久，有些学者就针对当时流行的古希腊语发音的有效性起了疑心。尤其是元音字母和二合字母的音质，被认为与昆体良（Quintilian, i. 7. 30）的发音原则"我判断应如此书写，就如此发音"（sic scribendum quidquid iudico, quomodo sonat）冲突；假如古人都遵循此规则，他们的发音必定截然不同于拜占庭希腊语的发音。这个假设并不完全有效（昆体良事实上小心附言"除非为了遵循惯例"[nisi quod consuetudo obtinuerit]），并且会导致某些错误结论，但这至少为首次讨论重建其古代发音提供了契机。

最早建议改革的日期始于 1486 年，在一位西班牙人文主义者安托尼奥（Antonio of Lebrixa/Antonius Nebrissensis）的著作中；根据他本人的说法，这些建议在西班牙或其他地方尚未得到支持——的确，他抱怨他的说教的唯一影响是将故友变成了敌人，当挑明了他们的错误时。在 1503 年的一篇论文中，他更进一步争论说，**尤其**，η 是一个与 ε 对应的长元音，有如 ω 对应于 ο；ζ 表示 σδ；β，如 φ，不是一个擦音，而是一个破裂音，因为，β，φ 和 π，古人认为属于同序音（belonging to the same order）。他后来编了一本更为完善的原则说明（很可能首次出版于 1516 年），包括一个列表名之为 "Errores Graecorum"（希腊语误读），指出了书面提及的大多数发音特点；可是，他的正词法标准，也误导他拒绝将 ου 发为单元音。

我们所知道的接下来的改革者，就是大出版家马努提乌斯（Aldus Manutius），他于 1508 年提到二合字母的错误发音，后来也提及安托尼奥讨论过的大量其他要点。和后者一样，他认为 ου 表示一个双元音，所以，他赞同为 υ 设定一个音质 [u]（引拉丁语同源词和借用词为证，如 sus，Thule，转过来也有 Ῥωμυλος）；但值得赞赏的是，他第一个述及如今人所共知的 βῆ βῆ（指绵羊的叫声），证明其发音是 bē bē，以反对当时的发音 vi vi。

将二合字母发为单元音，进一步在阿莱安德（Jerome Aleander）的一项陈述中受到批评，时间很可能是 1512 年，他还评说了长短元音的融合，以及忽视送气音的问题。

改革运动的高潮，是 1528 年伊拉斯谟（Erasmus）的《关于拉丁语和希腊语发音的对话》（De recta Latini Graecique sermonis pronuntiatione）的出版，下面是其中最重要的结论。η 的音质作为

一个开中元音 [ę]("介于 α 与 ε 之间"),可由下述事实推知:一方面,它可以拉丁语的 ē 来表示;另一方面,它通常源自希腊语的 ā。根据拉丁语转写为 ū,ου 的音质被建构为 [ū]——尽管伊拉斯谟猜测,以拼写为据,它曾经一定是双元音音质("Ου,的确,我认为近乎古人的发音,因为巴塔维亚人说老人、寒冷时就是这样发音的" [Ου vero arbitror priscis fere sonuisse, quod Batavis sonat *senex*, *frigidus*],也就是说,像荷兰语的 *oud*, *koud*)。υ 的音质可以正确地认为就是 [ü],也就是说,像"高卢语(Gallicum)的 *u*",尽管某些论证无效(譬如,"它发音一样,因为,高卢人将 θύειν 粗俗地读如'*tuer*',也就是献祭,使用希腊语的发音"[idem arguit quod Galli vulgo θύειν dicunt "*tuer*", id est mactare, usurpata voce Graeca]);② 狮子(Leo,对话中的弟子)斗胆进一步提出证据以反对当时的发音 [i]:在古希腊语中,布谷鸟(cuckoo)拟声的名字是 κόκκυξ,"它在后半部分的发音不是 *i*,而是高卢语的 *u*"[quae in θέσει cantus non *i* sonat sed *u* Gallicum]——这个提法遭到熊(Ursus)的拒斥,这个老师夸张的小心谨慎有些滑稽:③ "你怎么知道,这种鸟在希腊人中间歌唱的方式,是否不同于在我们中间歌唱的方式呢?"(Qui scis an avis haec non eodem modo canat apud Graecos quo apud nos?)根据正词法和拉丁语转写,αυ 和 ευ 的双元音音质,正确地说,亦如 αι 的音质("的确,双元音 αι 听上去

---

② 事实上源于拉丁语 *tutare*。
③ 但原则上他还是很聪明:*Eudynamis honorata*,通常指"印度布谷鸟",它的名字在土语中叫 *koil*。

显然像是在日耳曼人的语言中那样，他们用这个双元音来读恺撒"〔Jam αι diphthongum evidenter audire licet in lingua Germanorum, quum nominant Caesarem〕，也就是说，读如 Kaiser）；而 ει 也被认为具有双元音音质，"你听它显然就像用我们的语言说蛋"〔quam evidenter audis quum nostrate lingua dicis ovum〕，也就是说，读如荷兰语的 ei。★

关于 οι，产生了某种困难；人们同意它是一个双元音，但也可以与法语的 oi 比较（"οι 这个双元音，某些高卢人再熟悉不过了，他们以俗语习惯用它来读 mihi, tibi, sibi"〔οι diphthongus Gallis quibusdam est familiarissima, quum vulgari more dicunt mihi, tibi, sibi〕，即读如 moi, toi, soi。"在这些词中，你显然听得出 o 和 i 这两个元音"〔Hic enim audis evidenter utramque vocalem o et i〕）。大约在 12—13 世纪，法语的 oi 已然有了音质〔wę〕；约 15 世纪，现代发音〔wa〕出现在俚语中，④ 并且，通过强调"俗语习惯（vulgari more）"，伊拉斯谟大概打算参考这种音质。两种情况下的语音比较都不好。

就辅音而言，伊拉斯谟认可 ζ 的音质等价于 σδ，并且正确地批评了讲荷兰语的人给予两个元音之间的 σ 以浊化音质的读法（譬如将 μοῦσα 读如〔mūza〕）。β 被正确地确认为一个破裂音，就像

★ 拉丁语的 Caesar，即德语的 Kaiser，发音是〔ˋkaizɐ〕；拉丁语的 ovum，意为"蛋"，即荷兰语的 ei。——译注

④ 可是，这种发音，在 16—17 世纪有教养的阶层中仍然不受欢迎，直至法国革命后也未完全获得接受（参见波普〔M. K. Pope〕《从拉丁语到现代法语》〔From Latin to Modern French，§ 525〕）。〔wę〕在方言中仍然存在，并且存在于加拿大（Canadian）和克里奥尔（Creole）法语中。

拉丁语的 b，就此，引述了语音上的等式 bini = βινεῖ（参见页 31），但送气式读法有些奇怪；将 φ 与拉丁语的 f 区分开来令人钦佩（"首先，上牙压在下唇上，然后，轻轻呼气，要努力避免希腊语的送气发音，φ 中就有这种送气发音，发音时要分开双唇，让气流更为强烈地喷出……在 φ 的发音中，双唇紧闭要先于气流喷出"［primum quia in labium inferius apprimitur superioribus dentibus, deinde quod spiritu leniore profertur, veluti studio vitandi Graecam aspirationem, quae est in φ, cujus sono labiis utrisque diductis spiritus vehementior erumpit...in φ magis stringuntur labia prius quam erumpat spiritus］)，但似乎认定 χ 具有一种擦音音质，特别强调了 θ 的擦音音质（"英国人在读他们语言中的贼这个词的时候，开头相当顺利地挤压发出了这个音"［quam feliciter exprimunt Angli in initio quum sua lingua dicunt furem］，也就是说，读如 thief 中的 th）。

可是，伊拉斯谟与其前辈阿兰德一样，没有进至于由自己来采纳一种革新后的发音之程度。他还没有准备好实践他的说教。后来的人文主义者克鲁西乌斯（Martin Crusius）亦复如此，他于 1596 年写道："希腊语，我的发音采用了俗语方式，就像如今全希腊之所为。我认为这足够了，如果我就古代有教养的发音给予听众建议。如今的希腊没法听懂这种发音了"（Graeca ego vulgari modo, sicut et tota hodie Graecia, pronuntio. Satis mihi est, si auditores moneam de erudita pronuntiatione vetere. Graecia eam hodie non intelligeret）（克鲁西乌斯学过现代希腊语，但与希腊人交谈时使用古希腊语——当然，用的是现代发音）。⑤

改革原则的实际应用，主要归功于两个年轻的剑桥学者，奇克（Cheke）和史密斯（Thomas Smith），他们于1540年分别擢升为钦定希腊语和民法教授。反对这些学术、宗教和政治改革举措的情形，已在别处联系拉丁语发音有所描述（*VL*，页104），而且直到伊丽莎白（Elizabeth）即位前，改革举措并非通行无阻。⑥

奇克与史密斯的改革，尽管并非直接源自伊拉斯谟的对话，却极大程度地遵循了同样的路线；奇克明确将他的见地基于拟声、同源词和从希腊语到拉丁语和相反方向的借用词，也基于古代著作家的陈述。在大多数情况下，他例证所重构的发音，就参照大致包括所研究的音的英语关键词；所以，η的音质等值于英语的 *ea*，譬如在 *bread*, *meat*, *great*, *heat* 中（在所有这些词中，16世纪 *ea* 的发音 = 开中元音 $[\bar{\varepsilon}]$）；ω音质等值于 *moan* 或 *bone* 中的元音，即中开元音 $[\bar{\mathrm{o}}]$。αυ 和 ευ 的音质准确等值于英语的 *claw*, *few* 中 *aw* 和 *ew* 的音质，两者当时仍然分别是双元音 [au] 和 [eu]。为了证明 αυ 的发音，奇克偶然引述阿里斯托芬用 αὖ αὖ 表示犬吠为例，结论是"犬吠甚至也没有那么粗浊，以至于声音像是 αυ αυ '*af af*'"（ne canes quidem tam crassi sunt ut pro αυ αυ '*af af*' sonent）；另一方面，

---

⑤ 参见福斯特（M. Faust）《人文主义者克鲁西乌斯的多语言素养》("Die Mehrsprachigkeit des Humanisten Martin Crusius", *Homenaje a A. Tovar*, pp. 137 ff.)。

⑥ 令人吃惊而又孤立的反对，近至1955年又一次出现在艾略特（Γ. Elliot）的一篇文章《我们学校中的希腊语》("Greek in our Schools", *Greece & Rome*, 2nd ser., 2, pp. 82 ff.）中，断言现代希腊语发音的原创性！

史密斯尽管达成了同样的结论，却承认，虽然"*au au*"也许是米洛斯（Molossian）猎犬发出的声音，"*af af*"听上去是马耳他梗类犬（Maltese terriers）的声音（让人想起了习惯上法语的发音"*gnaf gnaf*"，与德语的发音"*hau hau*"相对）。⑦

与早期改革家一样，奇克将 ου 释为一个双元音，而史密斯将其比作 *gown* 中的双元音，其音质近于［öu］或［ʌu］。对 ει 也有同样的错误解释，而史密斯将其比作 *neigh* 中的元音；但疑问在于，16 世纪时，譬如，在其与 *pay* 的双元音之间是否有任何区别，尽管发音似乎发生了相当大的变化，取［æi］为平均值——在另一部论英语拼写的书中，史密斯自己承认，只有极小的不同，很容易混淆；作为另一种选择，他将 ει 的音质与英语 *pay* 中的元音音质等而同之，发音如"某些更为雅致的女子"（feminae quaedam delicatiores）——也就是说，具有一种"文雅"的发音。

在很多情况下，16 世纪的英语不可能提供非常接近古希腊语单元音和双元音发音的音质。短、长开元音，譬如 *man*, *mane* 已然倾向于更为闭合的音质，处在［æ］的范围内，从而也并非就是对希腊语的 α 的转写。确有一个长闭元音［ī］，源于中古英语的［ē］，譬如在 *green* 中；但是，很可能提供拼写上的影响，希腊语的长音 ι，反倒与英语 *bite* 中的 *i* 等而同之，后者在 16 世纪已然演变为一个双元音音质［əi］——关于这一点，盖塔克（Thomas Gataker）在随后一个世纪中有所诟病。希腊语的 υ［ü］在希腊语

---

⑦ 参见海勒（J. L. Heller, *CJ*, 37［1941—1942］, pp. 531 f.）。

中没有准确的对应发音；作为长元音，可以在如 *duke*, *lute*, *rebuke* 这些词中的双元音［iu］中发现一种近似发音；但作为短元音，不可能有这样的近似发音，并且很有可能与长元音混淆。[⑧] 关于 οι 的发音说法混乱（与伊拉斯谟的情形一样）；奇克和史密斯都引用了如 *boy*, *toy*, *coy* 这样的英语关键词，却进一步将其等同于法语的 *toi* 等中的元音；所以，并不清楚，希腊语的 οι，16 世纪讲英语的人是如何发音的——也许变化非常大，因为，有证据显示，当时以 *oi* 或 *oy* 拼写的英语单词发音各不相同，有［oi］，［ui］，有可能还有其他音质的发音。

尽管不完满，但 16 世纪的改革导致的结果是，差不多接近了我们如今所认为的古典阿提卡方言的音质，所谓"伊拉斯谟式"发音的实际应用，很快从英格兰传布到了欧陆。[⑨] 但是，作为语言学历史上具有讽刺意味的事件，对于讲英语的人而言，改革不可谓不恰逢其时。因为，在 16 世纪，"英语元音大移位"（Great English Vowel-shift）方兴未艾，标志着英语由中古向现代的演变，并将转变长元音和双元音的音质。希腊语的英语式发音，作为英语的一种次属方言，其演变与英语本身的发音**同步**转变——所以，到了 19 世纪，希腊语的英语式发音与古典音质，或与 16 世纪改革家们的

---

⑧ 譬如，史密斯的一项与 *muddy* 中的 *u*（事实上是［u］）的比较，显然没有被接纳，因为这会造成传统英国式希腊语发音中有一个现代音质［ʌ］，可事实并非如此。

⑨ 更早期的拜占庭式的发音，有时候称为"劳西林式"（Reuchlinian）发音，得名于劳西林（Johannes Reuchlin, 1455—1521），很大程度上正是依靠此人，希腊语研究才得以传到德国，他使用的发音是他在意大利和其他地方从讲希腊语的老师那里学来的。

147

	Value in classical Attic	Value in Byz. and Mod.Gk	Classical value according to 16 c. reformers	Key-words cited by English reformers	16 c. English value in key-words	17 c.	18 c.	Present-day English value
α	a	a	a	MAN	æ	(*often ə when unstressed*)		
ᾱ	ā		ā	MANE	ǣ	ē̞	ē̞	ei
ι	i	i	i	BIT	i			
ῑ	ī		ī	BITE	ɔi		ai	ai
υ	u		ü	DUKE	iu		yū*	
ῡ	ū		ū	—	*			
ε	e	e	e	MEN	e			
η	ē̞	i	ē̞	MEAT	ē̞	ē̞	ī	
ο	o	o	o	HOP	o			
ω	ō̞		ō̞	BONE	ō̞	ō̞		ou
αι	ai	e	ai	PAY	æi **	(əi)	ai	
					} *etc.*			
ει	ē̞	i	ei	NEIGH	***			
οι	oi		oi	BOY	oi	ō̞	oi	
αυ	au	av	au	CLAW	au			
ευ	eu	ev	eu	FEW	eu	iu	yū	
ου	ū	u	ou, ū	GOWN	ōu *or* ɑu	ue	au	au

(带星号的项目见页 146, 148)

图 8：希腊语元音和双元音的传统英语式发音演变

发音音质关系不大。在大多数情况下，为说明希腊语发音继续使用了同样的关键词，因为，英语**拼写**基本没有变化——音质却完全变了。

在页 147 上，这些变化从年代学上已然开始了（尽管划分为世纪，当然必须视为只是大致接近而已）；显示无变化的时候，音质也保持未变。应注意下述要点与带星号条目的关联：

* 尽管很可能在 16—17 世纪，长短元音 υ 之间实际并无区别，但双元音 [ɪu] 在 18 世纪变为一个辅音—元音前起后继的 [yu]，这使得有可能通过将其读如 [yŭ] 来区分短元音。在 17 世纪，由 [eu] 变为 [ɪu]，偶然导致盖塔克诟病混淆了 ευ 与 υ。

** 英语的 *ai*，*ay* 和 *ei*，*ey* 的双元音发音，在谨慎的言辞和讲究的用词中得以保留，直至 17 世纪晚期都是如此，并且显然被采用为希腊语的 αι 和 ει 的发音。很可能流行着各种转写形式，但要将两个双元音截然区分开来则不大可能；而且，一旦英语本身废除了双元音发音，希腊语的发音模范就不再存在，从此以后，就只混同于英语中其他包括 *i* 的双元音，譬如英语 *bite* 中的 [əi]，导致与 ī，αι 和 ει 的发音一样了。就英语本身而言，16 世纪的常规演变是，由 [æi] 等变为 17 世纪的 [ē]，18 世纪的 [ē]，如今的 [ei]。

*** 18 世纪，英语的 *oi*，*oy* 的发音，普遍标准化为 [oi]，拼写无疑成为一个有所助益的因素；⑩ 因此，至少从这时候开始，[oi] 很可能成为希腊语 οι 的规范发音，取代了此前所使用的任何音质

---

⑩ 16 世纪的音质变体 [ui]，经由 [ʌi]，演变为如今的 [ai]，譬如保留在 *boil* 的方言发音中。

变体。

由英语元音大移位所导致的奇怪的希腊语，普遍用于英国的学校和大学，直至十分晚近，并且仍然常常可以从那些在此传统中成长起来的人（就像笔者）那里听到。[11] 关于辅音，φ 和 θ，发为擦音，并非没有理由（参见页 29），但是 χ 一般发为一个破裂音［k］，从而与 κ 混淆了，因为，南方英语没有为擦音［x］提供模范。尽管伊拉斯谟遵循古代权威的陈述，将 ζ 的古典音质构建为［zd］，在词中位置上却被误解为（如欧陆通常之所为）［dz］；在词首时，这种不常见的组合，在英语中一般为单音［z］取代。

所以到了 19 世纪，需要一套新的改革，如果希腊语的英国式

---

[11] 譬如保存在借用语 nous（17 世纪）中，以及在 19 世纪习得的派生词和结构中，如 seismic, deictic, pleistocene, kaleidoscope 中。Acoustic，如今普遍的发音是，将中间的音节读如"coo"而非"cow"——正确（并且，至少一定程度上独立于希腊语的"新"发音），因为这是一个 16—17 世纪由法语 acoustique 而来的借用词，它在早期现代英语中用［ū］来转写，通常保持不变，如其他法语借用词，如（17 世纪的）soup, group。这个词当中的"cow"发音，或可能由于显摆"学识"，或可能由于更为常见的无知（类比，譬如 house, mouse，这里的 ou = 中古英语的［ū］，后者在现代英语中双元音化了）；像 couch 这样的法语借用词的双元音发音，是由于其借用在中古英语时期（同样，在 rout 中，还有其原初的同义词 route 的军事上的发音；后者更为规范的发音，是由于后来的再借用）。可是，哲学期刊 Nous 的刊名，一般读如"noose"。有些奇怪的是康德的（Kantian）noumenon = νοούμενον 的发音。英语词典描述为"nowm-"（尽管如今很多哲学家读如"noom-"），但是德语词典读如"no-ūm-"。当康德借用这个词的时候，他很可能意在用 u 表示希腊语的 ου（如德语的 akustisch，密切关联英语的 acoustic），而这一点英语辞书编纂者（还有很多哲学家）都误解了。

关于英语 ou, ow 的音质及其演变，参见莱茵霍尔德（C. A. Rein-hold）《近代英语的 ou(ow) 及其历史》(Neuenglisch ou (ow) und seine Geschichte [= Palaestra, 189])。

发音要再次接近古典的原初发音。最初成体系的改革方案，由威尔士大学（University of Wales）发起，关于"恢复希腊语和拉丁语的发音"（The restored pronunciation of Greek and Latin）的宣传册，由阿诺德（E. V. Arnold）和康威（R. S. Conway）撰写，剑桥大学出版社1895年出版，修订第四版1908年面世，只作很小变化以符合古典学会委员会（康威是成员之一）的要求。整体上看，这是一次精确的重构，近似发音以英语、威尔士语和法语关键词给出。出于实用理由，提议 φ，θ，χ 发擦音。出于不明显的理由，提议 ζ 发为 [dz] 音质，尽管事实上，如作者自己承认的那样，"在纪元前5世纪，ζ 的发音如英语的 zd"——而这个发音仍然常常得到依循，甚至在明知道有更好发音的人当中。[12]

基本上，这本宣传册中的提议，在英国的中学和大学中普遍沿用至今。

2. 希腊语的口语重读 [13]

拜占庭希腊语和现代希腊语的一个重要特征，就是以重读同一个音节来取代原初的旋律重音；元音音长的区分丧失了，时长仅成为重音的一个伴生特点。伊拉斯谟明确承认，由此也许会导致希腊语发音上的混淆；并且指出，音高提升并不必然导致发音拉

---

[12]《古典学的教诲》(The Teaching of Classics, Cambridge, 1961) 正确提议"读如 zd，而非 dz；古代语法学家所言甚明"（页221）。

[13] 这部分基于一篇文章，以同样的题目发表在《教育家》(Didaskalos, 2.2 [1967], pp.90 ff.) 上；亦参 TPS, 1966, 页108及其以下。

长——"甚或,向来正确的做法是由愚人学习这种区分,这些人吼叫着收缩发出锐音,产生最低音"(vel ab asinis licebat hoc discrimen discere, qui rudentes corripiunt acutam vocem, imam producunt);但是,他没有在任何地方对音高和重读作出明确区分,并且无疑,如果他实际使用过其改革后的发音,连他自己也会继续以大多数现代欧洲语言所常见的重读来代替旋律重音——不过,受拉丁语语法学家误导(*VL*,页83及其以下),他也许会将重读想象为旋律重音。[14] 关于英语改革家,没有理由相信他们的提议包括任何涉及重音的变化。在现存奇克和史密斯一方与校长一方的通信中,没有涉及这一主题的内容,在1542年的校长法令中也没有;奇克的确指出,我们应当在所有方面都遵循古人的发音,并且论及重音的**位置**作为恰当的例子——但没有对当时所使用的重音的**音质**作出批评,因此,"伊拉斯谟式的"希腊语发音几无可能作出任何改变,而现存的拜占庭式的发音系统,则重读标注了重音的音节。

在此方面,后来的口语实践的历史,与发音方面的其他因素无关。因此,对它的讨论要作为单独的问题来处理。

拜占庭的重读重音系统,注重重音的原初位置,在大多数国家沿用至今。但在1673年,在牛津发表了一篇匿名论著《论唱诗与节奏的力量》(*De poematum cantu et viribus rhythmi*),可以确定是荷兰学者沃西乌斯(Isaac Vossius)的作品,他是瑞典女王克里斯蒂娜(Queen Chirstina of Sweden)从前的希腊语老师,此人于1670

---

[14] 实际上,他的确追随拉丁语著作家,将这类重音归于希腊语和拉丁语。

年在牛津获得荣誉学位，并于 1673 年在温莎宫廷获得圣职。他这个人明显具有反常理念，查理二世（Charles II）曾激动地评论说："他是一位奇怪的虔信者；只要圣经里没有，他就什么都不信。"他在牛津发表的论文中辩称，希腊语的重音标记与原初的发音毫无关系；这种学说为约 11 年后著名的《悖论》(Dissertatio Paradoxa) 铺平了道路，此文出自一位叫亨宁（Heinrich Christian Henning，他自己拉丁语化了的名字是"亨尼尼乌斯"[Henninius])的来自乌特勒支（Utrecht）的医学博士。⑮ 他接受了沃西乌斯拒斥传统重音的观点，进而声称着眼于希腊语与拉丁语的密切关系，尤其是它们在格律结构上的密切关系，希腊语重音系统必定与拉丁语一样——"因此，我们拉丁语怎么发音，希腊语就应该怎么发音"（ergo ut Latine pronunciamus ita et Graece erit pronunciandum）。拉丁语的重音系统，如我们所知，受制于所谓"次末音节"（penultimate）规则（参见 VL，页 83），因此，重读重音落在了词末音节上，若它是"重音节"结构，若次末音节是"轻音节"，则重音落在次次末音节上（antepenultimate）；因此，据亨宁，希腊语发音也要符合这个规则，也就是说，如拉丁语的发音规则一样。⑯

---

⑮《正统希腊精神或希腊语不应按照重音来发音，悖论：证明何为合法而又可敬的希腊语发音和旋律》(ΕΛΛΗΝΙΣΜΟΣ ΟΡΘΩΙΔΟΣ *seu Graecam Linguam non esse Pronunciandam secundum Accentus, Dissertatio Paradoxa: qua Legitima et Antiqua Linguae Graecae Pronunciatio et Modulatio demonstratur*)。

⑯ 亨宁将重音系统分为"合理"或"合乎传统"，根据它们是否遵循规则；归属于前一范畴的有拉丁语、古希腊语和阿拉伯语；所有现代欧洲语言的重音系统都"合乎传统"，尽管西班牙语和意大利语被挑选出来，认为其重音系统相较于其他语言更"合理"，而英语的重音系统被认为尤其"不合理"。

亨宁引人注目的学说，在荷兰和英格兰获得接纳，此学说在两地确立似乎是在 18 世纪早期 ⑰（尽管旧的发音系统在某些地区得以幸存，直至这个世纪中叶左右），⑱ 而且"亨宁式"发音，如今普及荷兰与南非和大不列颠与英联邦。在世界其他地方，起初相当成功流行之后，亨宁的结论或早或迟都被斥为基于错误的前提，随后拜占庭发音系统占了上风，譬如在德国、意大利和斯拉夫语国家、斯堪的纳维亚和匈牙利。亨宁的系统在美国幸存至 19 世纪早期，但后来屈服于德国在古典研究领域的影响。⑲

所以，譬如 λανθάνει, ἄνθρωπος, τελαμών 这些词，英国和荷

---

⑰ 就希腊语专名和借用语之情形，某种独立的促动也许源于它们出现在拉丁语中（但请注意，譬如莎士比亚的《安德罗尼库斯》[*Andrónicus*]）。关于某些英国学者显然早在亨宁之前就采用了这种重音标注法，参见 AR，页 273。

⑱ 《变形记》（*Metamórphosis*）中的重音标注仍然可以听得出，尽管一般都为拉丁语化的 *metamorphósis* 所取代。劳格先生（Mr. Christopher Logue）将我的注意力引向出现了两种竞争性发音之情形，这个词依次出现在波普（Pope）《桑迪斯之魂》（*Sandys's Ghost*, c. 1716）的诗行中：次末行结尾是"A strange *Metamorphósis*"，末行开头又是"A *Metamórphosis* more strange"。

idéa 的正常非拉丁语重音发音，也很可能要归于希腊语（这个词在 16 世纪早期首次出现以来，都被明白作为希腊语，而且其发音不断为拉丁语拼写 *idaea* 所加强）。

⑲ 我尤其感谢如下学者帮助我考察通行的欧洲语言的重音用法：巴托奈克博士（Dr. A. Bartoněk, Univ. of Brno），蒂克教授（Prof. Simon Dik, Univ. of Amsterdam），费舍尔教授（Prof. I. Fischer, Univ. of Bucharest），伊利夫斯基博士（Dr. P. Ilievski, Univ. of Skopje），库吕洛维奇教授（Prof. J. Kuryłowicz, Univ. of Krakow），勒琼教授（Prof. M. Lejeune, Centre nat. de la recherche scientifique, Paris），莱普奇教授（Prof. G. Lepschy, Dept. of Italian Studies, Univ. of Reading），里埃纳尔教授（Prof. E. Liénard, Univ. of Libre de Bruxelles），沃格特教授（Prof. Hans Vogt, Univ. of Oslo）。

兰学者的发音分别重读词首、词中和词首音节，但德国和美国学者分别重读词中、词首和词末音节。有趣的是，尽管在母语有旋律重音系统的国家中（譬如南斯拉夫［Yugoslavia］和挪威），希腊语重音却转换为重读了；尤有进者，在挪威，重读倾向于结合低音高（low pitch），以至于导致古希腊语旋律的翻转。大多数讲法语的人，既不遵循拜占庭重音系统，也不遵循亨宁的重音系统，而是将希腊语读如法语，词末重读弱化。

接受沃西乌斯和亨宁观点的一个结果是，原初的重音在18世纪英格兰印刷的大量希腊文献中被省略了——"就像一阵来自尼德兰的狂风，吹落了字母表面的枝叶"[20]；对这种做法的支持，来自道斯《校勘杂记》（Miscellanea Critica）中对重音的攻击，此书初版于1745年；1759年，被采纳为牛津大学出版社的官方政策。可是，这种做法遭到很多学者的谴责，包括剑桥大学国王学院学者福斯特（John Foster），他令人钦佩的论文论著《论重音与音量的不同性质》（On the different nature of Accent and Quantity）首版于1762年。后来，在他编辑的《美狄亚》（Medea，1801）中，波尔森也强调了重音的重要性，并且敦促读者继续研究重音，"不为懒汉的嘲笑和愚人的嘲弄所动"（scurrarum dicacitate et stultorum irrisione immotus）；这样一位大学者的影响，很可能具有决定性意义，可以确保此后希腊语重音在英格兰印刷的文本中受到尊重。

当今大多数英国学者也许承认，亨宁式的、"拉丁语化的"发音对原始希腊语的转换并不准确；但是很多人准备为其辩护，以反

---

[20] 埃朗多尼娅（I. Errandonea），《荣休纪念》（Emerita，13［1945］，p. 90）。

对基于实用、教学法的理由而与之竞争的做法。普遍引证以为之作辩护的两个主要论据,均出自沃西乌斯和亨宁的时代。

首先,据说希腊语散文所使用的发音类型,在其他大多数国家,任何情况下都需要采用不同的系统,在诵读希腊语诗歌时,要以音量为基础;尽管拉丁语化的重音,据说已然"以音量为根据",直接符合此目的。但只是真实程度有几分?譬如,随机选择一百行希腊语短长格诗行,显示在诗行强音与六个音步中有重音标注的每一个音步之间相符合的数目如下:

41. 50. 55. 36. 31. 31.

应当承认符合程度平均大大低于 50%。就同样段落的拉丁语化的重音而言,与诗行强音相符合的数目如下:

35. 72. 84. 37. 31. 2.

的确,这些数目在不同音步上的分布显著不同——但全部不同都无关紧要。抽样证明史诗六音步更偏向拉丁语化重音,但即便如此符合的平均数目也只有 60% 左右。[21] 事实上,如彭宁顿(G. J. Pennington)1844 年已然指出的那样,[22] "拉丁语能够要求按照音量来诵读,希腊语也无非如此"——的确,《埃涅阿斯纪》(*Aeneid*)抽样平均不超过 55%。在此关联中认为能够支持亨宁式发音的情形,大多以之为根据的同样普遍的原则是诗行强音,也就是说,其

---

[21] 进一步讨论,参见 AR,页 280 及其以下。
[22]《论希腊语发音》(*An Essay on the Pronunciation of the Greek Language*, p.183)。

位置主要受音节音量控制。

第二个主要论据，关涉元音音长之不同。在拜占庭和现代希腊语中，重读重音的影响抑制了长短元音的独立区分，所有重读元音的时长超过非重读元音相当长，无论其原本音质如何。同样的影响，譬如，也见于讲俄语和意大利语的人通行的古希腊语发音，在他们的母语中，重读与时长之间有同样的关联；亨宁式的"改革家"反对英格兰的传统发音的一项意见是，传统重音倾向于拉长其上有重音的短元音，尤其是倾向于缩短其上没有重音的长元音。

作为普通语言学的类型学的一个问题，[23] 很可能真实的情况是，如果一门语言具有自由的重读重音（从而能够具有区分功能——譬如，现代希腊语 *pinó* 意为"我饿"[I am hungry]，*píno* 意为"我喝"[I drink]），它就倾向于避免从音位上区分元音音长。可是，这一点并不适用于具有一种固定重读重音的语言；例如芬兰语（Finnish）、匈牙利语（Hungarian）和捷克语（Czech），一般主要的重读重音都在首音节上，甚至在多音节词中也要保持区分音长——譬如匈牙利语 *felszabadítás*，意为"自由"（liberation，匈牙利语上的扬音表示音长，而非重读）。[24] 的确，如今的英语标准发音，尽管具有"自由的"重读重音，却为重读短元音和不重读长元音提供了大量发音

---

[23] 参见雅克布森《选集》(*Selected Writings*, i, p.624); *TCLP*, 4 (1931), p.182；特鲁别茨柯依，《特罗姆贝蒂纪念文集》(*Scritti in onore di A. Trombetti*, p.160)。

[24] 现代冰岛语，词首也是重读重音，已经失去了其从前音位上的元音音长区分（以音质区分取代之），明显的语音区分在于符合音节结构的元音和双元音的时长。

范例[25]（后者尤见于复杂词或复合词）。早在1804年，米特福德（W. Mitford，《语言中的和谐原则研究》[*An Inquiry into the principles of Harmony in Language*, p. 279]）就指出，关于希腊语发音，引为不重读长元音 [ī] 的词如 *increase* (noun)，*cólleague*，*thírteen*，等等，还有复合词 *héartsease*，*swéetmeat*；1852年，布兰基（J. S. Blackie，《希腊语发音：重音和音量》[*The Pronunciation of Greek; Accent and Quantity*, pp. 56 f.]）注意到，讲英语的人表现出拉长 *vísible* 中的第一个元音，或缩短 *hóusekeeper* 中的 [ī] 的倾向；那些认为这种变化是英语重读的必然结果的人，布兰基指出，"他们的耳朵被老师的传统行话搞混了，这些老师是从死的书本出发来灌输没有鲜活理解的学说的"。无疑，英国有些讲希腊语的人，表现出某些为亨宁派所诟病的倾向，但他们的所作所为一定是出于粗心或反常，[26] 而非出于英语这门语言不可抗拒的限制。努力保持正确音质的要求，

---

[25] 类型学规则可以保留（如雅克布森所为；亦参雅克布森和哈勒《琼斯纪念文集》（*In Honour of Daniel Jones*, pp. 96 ff.），通过将英语（参见页6）当作主要区分紧音性（tenseness）而非音长的语言。

[26] 似乎在威斯敏斯特中学（Westminster School）中一直在刻意教授由巴斯比（Richard Busby, 1638—1695年任校长）引入的发音，他的学生德莱顿（Dryden）甚至有 εὕρεκα [εὑρίσκω 的现在完成时主动和被动态变位应为 εὕρηκα——译注]（《平信徒的虔信》[*Religio Laici*, 43]）。这种发音在接下来的世纪依然如故，1785年考尔贝（W. Cowper）致昂温（Wm Unwin）的一封信表明了这一点，就此，肯尼教授（Professor E. J. Kenney）引起了我的关注："他们读希腊语带有重音，将 φιλεω 中的 ε 读如 η。但我不按此行事，尽管受到的教育是如此。因此，我的发音像我读拉丁语的 *filio* 时的发音一样，以音量作为我的指南。"在其他词语中，他被要求重读和拉长 φιλέω 中带有重音的元音，他拒绝这么读，而选择拉丁语化的重读首音节的读法：当然，他会（错误地以传统方式）将 *filio* 的首音节读成短元音（参见 *VL*，页105）。

肯定不会比要求在避免元音中性化（neutral vowels）或读重叠辅音时保持正确音质更重要，如在 θάλασσα 这样的词语，或在拉丁语 corōlla 中。

作为标准英语发音（RP）中不重读长元音的范例，包括前一后重音（pre-and post-accentual）两种情形（以及往往与重读短元音结合在一起），我们可以为从前的著作家的例证另外补充几个例证，读者也可以进一步自行增加例证.㉗

（就 ω 而言）：audítion, morónic, récord, lándlord, óutlaw, báckwater, móuth-organ。

（就 ā 而言）：carbólic, partisán, plácard, bróadcasting, télegraph（亦请注意 laggard [lǽgəd] 中的短元音 [ə] 与 blackguard [blǽgād] 中的长元音 [ā] 之间持续存在区分）。

（就 ou 而言）：rheumátic, slíde-rule, bús-route, péa-shooter。

（就 η 而言，接近的情形）：wáyfarer。

当然，非重读双元音不会造成难题，因为，没有混淆之可能性——就希腊语的 αι, αυ 而言，可以比较英语的 midnight, súndowner, 等等（大多数讲英语的人，也会倾向于将 ει 双元音化，在此情况下，譬如，范例由 sándpaper, óperate 提供）。

英语中重读短元音的模式，甚至在单辅音（譬如 bátter, bétter, bítter, blótter, bútter, búllet）前如此常见，以至于无人会真的反对下述观点：讲希腊语时，必定会导致拉长所讨论的元音。另一方面，英语中的长元音和双元音，的确更常见于重读位置而非

㉗ 亦参吉姆森（Gimson, p.141）。

非重读位置;按照阿诺德（G. F. Arnold）所提出的术语[28]，它们属于"**强元音**"（*fortes*）等级，意指其"**通常在节奏上强劲**"。但是，如我们所见，偏离常规的情形不在少数，[29]希腊语中不重读这些元音的发音，出现的频率还要更高一点。

进而还有一点，涉及下述反对意见：这种发音实践必定导致以相应的短元音取代不重读的长元音。英语元音中与 ε, o, ă 最相似的，也就是 [e], [o], [ʌ]，**也**是阿诺德意义上的"**强元音**"，从而当它们出现在非重读位置上时，也涉及对"规范"模式的背离，所以在讲希腊语的时候，需要引起某种程度的关注；因此在任何情况下，它们都不是非重读元音 η, ω, ā 自然而然的替代者。（有意思的是注意到，无人反对非重读的 ε, o, ă 出现在，譬

---

[28]《英语词汇中的重读》（"Stress in English Words", *Lingua*, 6 [1957], pp. 221 ff. and 397 ff.）。

[29] 英语中的重读是一种非常复杂的现象，在这种偏离常规的情况下，极有可能将所讨论的音节，如阿诺德之所为，视为承载着"**非音调**（*non-tonic*）强音"而非弱重读（weak stress），也就是说，视为与有重音的音节形成对照，与其说是靠其发音用力较弱，不如说是靠其承载着一种非强调（非核心）音高（阿诺德，前揭书，页 224 以下）。这当然不会影响我们的论点，但也许提供了一种补充，以解释讲英语的人如何能够在"非重读"位置上保持元音音长（参见前文页 155，注释 25）。昂德拉奇科娃（J. Ondráčková, *Linguistics*, 83 [1972], p. 62）已然注意到，在捷克语中，音高对照的运用也极为显著，在较不常见的重读／音长关系模式中。

关于重读关联音长（以及相反情形）的可能的生理学基础的讨论，常见于 AR，页 80 以下，169 以下，185，191 及其以下。

不常见的模式，重读一个后接非重读元音的轻音节，可以与音乐中所谓"苏格兰促音"（Scotch snap）比较，按照此发音，有重音的音符缩短，无重音的音符拉长。或许，令人感兴趣的是注意到，这也是波希米亚（Bohemian）和马扎尔（Magyar）民间音乐的一个典型特征——捷克语和匈牙利语（参见页 154）通常都表现出这种不常见的模式（譬如捷克语 *kabát*，匈牙利语 *barát*，词首重读，而第二个元音是长元音）。

如 ἄνεμος, ὄνομα, θάνατος 的第二个音节上，尽管如我们所见，英语中也有背离"规范"模式的情形，同样不重读长元音——原因是，有人怀疑，大多数讲英语的人都倾向于以相对熟悉的"**弱元音**"[*lenes*]㉚[i]和[ə]取代它们！）短元音[i]是英语中公认的**弱元音**[*lenis*]，但大多数讲英语的人都会认为这个音与长元音[ī]在**音质**上相去甚远，所以，任何缩短非重读位置上的[ī]的倾向，都不可能导致混淆希腊语的 ī 和 ĭ。英语中有缩短重音前音节中的[ū]的情形，譬如在 *rheumátic* 中，可是，由于希腊语中没有短元音[u]，也不会造成混淆。

所以，对于讲英语的人而言，在读 ἄνθρωπος 或 ἡλίκος 这样的词语时，重读有重音的音节和采用正确的元音音长，实际上不会造成任何难题。此外，若反对者的论点有效，它们就该同样适用于如 καλῶς, πρώταρχος 这样的词语，按照这些论点，亨宁式的发音会导致元音音长的变化，而非亨宁式发音，拜占庭式发音，都避免了这一点。事实上，唯独值得重视的困难出于如 παιδίον 这样的词语，因为，英语不能为处在元音分读位置上的重读短元音（short stressed vowels in hiatus）提供范例——但在这种情况下歧义极小，而且在任何情况下，亨宁式发音也几无可能声称具有优势，因为，亨宁式发音此外还排除了，譬如，在 δῖος 与 Διός, 或在 πίων 意为"肥"（fat）与 πιών 意为"醉了"（having drunk）之间作出任何区分。

关于希腊语重音，流行的英语习惯导致布兰基（前揭书，页50 以下）有如下评论：

㉚ 也就是"**通常在节奏上微弱**"。

他们无视书面重音就在他们的鼻子前面，读法按照从拉丁语借用的那种重音！……而且，犹如为他们垒砌的荒谬金字塔盖上顶石……他们认真地用希腊语重音应如何放置的规则塞满他们的脑仓，用最邪恶的功能滥用操练他们的记忆和眼睛，可是这项工作本当从一开始就靠耳朵来完成！如果能够从卷入这种拙劣迷宫中的人那里找到一致性，从他们的书本和他们的脑子里，还有从他们的舌头上彻底抛弃音标，就成了英雄壮举；的确，这么做会为探幽发微的编辑省去大麻烦，许多敏锐的年轻绅士搭乘着剑桥的"四轮马车"，自然有资格在三一学院谋得舒适的教席，当然是走上了一条更为顺畅的学术之路。

事实上，古典学会于1926年召集了希腊语重音委员会（Committee on Greek Accentuation），以8∶3的绝对多数作出决定，他们"不能提倡任何普遍的企图，在教学中为希腊语重音的传统标志给出口语发音，无论以音高还是重读"，进而以6∶5的相对多数提议，"在不给予重音标志以口语发音的情况下，在书写希腊语时使用这些音标，在中学和大学中不作强制要求"（《古典学会会刊》[*Proc.* 26 (1929), p.46]）。

只要我们按我们的方式来读希腊语，就很难否认这些结论的逻辑。不过，可悲之处仍在于，我们的学生和未来的学者对希腊语的最典型特征之一依然茫然无知（等于剥夺了一种对学习其现代形式有价值的辅助手段），因为，我们所坚持的对这种语言的一种口头表现，并没有反映出这种语言在其历史上的任何时期的原生结构。可是，要推荐的发音方式究竟为何？我们已然将某种以旋律来表现的任何普遍企图拒斥为不可实行，在某些情况下，对这种旋律表现的热衷与语音经验成反比。到目前为止，已然显而易见，笔者赞成回到前亨宁式的拜占庭发音系统，从而抛弃与荷兰的联盟，并遵照更为普遍的学术界的做法，进而安于我们的母语习惯提供给我们的超过其他大多数国家的优势，能够将自由的重读重音与恰当的对元音长度的关切结合起来。[31] 必须承认，这样一种发音仍然无助于确定，何时标注扬音，何时标注扬抑音；但只要重音**位置**已知，就能够非常简单明了地说出支配选择的规则，例外也不会多到难以忍受之程度。

我们已谈及常常被宣称为亨宁式发音系统的教学法优点的内容——即主要以音量为根据，从而不要求分别学习这种概念以"检查"诗行是否合律（"scan" verse），也就是说，以一种格律节奏来诵读诗行。但大多数学生已然由拉丁语熟悉了音量的基本概念，所以，将其应用于希腊语散文[32]（在希腊语散文中，如我们所见，任何情况下节奏模式都殊为不同，甚至按照亨宁式发音也是如此）。但

---

[31] 有意思的是发现，朗西罗（Lancelot）在沃斯的观点在法国获得大力支持的情况下，看到连对讲法语的人而言，采用我所建议的这种发音类型也没有特殊困难，所以他写道（前揭书，页549）："有人认为，也许有用的做法，至少暂时有用的做法，就是不再标注重音，因为，它们只会让我们养成错误发音的习惯，并且让我们常常将短音读成长音，又将长音读成短音。虽然如此，我还是相信人们能够摆脱困境而不至于走入此绝境，只要人们遵循我在卷一中指出的真实发音，它的确更容易，因为，全盘回顾了我们语言的发音……这种发音既不刺耳也不困难，而是内含……一种有利因素，那些设法小心利用的人很快会感受到这一点。"

[32] 事实上，大多数英国学者按其亨宁式发音来诵读希腊语散文，当阿提卡方言的音量规则不同于拉丁语的音量规则时，都忽视了阿提卡方言的音量规则，譬如对 ἄτεχνος 这样的词，重读其中间的音节——也就是说，将此音节当成重音节而非轻音节（参见前文页106及其以下，以及 *TPS*, 1966，页134注释3），就像卢基里乌斯之所为（参见 A. Gellius, xviii. 7. 2）。

即使这种有限的优点如其想象的那样真实,笔者也无论如何都觉得,将其作为具有决定性的优点,是以格律之尾巴来摇动语言学之狗。

不切实际的做法是不承认任何变化所固有的**外在**困难,因为,亨宁的系统目前是,而且长期以来几乎一直是这个国家通行的系统。但是,一种坏习惯的盛行和古老,并不证明其依然如故就合理;所牵涉的改革,要比元音和双元音的"新"发音的要求简单得多——保留意见是,我们还必须如其所是地学习希腊语重音,就像我们学习一门像俄语那样的现代语言那样,将重音作为每个词的构成部分。

附录 A 文献选目

Bywater, I. *The Erasmian Pronunciation of Greek and Its Precursors* (O.U.P. 1908).

Clarke, M. L. *Greek Studies in England 1700—1830* (C.U.P. 1945), Appendix II.

Dobson, E. J. *English Pronunciation 1500—1700* (2 vols, O.U.P. 1957).

Drerup, E. *Die Schulaussprache des Griechischen von der Renaissance bis zur Gegenwart* (St. z. Gesch. u. Kultur des Altertums, Ergänzungsb. 6, 7: Paderborn, 1930, 1932).

Errandonea, I. "¿Erasmo o Nebrija?", *Emerita*, 13 (1945), pp. 65 ff.

Hesseling, D.-C. & Pernot, H. "Érasme et les origines de la prononciation érasmienne", *REG*, 32 (1919), pp. 278 ff.

Kukenheim, L. *Contributions à l'histoire de la grammaire grecque, latine et hébraique à l'époque de la Renaissance* (Leyden, 1951).

Postgate, J.P. *A Short Guide to the Accentuation of Ancient Greek* (London, 1924), Ch.IV.

Sandys, J. E. *A History of Classical Scholarship* (3 vols, C.U.P. 1903—1908).

Stoll, H. A. "Erasmisches und Reuchlinisches Griechisch?" (*Renaissance und Humanismus in Mittel- und Osteuropa*, ed. J. Irmscher = *DAWB*, Schr. D Sektion f. Altertumswissenschaft, 32 [1962], i, pp. 89 ff.)

伊拉斯谟、奇克和史密斯的相关著作，收集在 S. Havercamp, *Sylloge altera scriptorum qui de Linguae Graecae vera et recta Pronunciatione commentarios reliquerunt* (Leyden, 1740)。伊拉斯谟和奇克的著作，如今可见于斯考拉出版社（Scolar）复印本（*European Linguistics* 1480—1700, ed. R. C. Alston, nos. 1 [1971], 2 [1968]）；前揭书有塞托夫斯卡（M. Cytowska）校勘本（= *Opera Omnia Desiderii Erasmi*, 1.4: Amsterdam, 1973）。

附录 B

1. 古代语法学家及其他作家语录

（语法书和工具书版本，仅注明编辑缩写；详情参见页 xviii 及其以下的"缩略语"）

托名亚里士多德（Ps.-Aristotle, *De Audibilibus*, 804b）（见页 15）: ψιλαὶ δ᾽εἰσί...ὅσαι γίγνονται χωρὶς τῆς τοῦ πνεύματος ἐκβολῆς.［不送气音则相反，它们的产生无须释放气流。］

阿里斯蒂德·昆体良（Aristides Quintilianus, *De Musica* ii. 11, p.76 WI; i. 20, p.41 WI）（见页 15）: τούτων δὲ τὰ μὲν ἠρεμαίως προάγοντα τὸν ἀέρα...κέκληταί ψιλά——τῶν μέντοι γε ἀφώνων τὰ μὲν ἐπιπολῆς κινοῦντα τὸ πνεῦμα ψιλά.［其中送气时不出声的……称为不送气音——可是，不发声而气流在表面运动的称为不送气音。］

哈利卡纳苏斯的迪奥尼修斯（Dionysius of Halicarnassus, *De Compositione Verborum* xiv, p.56 UR）（见页 16）: ...ἀπὸ τῶν χειλῶν ἄκρων, ὅταν τοῦ στόματος πιεσθέντος τότε προβαλλόμενον ἐκ τῆς ἀρτηρίας τὸ πνεῦμα λύσῃ τὸν δεσμὸν αὐτοῦ——τῆς γλώττης ἄκρῳ τῷ στόματι προσερειδομένης κατὰ τοὺς μετεώρους ὀδόντας, ἔπειθ᾽ ὑπὸ τοῦ πνεύματος ἀπορριπιζομένης καὶ τὴν διέξοδον αὐτῷ κάτω περὶ τοὺς ὀδόντας ἀποδιδούσης — τῆς γλώττης ἀνισταμένης πρὸς τὸν οὐρανὸν ἐγγὺς τοῦ φάρυγγος καὶ τῆς ἀρτηρίας ὑπηχούσης τῷ πνεύματι.［……从唇的边缘，当口腔收缩时，气流由气管向前推进，突破阻碍——舌压向口腔边缘，接近上齿，然后被气流冲击退后，为气流提供一个朝下围绕齿的出口——舌提升到腭，接近喉，气管对气流发出回声。］

昆体良（Quintilian, i.4.14）（见页 23）: nam contra Graeci aspirare F ut φ solent, ut pro Fundanio Cicero testem, qui primam eius litteram dicere non possit, irridet.［因为，相反希腊人读 F 时，像读 φ 那样，习惯于送气，如西塞罗在《丰达尼奥斯辩护辞》中嘲笑一位证人，不会读他的名字的首字母。］

柏拉图（Plato, *Cratylus*, 427 A）（见页 23）: ...ὥσπερ γε διὰ τοῦ φῖ καὶ τοῦ ψῖ καὶ τοῦ σῖγμα καὶ τοῦ ζῆτα, ὅτι πνευματώδη τὰ γράμματα, πάντα τὰ τοιαῦτα μεμίμηται αὐτοῖς ὀνομάζων, οἷον τὸ ψυχρὸν καὶ τὸ ζέον καὶ τὸ σείεσθαι καὶ ὅλως σεισμόν. καὶ ὅταν που τὸ φυσῶδες μιμῆται, πανταχοῦ ἐνταῦθα ὡς τὸ πολὺ τὰ τοιαῦτα γράμματα ἐπιφέρειν φαίνεται ὁ τὰ ὀνόματα τιθέμενος.［……同样，φ, ψ, σ, ζ, 这些发音要送气的字母，他用所有这类字母来模拟这些名词，诸如 ψυχρὸν（寒冷的）、ζέον（火热的）、σείεσθαι（摇动）和全部表示 σεισμόν（震动）。的确，当他想模拟吹气时，命名者似乎总是大量使用这类字母。］

《特拉克斯语法评注》（*Scholia in Dion. Thr.*, p.152 H）（见页 26）: Ἔλαβε δὲ ταῦτα τὰ ὀνόματα ἐκ μεταφορᾶς τῶν ἀνεμαίων πνευμάτων, ἃ πνέοντα ἐν τοῖς ὄρεσι δάσει μὲν ὕλης προσκρούοντα μέγαν ἦχον ἀποτελοῦσιν, ὑποψιθυρίζουσι δὲ ἐν τοῖς ψιλοτέροις ὄρεσιν ἤγουν ἀδένδροις ἢ ὀλιγοδένδροις.［他以吹风作比喻，当阵风吹向山上的树丛的时候，它们会发出这样的声音，但在光秃秃的，也就是说，无树或树木稀少的山上，却无此声效。］

特拉克斯（Dionysius Thrax, *Ars Grammatica*, pp.12 f. U）（见页 29）：μέσα δὲ τούτων τρία, β γ δ. μέσα δὲ εἴρηται, ὅτι τῶν μὲν ψιλῶν ἐστι δασύτερα, τῶν δέ δασέων ψιλότερα.［其中，中介音有三个，β, γ, δ。之所以称其为中介音，是因为，它们比不送气辅音送气程度较强，比送气辅音送气程度较弱。］

柏拉图（Plato, *Cratylus*, 427 A）（见页 31）：τῆς δ' αὖ τοῦ δέλτα συμπιέσεως καὶ τοῦ ταῦ καὶ ἀπερείσεως τῆς γλώττης τὴν δύναμιν χρήσιμον φαίνεται ἡγήσασθαι πρὸς τὴν μίμησιν τοῦ δεσμοῦ καὶ τῆς στάσεως.［此外，他似乎还认为，δ 发音时舌用力压缩，还有 τ 发音时舌用力阻抗，有用于模拟 δεσμός（束缚）和 στάσις（休止）的发音。］

西塞罗（Cicero, *Fam.*, ix. 22. 3）（见页 31）：Cum loquimur *terni*, nihil flagiti dicimus; at cum *bini*, obscenum est. Graecis quidem, inquies. nihil est ergo in uerbo; quando et ego Graece scio, et tamen tibi dico, *bini*; idque tu facis, quasi ego Graece, non Latine dixerim.［当我们说 *terni* 这个词的时候，我们没有说出羞耻的事情，可当我们说 *bini* 这个词的时候，则有猥亵之意。的确，对于希腊人而言是如此，你会认为，词语本身并无猥亵之意，因为，我理解希腊语，我还是对你说了 *bini* 这个词，你的反应如此，就像我说的是希腊语而

非拉丁语。]

希罗迪亚努斯（Herodian, ii, p.926 L）（见页 32）: Πλάτων μέντοι ἐν Ὑπερβόλῳ διέπαιξε τὴν ἄνευ τοῦ γ χρῆσιν ὡς βάρβαρον, λέγων οὕτως·

ὁ δ᾽ οὐ γὰρ ἡττίκιζεν, ὦ Μοῖραι φίλαι,
ἀλλ᾽ ὁπότε μὲν χρείη διητώμην λέγειν,
ἔφασκε δητώμην, ὁπότε δ᾽ εἰπεῖν δέοι
ὀλίγον ὀλίον.

［可是，柏拉图在其《许佩波洛斯》中嘲笑遗漏 γ 是野蛮之举，他是这样说的：

此人说的不是阿提卡方言，哦亲爱的命运女神呀，
可是，每当他需要说 διητώμην 的时候，
他都读成了 δητώμην，而当他需要说
ὀλίγον 的时候，他都读成了 ὀλίον。］

哈利卡纳苏斯的迪奥尼修斯（Dion. Hal., *De Comp.* xiv, p.53 UR；xxii, p.103 UR）（见页 33）: τὸ δὲ μ τοῦ μὲν στόματος τοῖς χείλεσι πιεσθέντος, τοῦ δὲ πνεύματος διὰ τῶν ῥωθώνων μεριζομένου —τοῦ μὲν γὰρ ν περὶ τὸν οὐρανὸν γίνεται ὁ ἦχος καὶ τῆς γλώττης ἄκροις τοῖς ὀδοῦσι προσανισταμένης καὶ τοῦ πνεύματος διὰ τῶν ῥωθώνων μεριζομένου. ［μ 的发音要唇紧闭，气流则分别流经鼻腔——ν 的发音在上腭拱顶处，同时抬升舌抵住牙龈，气流则分别流经鼻腔。］

普利斯吉安（Priscian, *GL*, ii, p.30 K）（见页 35）: ...quod ostendit Varro in primo *De Origine Linguae Latinae* his uerbis: "ut Ion scribit, quinta uicesima est litera, quam uocant 'agma', cuius forma nulla est et uox communis est Graecis et Latinis, ut his uerbis : *aggulus*, *aggens*, *agguila*, *iggerunt*. in euismodi Graeci et Accius noster bina *g* scribunt, alii *n* et *g*, quod in hoc ueritatem uidere facile non est. similiter *agceps*, *agcora*."〔……瓦罗在他的《拉丁语的起源》中说了这样一番话:"如伊翁写道,第 25 个字母,人们叫作'agma',它没有书写形式,而且对于希腊人和拉丁族人而言读音都一样,如在这些词中: *aggulus*, *aggens*, *agguila*, *iggerunt*。以此方式,希腊人和我们的阿克奇乌斯都写成两个 *g*,其他人则写成 *n* 加上 *g*,就此事实究竟如何不易看清楚。类似的词还有 *agceps*, *agcora*。"〕

哈利卡纳苏斯的迪奥尼修斯(Dion. Hal., *De Comp.* xiv, p.54 UR)(见页 41): τὸ δὲ ρ τῆς γλώττης ἄκρας ἀπορριπιζούσης τὸ πνεῦμα καὶ πρὸς τὸν οὐρανὸν ἐγγὺς τῶν ὀδόντων ἀνισταμένης. 〔ρ 的发音,由舌尖向前喷出气流,向上腭抬升并抵近齿。〕

柏拉图(Plato, *Cratylus*, 426 E)(见页 41): ἑώρα γάρ οἶμαι, τὴν γλῶτταν ἐν τούτῳ ἥκιστα μένουσαν, μάλιστα δὲ σειομένην. 〔因为在我看来,他注意到,在读这个字母时,舌头非但很少静止,还非常激动。〕

希罗迪亚努斯(Herodian, i, pp.546 f. L)(见页 41): Τὸ ρ ἀρχόμενον λέξεως δασύνεσθαι θέλει, ῥά, ῥανίς, ῥάξ, χωρὶς τοῦ ᾿Ρᾶρος (ἔστι δὲ ὄνομα κύριον) καὶ χωρὶς τῶν ἐξ αὐτοῦ—Τὸ ρ, ἐὰν δισσὸν γένηται ἐν μέσῃ λέξει, τὸ μὲν πρῶτον ψιλοῦται, τὸ δὲ δεύτερον δασύνεται οἶον συρράπτω. 〔词首的 ρ,发音都要送气,如 ῥά, ῥανίς, ράξ，除了 'Ρᾶρος（这是专名），也除了此专名的派生词——ρ，若在词中重叠出现，发音时要弱读第一个 ρ，强读第二个 ρ，如 συρράπτω。]

考罗博思库斯（Choeroboscus, *Scholia in Theodosii Canones*, i, p.257H）（见页 43）：Κανὼν γάρ ἐστιν ὁ λέγων ὅτι τὸ ρ μετὰ τῶν δασέων δασύ ἐστι καὶ μετὰ τῶν ψιλῶν ψιλόν ἐστιν.[准则正是这种说法：附属于送气音的 ρ 要送气，附属于不送气音的 ρ 不送气。]

亚里士多德（Aristotle, *Soph. El.*, 177 b）（见页 52）：...εἴπερ μὴ καὶ τὸ ὄρος καὶ ὅρος τῇ προσῳδίᾳ λεχθὲν σημαίνει ἕτερον. ἀλλ' ἐν μὲν τοῖς γεγραμμένοις τὸ αὐτὸ τὸ ὄνομα, ὅταν ἐκ τῶν αὐτῶν στοιχείων γεγραμμένον ᾖ καὶ ὡσαύτως, (κἀκεῖ δ' ἤδη παράσημα ποιοῦνται), τὰ δὲ φθεγγόμενα οὐ ταὐτά. [……如果 ὄρος 和 ὅρος 按照是否送气来读，则所指不同。可是，一方面，在书面语言中，若书写使用同样的成分和同样的方式，就是同一个词语（尽管人们已经加上了音标），另一方面，按读音则不是同样的词语。]

特拉克斯（Dion. Thr., *Ars Gramm.*, p.14 U）（见页 56, 59）：Ἔτι δὲ τῶν συμφώνων διπλᾶ μέν ἐστι τρία· ζ ξ ψ. διπλᾶ δὲ εἴρηται, ὅτι ἓν ἕκαστον αὐτῶν ἐκ δύο συμφώνων σύγκειται, τὸ μὲν ζ ἐκ τοῦ σ καὶ δ, τὸ δὲ ξ ἐκ τοῦ κ καὶ σ, τὸ δὲ ψ ἐκ τοῦ π καὶ σ. [还有，辅音中有三个是复合辅音：ζ ξ ψ，称其为复合辅音，是因为它们中每一个都由两个辅音构成：ζ 由 σ 和 δ 构成，ξ 由 κ 和 σ 构成，ψ 由 π 和 σ 构成。]

亚里士多德（Aristotle, *Met.*, 993 a）（见页 58）：οἱ μὲν γὰρ τὸ

ζα*ἐκ τοῦ σ καὶ δ* καὶ α φασὶν εἶναι, οἱ δέ τινες ἕτερον φθόγγον φασὶν εἶναι καὶ οὐθένα τῶν γνωρίμων.[因为有些人说，ζα 由 σ, δ 和 α 构成，另一些人说，这是一种截然不同的音，而且我们熟知的音中没有这个音。]

165 **哈利卡纳苏斯的迪奥尼修斯（Dion. Hal., *De Comp.* xiv, pp. 51 f. UR）**（见页 62, 65, 67, 74）: αὐτῶν δὲ τῶν μακρῶν πάλιν εὐφωνότατον μὲν τὸ α, ὅταν ἐκτείνηται· λέγεται γὰρ ἀνοιγομένου τε τοῦ στόματος ἐπὶ πλεῖστον καὶ τοῦ πνεύματος ἄνω φερομένου πρὸς τὸν οὐρανόν. δεύτερον δὲ τὸ η, διότι κάτω τε περὶ τὴν βάσιν τῆς γλώττης ἐρείδει τὸν ἦχον ἀλλ' οὐκ ἄνω, καὶ μετρίως ἀνοιγομένου τοῦ στόματος. τρίτον δὲ τὸ ω· στρογγυλίζεται γὰρ ἐν αὐτῷ τὸ στόμα αἰπεριστέλλεται τὰ χείλη τήν τε πληγὴν τὸ πνεῦμα περὶ τὸ ἀκροστόμιον ποιεῖται. ἔτι δ' ἧττον τούτου τὸ υ· περὶ γὰρ αὐτὰ τὰ χείλη συστολῆς γινομένης ἀξιολόγου πνίγεται καὶ στένος ἐκπίπτει ὁ ἦχος. ἔσχατον δὲ πάντων τὸ ι· περὶ τοὺς ὀδόντας τε γὰρ ἡ κροῦσις τοῦ πνεύματος γίνεται μικρὸν ἀνοιγομένου τοῦ στόματος καὶ οὐκ ἐπιλαμπρυνόντων τῶν χειλῶν τὸν ἦχον.[此外，长元音本身当中最好听的音是 α，尤其当发音拉长时；因为它发音时开口程度最大，气流冲向腭部。η 的好听程度次之，之所以如此，是因为它向下驱动声音落在舌根部而不向上，而开口还是很大。第三等好听的音是 ω，因为发这个音时，口腔张圆，嘴唇紧缩，使气流冲向嘴唇边缘。更低一等的音是 υ，嘴唇显著收缩，声音受到抑

---

*按亚历山大（Alexander Aphrodisiensis）评注（MSS σμα, μ）修正。

制，发音微弱。所有这些音中最后一个是 ι，因为气流冲击在齿上，口腔微微张开，嘴唇不廓清发音。]

昆体良（**Quintilian, xii.10.27**）（见页 67）：...iucundissimas ex Graecis litteras non habemus, uocalem alteram, alteram consonantem... quas mutuari solemus quotiens illorum nominibus utimur...ut in *Zephyris*...[……希腊字母中最好听的字母，我们的语言中没有，一个是元音，一个是辅音，没有哪个字母的发音比它们更好听了；我们惯常的做法是借用，当我们使用那些名字的时候……如在 *Zephyris* 中……]

特拉克斯（**Dion. Thr.**, *Ars Gramm.*, **p.58 U**）（见页 86）：...διὰ τῆς α διφθόγγου, προσγραφομένου τοῦ ι, μὴ συνεκφωνουμένου δέ, οἷον βοῶ βοᾶς βοᾷ.[……通过双元音 α，附加了字母 ι，但它不发音，如 βοῶ βοᾶς βοᾷ。]

昆体良（**Quintilian, i.7.17**）（见页 87）：idque iis praecipue qui ad lectionem instituentur, etiam impedimento erit; sicut in Graecis accidit adiectione *i* litterae, quam non solum datiuis casibus in parte ultima adscribunt sed quibusdam etiam interponunt, ut in ΛΗΙΣΤΗΙ, quia etymologia (*sc.*< ληΐζω) ex diuisione in tris syllabas facta desideret eam litteram.[这一点，尤其对于那些将要受教学习读书的人，甚至也将成为障碍；正如在希腊语中，困难出现在附加的字母 ι 上，人们不仅将其附写在与格末尾，也放在词中间，如在 ΛΗΙΣΤΗΙ 中，因为，从这个词分为三个音节来看，词源（*sc.*< ληΐζω）要求附加上这个字母。]

希罗迪亚努斯（Herodian, ii, pp.407 f. L）（见页 101）: (Περὶ ὀρθογραφίας) Πᾶν σύμφωνον μεταξὺ δύο φωνηέντων ἐν ἑνὶ μέρει λόγου ἤγουν ἐν μιᾷ λέξει τῷ ἐπιφερομένῳ φωνήεντι συνάπτεται—ἐὰν εὑρεθῶσι δύο μέρη λόγου ἤγον δύο λέξεις, οὐ συνάπτεται τὸ σύμφωνον τῷ ἐπιφερομένῳ φωνήεντι, ἀλλὰ χωρὶς εὑρίσκεται τὸ σύμφωνον τῆς προηγουμένης λέξεως καὶ χωρὶς τὸ φωνῆεν τῆς ἐπιφερομένης, οἷον ὑπὲρ Ἀπολλωνίου—δεῖ προσθεῖναι χωρὶς τῶν ἐχόντων ἔκθλιψιν· ἐπὶ τούτων γὰρ τὸ σύμφωνον τῷ ἐπιφερομένῳ φωνήεντι συνάπτεται, οἷον κατ' Ἀπολλωνίου. [（《论正词法》）任何处在两个元音之间的辅音，在一个言语部分，也就是说，在一个音节中，都与附属于其上的元音结合在一起——如果有两个言语部分，也就是两个音节，辅音就无法与一个所附属元音结合在一起，而是分属于前面和后面的元音，如在 Ἀπολλωνίου 中——必须分别与前后元音紧密结合；因为，其中一个辅音要与附属其后的元音结合在一起，如在 Ἀπολλωνίου 中。]

《特拉克斯语法评注》（*Scholia in Dion. Thr.*, **p.156 H**）（见页 101）: Ὑποδιαστολὴ δ' ἐστιν ἡ προσῳδία ἡ τιθεμένη ὑπὸ τὴν διαστολήν, οἷον ἔστιν, ἄξιος, ἵνα μὴ συνημμένως ἀναγνοὺς ἀμφιβολίαν τῷ ἀκούοντι ἐμποιήσῃ, τοῦ ν πῇ μὲν δοκοῦντος τέλος εἶναι τοῦ ἔστιν, πῇ δὲ ὑπολαμβομένου ἀρχὴ τοῦ Νάξιος. Εἰ δέ τις εἴποι ὅτι ἀρκεῖ τὸ πνεῦμα τοῦ φωνήεντος εἰς διάγνωσιν τοῦ ἔστιν ἄξιος, ἀκούσεται ὅτι ἀρκεῖ μέν, ἀλλὰ πρὸς τὸν ἀναγινώσκοντα, οὐ μέντοι γε δὴ συμβάλλεται τῷ ἀκούοντι· ὁ γὰρ ἀκούων οὐχ ὁρᾷ τὸ πνεῦμα τοῦ ἄξιος. [停顿是一种说话声调，表示分离，譬如 ἔστιν, ἄξιος，在此

知道肯定不能连续，尽管听到的声音模棱两可，一方面，似乎 ν 在这里是 ἔστιν 的词尾，另一方面，它又像是 Νάξιος 的词首。如果有人说声气足以清楚分辨是 ἔστιν ἄξιος，那么，他听到的情形就足够了，至少对于听清楚了的人而言，就绝不会将它们连接在一起，因为，听者感知到的不是 ἄξιος 的声气。]

希罗迪亚努斯（Herodian, ii, p.393 L）（见页 106）：Τὰ σύμφωνα τὰ ἐν ἀρχῇ λέξεως εὑρισκόμενα, καὶ ἐν τῷ μέῳ ἐὰν εὑρεθῶσιν, ἐν συλλήψει εὑρίσκονται, οἶον ἐν τῷ κτῆμα τὸ κτ ἐν ἀρχῇ λέξεως ἐστίν, ἀλλὰ καὶ ἐν τῷ ἔτικτον εὑρεθέντα ἐν τῷ μέσῳ τὸ κ καὶ τὸ τ ὁμοῦ ἐστιν. [见于词首的几个辅音，还有偶然见于词中的几个辅音，要组合为一体，譬如 κτῆμα 中的 κτ，就处在词首，还有其他出现在词中的 κ 和 τ，也是结合为一体的。]

赫费斯提翁（Hephaestion, *Enchiridion*, p.5 C）（见页 107）：(Περὶ κοινῆς) Δεύτερος δέ ἐστι τρόπος, ὅταν βραχεῖ ἢ βραχυνομένῳ φωνήεντι ἐπιφέρηται ἐν τῇ ἑξῆς συλλαβῇ σύμφωνα δύο, ὧν τὸ μὲν πρῶτον ἄφωνόν ἐστι, τὸ δὲ δεύτερον ὑγρόν, οἶον ὅπλον, ἄκρον. [(《论普通音节》)第二种情形是当一个短元音或一个变短的元音后接两个属于下一音节的辅音，其中第一个辅音是哑音，而第二个辅音是流音，譬如 ὅπλον, ἄκρον。]

赫费斯提翁（Hephaestion, *Enchiridion*, p.6 C）（见页 107）：Ἐὰν μέντοι ἐν τῇ προτέρᾳ συλλαβῇ τελικὸν ᾖ τὸ ἄφωνον, τῆς δὲ δευτέρας ἀρκτικὸν τὸ ὑγρόν, οὐκέτι γίνεται κοινὴ συλλαβή, ἀλλὰ ἄντικρυς μακρά, ὡς παρὰ Ἀλκαίῳ, ἐκ μ' ἐλάσας ἀλγέων. [可是，如

果第一音节末尾是哑音，而第二个音节开头是流音，那么，首音节就不会是一个普通音节，而毫无疑问是长音节，如阿尔克曼：ἐκ μ' ἐλάσας ἀλγέων（"你让我忘了遭遇的苦难"）。]

哈利卡纳苏斯的迪奥尼修斯（Dion. Hal., *De Comp.* xv, p.58 UR）（见页 110）：ὁμολογεῖται δὴ βραχεῖα εἶναι συλλαβή, ἣν ποιεῖ φωνῆεν γράμμα βραχὺ τὸ ο, ὡς λέγεται ὁδός—τρίτον ἔτι γράμμα τῇ αὐτῇ συλλαβῇ προστεθήτω...καὶ γενέσθω στρόφος· τρισὶν αὕτη προσθήκαις ἀκουσταῖς μακροτέρα γενήσεται τῆς βραχυτάτης μένουσα ἔτι βραχεῖα. οὐκοῦν τέτταρες αὗται βραχείας συλλαβῆς διαφοραὶ τὴν ἄλογον αἴσθησιν ἔχουσαι τῆς παραλλαγῆς μέτρον. ὁ δ' αὐτὸς λόγος καὶ ἐπὶ τῆς μακρᾶς. ἡ γὰρ ἐκ τοῦ η γινομένη συλλαβὴ μακρὰ τὴν φύσιν οὖσα τεττάρων γραμμάτων προσθήκαις παραυξηθεῖσα τριῶν μὲν προταττομένων, ἑνὸς δὲ ὑποταττομένου, καθ' ἣν λέγεται σπλήν, μείζων ἂν δήπου λέγοιτο εἶναι τῆς προτέρας ἐκείνης τῆς μονογραμμάτου. [应当承认，与短元音 ο 构成的音节是短元音，譬如在 ὁδός 这个词中……将第三个字母加于其上，形成 στρόφος 这个词；通过加上三个字母，会变得比最短的音节长，但它仍然是短音节。因此，这里有四个等级的短音节，区分以直观感觉为标准。同样的原理适用于长音节。因为，由 η 构成的音节，尽管天然是长音节，但当增加了四个字母，三个在前，一个在后，比如说 σπλήν 这个词，可以说要比从前由一个字母构成音节更长。]

阿里斯托克塞诺思（Aristoxenus, *Harmonics* i, 18, p. 110 M）（见页 118）：λέγεται γὰρ δὴ καὶ λογῶδές τι μέλος, τὸ συγκείμενον ἐκ τῶν προσῳδιῶν τῶν ἐν τοῖς ὀνόμασιν· φυσικὸν γὰρ τὸ ἐπιτείνειν καὶ ἀνιέναι ἐν τῷ διαλέγεσθαι.［据说确有一种旋律，由词语中的音调变化构成；因为，对话中自然而然有紧张与松弛。］

哈利卡纳苏斯的迪奥尼修斯（Dion. Hal., *De Comp*. xi, pp. 41 f. UR）（见页 118）：τάς τε λέξεις τοῖς μέλεσιν ὑποτάττειν ἀξιοῖ καὶ οὐ τὰ μέλη ταῖς λέξεσιν, ὡς ἐξ ἄλλων τε πολλῶν δῆλον καὶ μάλιστα ἐκ τῶν Εὐριπίδου μελῶν, ἃ πεποίηκεν τὴν Ἠλέκτραν λέγουσαν ἐν Ὀρέστῃ πρὸς τὸν χορόν·

σῖγα σῖγα, λευκὸν ἴχνος ἀρβύλης

τίθετε, μὴ κτυπεῖτ᾽·

ἀποπρὸ βᾶτ᾽ ἐκεῖσ᾽, ἀποπρό μοι κοίτας.

ἐν γὰρ δὴ τούτοις τὸ "σῖγα σῖγα λευκὸν" ἐφ᾽ ἑνὸς φθόγγου μελῳδεῖται, καίτοι τῶν τριῶν λέξεων ἑκάστη βαρείας τε τάσεις ἔχει καὶ ὀξείας—etc.—καὶ τοῦ "τίθετε" βαρυτέρα μὲν ἡ πρώτη γίνεται, δύο δ᾽ αἱ μετ᾽ αὐτὴν ὀξύτονοί τε καὶ ὁμόφωνοι —etc.

［他们认为恰当的做法是，言辞从属于音调，而非音调从属于言辞，可以显明这一点的例证中，出自欧里庇得斯的抒情诗行尤为贴切，他在《奥瑞斯特斯》中让厄勒克特拉向歌队说了这些话：

安静，哦，安静！穿靴的脚步轻点

走，甭发出声响，

请你们离那远点，千万远离他的床榻。

在这些诗行中，σῖγα σῖγα λευκὸν 唱着一个音调，而这三个词各有低音和高音……τίθετε 这个词的首音节唱低音，而随后的音节同样唱高音。]

哈利卡纳苏斯的迪奥尼修斯（Dion. Hal., *De Comp.* xi, pp. 40 f. UR）（见页 120）：διαλέκτου μὲν οὖν μέλος ἑνὶ μετρεῖται διαστήματι τῷ λεγομένῳ διὰ πέντε ὡς ἔγγιστα, καὶ οὔτε ἐπιτείνεται πέρα τῶν τριῶν τόνων καὶ ἡμιτονίου ἐπὶ τὸ ὀξὺ οὔτ' ἀνίεται τοῦ χωρίου τούτου πλέον ἐπὶ τὸ βαρύ.[的确，交谈中的旋律，要按单个音程来度量，最接近"五度音程"，不会通过多于三个全音和一个半音而上升到高音，也不会通过同样数目的音程下降到低音。]

阿里斯托克塞诺思（Aristoxenus, *Harm.* i, 8 f., pp. 101 f. M）（见页 121）：δύο τινές εἰσιν ἰδέαι κινήσεως, ἥ τε συνεχὴς καὶ ἡ διαστηματική—Τὴν μὲν οὖν συνεχῆ λογικὴν εἶναί φαμεν, διαλεγομένων γὰρ ἡμῶν οὕτως ἡ φωνὴ κινεῖται κατὰ τόπον ὥστε μηδαμοῦ δοκεῖν ἵστασθαι. Κατὰ δὲ τὴν ἑτέραν ἣν ὀνομάζομεν διαστηματικὴν ἐναντίως πέφυκε γίγνεσθαι· ἀλλὰ γὰρ ἵστασθαί τε δοκεῖ καὶ πάντες τὸν τοῦτο φαινόμενον ποιεῖν οὐκέτι λέγειν φασὶν ἀλλ' ᾄδειν.[这样的运动形式有两种，持续的和间隔的——我们说持续的运动是交谈的运动，因为，当我们清晰交谈的时候，声音的运动就位置而言，似乎从不停顿。按照另一种运动形式，我们称其为间隔运动，它按其本质作相反的运动；因为，反而它似乎会停顿，而且，所有人都认为，如此行事的人，不复在说话，而是在唱歌。]

2. 文献作者年表

迪奥尼修斯（Aelius Dionysius）	fl. *c.* 117 A.D.
迪斯克鲁斯（Apollonius Dyscolus）	1st half of 2 C.A.D.
阿普琉斯（Apuleius）	born *c.* 125 A.D.
阿里斯蒂德·昆体良（Aristides Quintilianus）	? 3 C. A.D.
亚里士多德（Aristotle）	384—322 B.C.
阿里斯托克塞诺思（Aristoxenus）	fl. *c.* 318 B.C.
阿泰奈奥斯（Athenaeus）	fl. *c.* 228 A.D.
文德克斯（Caesellius Vindex）	2 C. A.D.
卡佩尔（Caper）	2 C. A.D.
卡西奥多鲁（里）乌斯（Cassiodor(i)us）	*c.* 490—585 A.D.
考罗博思库斯（Choeroboscus）	fl. *c.* 600 A. D.
西塞罗（Cicero）	106—43 B.C.
西里尔（Cyril (St)）	born *c.* 826 A.D.
巴比伦的第欧根尼（Diogenes Babylonius）	fl. *c.* 155 B.C.
第欧根尼·拉尔修（Diogenes Laertius）	? early 3 C. A.D.
狄奥美德斯（Diomedes）	4 C. A.D.
迪奥尼修斯（Dionysius of Halicarnassus）	1 C. B.C.
特拉克斯（Dionysius Thrax）	born *c.* 166 B.C.
古蒂阿努斯（Etymologicum Gudianum）	*c.* 1100 A.D
欧斯塔提奥斯（Eustathius）	2nd half of 12 C.A.D.
盖伦（Galen）	131—201 A.D.

赫费斯提翁（Hephaestion）	mid-2 C. A.D.
希罗迪亚努斯（Herodian）	2nd half of 2 C. A.D.
希罗多德（Herodotus）	*c*. 490—425 B.C.
赫叙奇乌斯（Hesychius）	5 C. A.D.
凯奥斯的伊翁（Ion of Chios）	fl. *c*. 450 B.C.
维克多利努斯（Marius Victorinus）	4 C. A.D.
费古鲁斯（Nigidius Figulus）	1 C. B.C.
鲍萨尼阿斯（Pausanias）	2 C. A.D.
柏拉图（Plato）	427—348 B.C.
喜剧家柏拉图（Plato Comicus）	fl. *c*. 425 B.C.
普鲁塔克（Plutarch）	*c*. 46—120 A.D.
普利斯吉安（Priscian）	5—6 *c*. A.D.
昆体良（Quintilian）	*c*. 35—95 A.D.
萨凯多斯（Sacerdos）	3—4 *c*. A.D
塞琉库斯（Seleucus）	1 C. B.C—A.D
恩披里克（Sextus Empiricus）	fl. *c*. 200 A.D.
斯特拉通（Straton）	fl. *c*. 280 B.C.
泰奥多西乌斯（Theodosius）	fl. *c*. 400 A.D.
特吕弗（Trypho）	1 C. B.C—A.D.
策泽斯（Tzetzes）	*c*. 1110—1180 A.D.
瓦罗（Varro）	116—27 B.C.
乌尔菲拉（Wulfila）	*c*. 311—383 A.D.

附录 C

希腊语字母表中的字母名称

正文中很多地方已顺便讨论了某些字母的名称,但就此主题作简要概括仍有用处。我以后欧几里得(源于伊奥尼亚方言的)阿提卡方言字母为基础(见页17),并从简单列述纪元前4世纪的字母及其名称开始(以及更早期的所有字母,除了非出于本地的 Ξ, Ψ 和 Ω)。①

---

① 阿泰奈奥斯(《宴饮哲人》[*Deipn.* 453])保存了下面几行诗,出自卡利亚斯(Callias)的一部所谓 γραμματικὴ τραγῳδία [《语法肃剧》]的短长格序曲,其中,显然由24个妇女组成的歌队代表字母表中的字母。我从《希腊喜剧诗人》(*Poetae Comici Graeci*, R. Kassel & C. Austin, vol. IV, p.39)文本中引述如下:
<τὸ ἄλφα, >βῆτα, γάμμα, δέλτα, θεοῦ γὰρ εἶ,
ζῆτ᾽, ἦτα, θῆτ᾽, ἰῶτα, κάππα, λάβδα, μῦ,
νῦ, ξεῖ, τὸ οὖ, πεῖ, ῥῶ, τὸ σίγμα, ταῦ, <τὸ> ῦ,
παρὸν <τὸ> φεῖ <τὸ> χεῖ τε τῷ ψεῖ εἰς τὸ ὦ.
[〈字母〉alpha,〉bēta, gamma, delta, 还有属于神的 εἶ,
zēta, ēta, thēta, iōta, kappa, labda, mu,
nu, xei, 字母 ou, pei, rhō, 字母 sigma, tau,〈字母〉u,
在〈字母〉phei 旁边是〈字母〉chei, 还有字母 psei,直到字母 ō。]
喜剧作家卡利亚斯的著作,据考证写于纪元前446至前431年间(Kassel & Austin, p.38);但将这位著作家与《字母肃剧》的作者视为一人,则受到质疑;尽管爱德蒙兹(J. M. Edmonds, *The Fragments of Greek Comedy*, vol. 1, p.177 n.)提出了一种可能的解释,但这些质疑因 Ξ, Ψ 和 Ω 的出现而强化,这三个字母在403年以前的阿提卡铭文中十分罕见(参见 Threatte, p.44)。

Α ἄλφα. Β βῆτα. Γ γάμμα. Δ δέλτα. Ε εἶ. Ζ ζῆτα.
Η ἦτα. Θ θῆτα. Ι ἰῶτα. Κ κάππα. Λ λάβδα. Μ μῦ.
Ν νῦ. Ξ ξεῖ. Ο οὖ. Π πεῖ. Ρ ῥῶ. Σ σίγμα.
Τ ταῦ. Υ ὖ. Φ φεῖ. Χ χεῖ. Ψ ψεῖ. Ω ὦ.

关于废弃不用的 ϙ (κόππα) 和 Ϝ (δίγαμμα), 分别参见页 17 和 47。

希腊语字母, 纪元前 800 年左右, 由一种闪米特语 (腓尼基) 模范演变而来, 后者基本上只表示辅音 (参见 P. K. McCarter, *The Antiquity of the Greek Alphabet and the early Phoenician scripts*); 闪米特语的字母顺序和大多数名称, 都反映在了希腊语中。人们认为, 大多数闪米特语符号, 直接或间接源于埃及象形文字, 依据缩略首字母原则。仅举一例: "手掌"的象形是一幅固定的对象之图画, 闪米特语的名称为 *kaf*; 因此, 这个符号被采用以代表辅音 K, 后来又有形式上的简化 (参见 Ullman, ch. 11)。

许多以辅音结尾的闪米特语字母名称, 没有出现在希腊语字母名称末尾, 在这种情况下, 希腊语的转写方式是在字母名称词尾加上元音 α——如此一来, βῆτα 就表示闪米特语的 *bēt*, 如此等等——以同样的方式, 感叹词 *st!*, *pst!* 按惯例写成 σίττα, ψύττα。②

我们首先考察希腊语的辅音字母及其名称。闪米特语中没有希腊语中那样的送气辅音类型, 但就齿音而言, 有一个"强调发音的" (很可能是喉音化了的) *t*, 如在现代阿拉伯语中那样; 这个符

---

② 像 ὤόπ, φλαττόθρατ 这样的词形, 是未转写的拟声词的例子 (参见 *AR*, 页 204 以下)。

号（闪米特语中的名称为 ṭēt），希腊语用于表示送气齿音 Θ，名称是 θῆτα（见页 29 注释 36）。其他希腊语的送气破裂音符号，还有名称，则必须发明，这就是 Φ (φεῖ) 和 Χ (χεῖ)，其起源有争议；它们的名称无疑是类比表示 πεῖ 的 Π 而构造的，后者继承了闪米特语的字母名称 pē。

表示辅音组合字母中，希腊语有 Ζ [zd]，之前是 [dz]，后来是 [z]（见页 56 及其以下），源于闪米特语字母，名为 zayin，希腊语的 Ζ 占据了其位置；名称也许是类比 βῆτα 和 ἦτα。关于 Ξ 和 Ψ，见页 59 以下；其名称 ξεῖ 和 ψεῖ，遵循 Π, Φ 和 Χ 的模式。可是，请注意下面关于 σίγμα 的注释。

到了纪元前 4 世纪末，ει 的音质从一个闭中元音 [ẹ] 变成了一个完全的闭元音 [ī]，结果在拼写时混淆了 ει 与 ι，经过手稿传承，导致某些词的误拼，甚至现代文中也是如此（见页 70 注释 18）。这种音变，当然对字母名称 πεῖ, ξεῖ, φεῖ, χεῖ, ψεῖ 产生了影响，这些名称如今一般拼写和读如 πῖ, ξῖ, φῖ, χῖ, ψῖ，也许（像其他后来的字母名称那样，见下文），文艺复兴时期的希腊语教师起了中介作用（参见页 140）。

尽管字母 Λ 的名称源于闪米特语的 lamd，早期和古典时期正确的希腊语名称词形是 λάβδα，而非后来的 λάμβδα。μῦ 是 Μ 的名称，其闪米特语的名称是 mēm，大概是类比了 νῦ（闪米特语的 nūn），③ 也许过于仔细会听成 μύζω 等（伊奥尼亚方言中有 μῶ 这样

---

③ 同样，偶然用 ξῦ 表示 Ξ 的名称。

的名称，就像 ῥῶ)。Σ 的名称 σίγμα，也许源于拟声动词 σίζω（参见页 45）。④

有些闪米特语字母，对于希腊语辅音而言有冗余，就以各种方式为元音提供了符号。A，E 和 O 源于闪米特语字母，后者的名称分别是 'alf（声门破裂音）、hē（声门擦音，参见页 53）和 'ayn（浊喉擦音）。选择的标准显然是闪米特语元音名称的音质：就 'ayn 而言，有可能开头的喉辅音为随后的 a 引入了一个靠后的音质，希腊人可能将其辨识为他们的各种 o 音（参见 Gelb，p.292，n.5; H. Jensen [trsl. G. Unwin], *Sign, symbol and script*, 3rd edn., p.457, n. 1; A. Schmitt, *Der Buchstabe H im Griechischen*, p.36; W. H. T. Gairdner, *The Phonetics of Arabic*, p.48）。希腊语的 I 采自闪米特语的半元音 *yōd*；尽管另一个闪米特语的半元音 *waw*，起初在早期希腊语中保存了其辅音音质和原初位置（见页 47），同一个字母的另一种形式用来表示希腊语元音 Y，并放在了其他闪米特语来源的字母的后面。就 A 和 I 而言，已有在闪米特语中用作元音的受到限制的先例。

希腊语的 H，采自闪米特语的 *ḥet*（清喉擦音），最初用作一种辅音音质，表示送气音 [h]（见页 52 以下）；但由东部伊奥尼亚方

---

④ 一种可供选择的建议，首次由泰勒（Isaac Taylor）提出（也就是《字母的历史》[*The History of the Alphabet*, 11, pp.97—102]; 杰弗里 [L.M. Jeffrey, *The Local Scripts of Archaic Greece*, pp.25—28] 默不作声采纳了这个建议），认为闪米特语齿擦音的名称和音质被错置——*zayin* 与 *tsade* 错置（参见页 60），采用某些变体，造成了希腊语的字母名称 σάν 和 ζῆτα；而 *samekh*（参见页 59）与 *šin* 错置，造成字母名称 σίγμα 和 ξεῖ。字母 σάν（形如 M），在某些方言中用来代替 Σ。

言失去气音所致，这种用法变成了冗余，后来得以首先用来表示元音 [æ]（介于 [ẹ] 与 [ā] 之间），这个元音从阿提卡-伊奥尼亚方言早期的 [ā] 演变而来⑤——这种用法仍见于昔克兰伊奥尼亚方言（Cycladic Ionic）铭文（见页 73 以下），甚至直到纪元前 5 世纪——然后，表示长开中元音 [ę]，这个元音是后起的。⑥ 对比音长，从而由 E 和 H 在前元音轴上显示出区分，伊奥尼亚字母在后元音轴上也引起了同样的区分，通过发明符号 Ω 以表示字母表中的长开中元音（参见页 79, 90）。

希腊语元音的名称，部分源于闪米特语——ἄλφα, ἦτα⑦, ἰῶτα 源于 'alf, ḥēt, yōd。表示 E 的 εἶ 源于闪米特语字母名称 hē，但它一样可以只表示短元音 [e] 的拉长发音的形式，也就是 [ẹ]（参见页 90）；而这一点由于非闪米特语字母名称 οὖ 而变得更有可能，

---

⑤ 这个变化很有可能发生在纪元前 900 年左右（参见 Bartoněk, p.101）；此后不久，一个新的元音 [ā] 兴起，拉长了短元音 [a]，以补偿对某些辅音组合的简化，譬如，宾格复数阴性 τᾱς，源于早期的 τᾱνς（例如，仍见于克里特铭文）。

⑥ 这似乎很奇怪：一个名为 ἦτα [hẹta] 的字母，通过失去送气，可以用来表示 [æ] 这个音，而非首先表示 [ẹ] 这个音。可是，有可能这个字母原初的伊奥尼亚方言名称，其实不是 [hẹta] 而是 [hæta]（或者在失去送气音的方言中是 [æta]）。因为，喉擦音 ḥ [ħ] 倾向于引起它附近的闭元音或中元音打开（关于阿拉伯语，参见 Grammont, pp.214 f., 关于切尔克斯语 [Circassian]，参见 Trubetzkoy, p.87; Allen, *Lingua*, 13 [1965], p.116 f.）。闪米特语字母名称 ḥēt，后来大概读如 [ħæt]，伊奥尼亚人可以将这个元音与他们的 [æ] 而非 [ẹ] 视为同一个元音。

⑦ 更早期，按其辅音音质（见上文），是 ἧτα：但在纪元前 5 世纪中叶，在正式采用伊奥尼亚字母之前，阿提卡方言铭文就开始按其元音音质来使用 H（并且忽略了其送气性质）——所以，ἦτα 这个名称（不送气），也许已然与 ἧτα 有竞争了。

后者起初的发音是 [ō]，后来发音是 [ū]（参见页 75 及其以下，页 90），相应的后元音是 O。同样，元音 Y 的命名，只是采用了元音的拉长发音的形式，起初是 [u]，后来是 [ü]（参见页 76 以下）；但由于希腊语中词首的 υ 都要送气（除了失去送气音的方言），阿提卡方言的名称，实际上很有可能是 ὗ（就像 ῥῶ 表示 P：进一步证据，参见 Liddell & Scott, *Greek-English Lexicon*, 9th edn. s.v. Y）。新创的字母 Ω，也用它的音来命名，这就是 ὧ [ō]（参见页 75 以下）。

由于关涉晚期希腊语的语音变化，某些字母名称在古典时代以后发生了改变，后来的形式倾向于用在流行的说话方式中。在纪元后 2 世纪，双元音 αι 演变成为具有同样音质的单元音 ε（参见页 79），后来拼写混淆了。因此，拜占庭语法学家将它们区分为 (ἡ) αῖ δίφθογγος 与 (τὸ) ἒ φιλόν（"平音" [plain] ε）。同样，双元音 οι 演变成为一个具有同样音质的单元音 υ [ü]（参见页 68 以下，页 81），它们被区分为 (ἡ) οῖ δίφθογγος 与 (τὸ) ὖ φιλόν（拜占庭时期，发音中失去了送气音，所以，这种拼写和发音是相称的，与古典时代的 ὗ 相对）。

纪元后 2—3 世纪，长短元音的区分在发音中消失了，从而 ο 和 ω 开始在拼写中混淆。在区别两者时，语法学家显然未发现 οὖ 与 ὧ 有足够的区分，它们进而被分别称为 ὂ μικρόν 和 ὦ μέγα。[8] 此

---

[8] 在《克拉底鲁》中，为反对语言的"习以为常的"理论，柏拉图将**归谬法**（*reductio ad absurdum*）引入了关于事物的理念，这些事物被给予了与其事实上的名称相反的名称（433 E），并且举了一个例子：ἐπὶ μὲν ᾧ νῦν σμικρὸν μέγα καλεῖν, ἐπὶ δὲ ᾧ μέγα σμικρόν [按此，就可以将小称为大，

附录C

外，当然 οὖ 表示 O，发音是 [ū]（见上文），已不符合这个音久矣：同样的情形也适用于以字母名称 εἶ 表示 E，发音为 [ī]，在纪元前 3 世纪前（参见页 90 注释 3）。

又将大称为小]。但是，这种搭配仅仅是一种巧合，而非关于 ὦ μέγα 的俏皮话（尽管文内图斯 [Venetus] 受误导，写成了 ὦ μέγα）。在同一篇对话的其他地方（420 B），O 和 Ω 指 οὖ 和 ὦ，在 393 D，柏拉图清楚表明，E，Y，O 和 Ω 的特殊之处在于，它们是仅以其发音来命名的字母。纪元后 1 世纪末，我们仍可见在"启示录"（Book of Revelation）中 Ἐγώ εἰμι τὸ ἄλφα καὶ τὸ ὦ——而非 ὦ μέγα，在最好的手稿中如此：这一点为亚历山大里亚的克莱门（Clement of Alexandria）《劄记》（*Strom*. IV.25. § 157，约纪元后 200 年）中的引述所证实，格律上由普鲁登提乌斯（Prudentius）的赞美诗《心灵颂》（*Cathem*. ix，纪元后 405 年）所确证，行 11："别号 alpha 和 Ω，同一位既是开端也是结尾"（alpha et Ω cognominatus, ipse fons et clausula）（长短格四音步缺一音节）。斯维特（H.B. Swete）为《约翰启示录》（*The Apocalypse of St. John*, p. 10）作注，指出作者完全清楚在犹太人的著作中有同样的表述，如"亚当的忤逆是从 'Aleph 到 Taw'"（后者是希伯来语字母表的最后一个字母。参见上文关于希腊语字母 Y 的位置的讨论）。

希腊语术语索引

（数字指原著页码）

ἄγμα 35 f.
ἀδιάφορος 134
ἀμετάβολος 40
ἄνεσις 116
ἀποκοπή 100
ἀποστροφή 100
ἀπόστροφος 99 f.
ἀφαίρεσις 102
ἄφωνον 19, 23, 107
βαρύς 116 ff.
γραμματικοί 111
δασύς 15, 18, 25 f., 55
διαστηματική (κίνησις) 121
δίγαμμα 47
δίτονος 122
δίφθογγος 69, 173
δίχρονος 90
εἶ 90, 172
ἔκθλιψις 100
ἐπίσημα 47
ἐπίτασις 116
ἐφελκυστικόν 102
ἒ ψιλόν 69, 79, 173
ϝαῦ 47
ἡμίφωνον 19, 23
θέσει 104
θλῖψις 100
κοινή (συλλαβή) 107
κόππα 17
κορωνίς 20, 99
κουφισμός 100
κρᾶσις 98
κύριος (τόνος) 118

λάβδα 171
λέξις 123
μέρος (λόγου) 123
μέσος 29, 122 f.
μετρικοί 111
ὂ μικρόν 79, 173
ὀξύβαρυς 122, 125
ὀξύς 116 ff.
οὗ 90, 172
παρακύισμα 60
περισπώμενος 122, 125
πνεῦμα 15, 53
πνευματώδης 23
προσῳδία 54, 116
ῥυθμικοί 110
σαμπῖ 60
στίγμα 47 f.
σύγκρουσις 96
συλλαβικός (τόνος) 118
σύμπλεκτος (τόνος) 122
συναίρεσις 98
συναλοιφή 98
συνεκφώνησις 99
συνεχής (κίνησις) 121
συνίζησις 99
τάσις 116
τόνος 116
ὖ 172
ὑγρός 40, 107
ὖ ψιλόν 69, 172
φύσει 104
χασμῳδία 96
ψιλός 15, 18, 25, 69, 173
ὦ μέγα 79, 173

文献选目

（这是正文文献选目，"附录 A"参考文献见页 160 以下）

（一部著作有多个版本，或一位作者有多部著作时，除非有特殊说明，正文援引时指首版或首部著作。）

Abercrombie, D. *Elements of General Phonetics*. Edinburgh, 1967.
Allen, W. S. *Phonetics in Ancient India* (London Oriental Series, i). O.U.P. 1953 (3rd imp. 1965).
  Vox Latina. 2nd edn C.U.P. 1978. [abbr. *VL*]
  Accent and Rhythm (Cambridge Studies in Linguistics, 12). C.U.P. 1973. [abbr. *AR*]
Bartoněk, A. *Development of the long-vowel system in ancient Greek dialects* (Opera Univ. Purkynianae Brunensis, Fac. Philos., 106). Prague, 1966.
Blass, F. *Pronunciation of Ancient Greek* (trsl. W. J. Purton). C.U.P. 1890.
Brosnahan, L. F. & B. Malmberg. *Introduction to Phonetics*. Cambridge, 1970.
Browning, R. *Medieval and Modern Greek*. London, 1969.
Buck, C. D. (*a*) *Comparative Grammar of Greek and Latin*. Chicago, 1933 (8th imp. 1962). (*b*) *Greek Dialects*. Chicago, 1955 (2nd imp. 1961).
Chadwick, J. *The prehistory of the Greek language* (*Cambridge Ancient History*, rev. edn, vol. II, ch. xxxix). C.U.P. 1963.
Chantraine, P. *Grammaire homérique*. 2 vols, Paris, 1948, 1953 (3rd imp. 1958, 1963; 5th imp. vol. i, 1973).
Garde, P. *L'Accent*. Paris, 1968.
Gelb, I. J. *A Study of Writing*. 2nd edn Chicago, 1963 (4th imp. 1974).
Gimson, A. C. *An Introduction to the Pronunciation of English*. London, 1962 (2nd edn 1970).
Grammont, M. *Phonétique du grec ancien*. Lyon, 1948.
Heffner, R.-M. S. *General Phonetics*. Madison, 1950 (3rd imp. 1960).
Jones, D. (*a*) *Outline of English Phonetics*. 9th edn Cambridge, 1960

(5th imp. 1972). (b) *The Pronunciation of English.* 4th edn C.U.P. 1956 (3rd imp. 1963; paperback 1966). (c) *The Phoneme.* 2nd edn Cambridge, 1962 (3rd edn 1967, repr. 1976).

Lejeune, M. (a) *Traité de phonétique grecque.* 2nd edn Paris, 1955. (b) *Phonétique historique du mycénien et du grec ancien.* Paris, 1972.

Lupaş, L. *Phonologie du grec attique.* The Hague, 1972.

Maas, P. *Greek Metre* (trsl. H. Lloyd-Jones). O.U.P. 1962 (2nd edn 1966).

Meillet, A. *Aperçu d'une histoire de la langue grecque.* 7th edn Paris, 1965 (8th edn 1975).

Meisterhans, K. [–Schwyzer, E.]. *Grammatik der attischen Inschriften.* 3rd edn Berlin, 1900.

Newton, B. E. *The Generative Interpretation of Dialect: a Study of Modern Greek Phonology* (Cambridge Studies in Linguistics, 8). C.U.P. 1972.

Palmer, L. R. *The Greek Language.* London, 1980.

Postgate, J. P. *A short guide to the accentuation of Ancient Greek.* Liverpool/London, 1924.

Pring, J. T. *A Grammar of Modern Greek on a phonetic basis.* London, 1950 (7th imp. 1963).

Raven, D. S. *Greek Metre.* London, 1962 (2nd edn 1968).

Schwyzer, E. *Griechische Grammatik,* i (Handbuch der Altertumswissenschaft, II, i. 1). München, 1938 (3rd imp. 1959).

Sommerstein, A. H. *The Sound Pattern of Ancient Greek* (Philological Soc. Publ. 23). Oxford, 1973.

Stanford, W. B. *The Sound of Greek* (Sather Lectures, 1966). Berkeley/C.U.P., 1967.

Stetson, R. H. *Motor Phonetics.* Amsterdam, 1951.

Sturtevant, E. H. *The Pronunciation of Greek and Latin.* 2nd edn Philadelphia, 1940 (2nd imp. Groningen, 1968).

Teodorsson, S.-T. *The Phonemic System of the Attic Dialect 400–340 B.C.* (= Studia Graeca et Latina Gothoburgensia, 32). Stockholm/Göteborg/Uppsala, 1974. (See also p. ix)

Threatte, L. *The Grammar of Attic Inscriptions,* 1: Phonology. Berlin/New York, 1980.

Thumb, A. *Handbook of the Modern Greek Vernacular* (trsl. S. Angus). Edinburgh, 1912 (also repr., with '*Language*' for '*Vernacular*', Chicago, 1964).

Trubetzkoy, N. S. *Grundzüge der Phonologie* (= *TCLP,* 7). Prague, 1939 (also trsl. J. Cantineau, *Principes de Phonologie.* Paris, 1949; and C. A. M. Baltaxe, *Principles of Phonology.* Berkeley, 1969).

Ullman, B. L. *Ancient Writing and its Influence.* New York, 1932 (repr. M.I.T. 1969).

Vendryes, J. *Traité d'accentuation grecque*. Paris, 1904 (3rd imp. 1938).
Vilborg, E. *A tentative grammar of Mycenaean Greek* (Göteborgs Universitets Årsskrift, lxvi. 2; Studia Graeca et Latina Gothoburgensia, ix). Göteborg, 1960.
West, M. L. *Greek Metre*. O.U.P. 1982.

建议发音概说

（数字指原著页码）

177 （"English"指标准发音或"公认"英国南部英语发音。星号 * 指准确度较小。）

ă	As first *a* in Italian *amare*	
	*As vowel of English *cup*	
	(N.B. not as vowel of *cap*)	62 f.
ā	As second *a* in Italian *amare*	
	*As *a* in English *father*	62 f.
ᾳ	As ā	84 ff.
αι	As in English *high* (before vowels see pp. 81 ff.)	79 f.
αυ	As in English *how* (before vowels see pp. 81 ff.	79 f.
ᾱυ	As αυ	84 ff.
β	As English *b*	29 ff.
γ	(1) As English 'hard' *g*	29 ff.
	(2) Before κ, χ, γ, μ (but see p. 37): as *n* in English *ink* or *ng* in *song*	35 ff.
δ	As French *d*	
	*As English *d*	16, 29 ff.
ε	As in English *pet*	63 f.
ει	As in German *Beet*	69 ff.
ευ	See p. 80	
ζ	[zd] as in English *wisdom*	56 ff.
η	As in French *tête*	69 ff.
ῃ	As η	84 ff.
ηυ	As ευ	84 ff.
θ	As *t* in English *top* (emphatically pronounced)	
	*(but see pp. 28 f.) As *th* in English *thin*	18 ff.

ĭ	As in French *vite*	
	*As in English *bit*	65
ῑ	As in French *vive*	
	*As in English *bead*	65
κ	As French 'hard' *c*, or English (non-initial) *k*, *ck*, or 'hard' *c* (on ἐκ see pp. 17 f.)	15 ff.
λ	As French *l*, or English *l* before vowels	
	*As English *l* in other contexts	40
μ	As English *m*	33
ν	As *n* in French or *English *net* (on end of word see pp. 33 ff.)	33
ξ	As *x* in English *box*	59 f.
o	As in German *Gott*	
	*As in English *pot*	63 f.
οι	As in English *boy*, *coin* (before vowels see pp. 81 ff.)	80 f.
ου	As in English *pool* or French *rouge*	75 ff.
π	As French *p*, or English (non-initial) *p*	15 ff.
ρ	As Scottish 'rolled' *r* (on initial, post-aspirate, and double see discussion)	41 ff.
σ	(1) As *s* in English *sing*, or *ss* in *less*, *lesson* (2) Before β, γ, δ, μ: as English *z* (N.B. but not elsewhere)	f.
σσ	As σσ	12 ff., 60 f.
τ	As French *t*	
	*As English (non-initial) *t*	15 ff.
ττ	As ττ	12 ff., 60 f.
ŭ	As in French *lune*	65 ff.
ū	As in French *ruse*	65 ff.
υι	See pp. 80 ff.	
φ	As *p* in English *pot* (emphatically pronounced) *(but see pp. 28 f.) As *f* in English *foot*	18 ff.
χ	As *c* in English *cat* (emphatically pronounced) *(but see pp. 28 f.) As *ch* in Scottish *loch*	18 ff.

179	ψ	As *ps* in English *lapse*	59 f.
	ω	As in English *saw*	75 ff.
	ῳ	As ω	84 ff.

DOUBLE CONSONANTS   See discussion   12

ACCENTS   See discussion   127 f., 149

Discussions of POST-CLASSICAL PRONUNCIATIONS appear on the following pages: 23 ff., 30 ff., 53, 58 f., 68 f., 70, 72 f., 74 f., 78 (Table), 79 ff., 85 ff., 93 ff., 130 f., 172 f.

跋"古音三书"

2009年深秋，刘小枫老师到陕西师范大学讲学，首讲题为"哲人的幽微"，在古香古色的主图书馆200人报告厅举行，几层楼梯上都站满了人……第二讲，换到了600人大礼堂，主题"潘多拉神话"，座无虚席……结束后陪他走回校内宾馆，刘老师问起我的教学情况和学术兴趣，我说一直在开设两门西方古典语文课程，就是特别想搞清楚"这两门西方古典语文究竟是怎么回事"，他鼓励我说，这得从长计议。

刘老师离开西安当晚，陈越兄宴请，席间他们谈得十分投机，都是谋划如何编译学术丛书的事情。我郑重地问了刘老师一个问题："您这些学术规划究竟是为了什么呀？"他不假思索答道："为中国学术留下几个读书的种子！"返京后几日，刘老师就寄来了几大卷训诂详尽的希腊语和拉丁语文选。

转眼十多年过去了，徐晔、陈越两位先生主编的"精神译丛"已蔚为大观，品质享誉学界，荣登模范。而我的初心也没有变，想搞清楚西方古典语文之究竟的愿望，算是推进了一小步。

清学开山顾炎武在《〈音学五书〉叙》末有言："天之未丧斯文，必有圣人复起，举今日之音而还之淳古者。"亭林先生将"音学"

提高到了"斯文圣学"高度！有见于"旧本之日微而新说之日凿"，他法言确确："读九经自考文始，考文自知音始。"（《答李子德书》）可见，我国西方古典语文学研究，必须向古音学方向拓展。为此我们撼译前剑桥大学古典语文学家阿伦（William Sidney Allen）教授三部古典希腊语和拉丁语的古音学专论，仿顾炎武《音学五书》大题，名之"古音三书"，作为"爱言：古典语文学"（ΦΙΛΟΛΟΓΙΑ）丛书首批书目。

1888年9月末，哲人尼采（Friedrich Nietzsche）致信友人福克斯（Carl Fuchs），陈说"古代节奏（'时间型节奏'）与日耳曼语节奏（'冲动型节奏'）之分野"，认为"按照古代的理解，节奏的性质是道德和审美，是对激情的约束。我们的节奏类型属于病理，而古代的节奏类型从属于'伦理'"。尼采所言足见古今音律品质意趣之别大矣哉！然古今中西哲人精神实无隔阂，中国上古哲人早就将音乐与政治一以贯之了："凡音者，生于人心者也。乐者，通伦理者也。是故知声而不知音者，禽兽是也；知音而不知乐者，众庶是也。唯君子为能知乐。是故审声以知音，审音以知乐，审乐以知政，而治道备矣。"（《礼记·乐记》）古哲所论，实为"全球古典语文学"视野中古音学研究之旨归。

世界著名汉学家何莫邪先生，20世纪以"古汉语语法研究"（"中国科学技术史"第7卷《中国传统语言与逻辑》）蜚声海内外，慨允为"古音三书"作序，为方兴未艾的"全球古典语文学"张目,还拨冗翻译了插图中的希腊语铭文。剑桥大学古典系主任克拉克森教授,是阿伦教授原"比较语文学"教席当任者,他专文序介阿伦教授"古音三书"成就,重点介绍了近十年西方古典音韵学研究新进展。英国国家学术院院士、前剑桥大学三一学院院长、已故著名语言学家莱昂斯爵士(Sir John Lyons),2006年为阿伦教授撰写的长篇纪念文章《古音学家阿伦生平学述》,获英国国家学术院许可,译作分册,以飨读者。

古人云:"知音其难哉!""爱言:古典语文学"丛书暨"古音三书",承蒙西北大学出版社马来社长、张萍总编辑鼎力支持。尤为感念,从书名译法,到版式设计,陈越兄都视如己出,全程事无巨细给予建议。责任编辑任洁女士,校勘细致入微令人称奇,待人温润如玉令人感佩。西南大学我国古音学研究大家孟蓬生教授,对丛书翻译鼓励有加。译者所在重庆大学袁文全教授,对古典人文学术热忱支持始终如一。重庆大学古典辞书编纂研究中心和全球古典语文学研究中心同仁,都在支持我的工作,朱成明教授指正了梵文音韵学术语译法,肖馨瑶博士校正了西方大学教职教席译法。三位后学张鑫、贾士申、黄卓尔亦有贡献。

目力所及,"古音三书"应为国内学界首次译介西方古音学专门研究著作。于我而言,术语翻译难度极大,尤其"古代语法学家及其他作家语录"部分,鲜有现代译本参考,勉力按字面生硬直译,当然参考了高本汉《中国音韵学研究》(赵元任、罗常培、李方桂译，上海：商务印书馆，1940）等古音学著作，以及特拉斯克《语音学和音系学词典》（北京：语文出版社，2000）等工具书。译稿从诸位前辈师友大家获益良多，然错谬难免，祈请方家指教，以俟来日完善。

黄瑞成

壬寅仲秋于渝州九译馆

小寒改定

著作权合同登记号：陕版出图字 25-2022-163
图书在版编目（CIP）数据

古典希腊语语音 /（英）威廉·西德尼·阿伦著；黄瑞成译. — 西安：西北大学出版社，2022.12
（爱言：古典语文学丛书 / 黄瑞成主编）
书名原文：Vox Graeca：A Guide to the Pronunciation of Classical Greek
ISBN 978-7-5604-5081-0

Ⅰ.①古… Ⅱ.①威…②黄… Ⅲ.①希腊语—语音—研究—古代 Ⅳ.① H791.11

中国版本图书馆 CIP 数据核字（2022）第 241356 号

This is a Simplified-Chinese translation of the following title published by Cambridge University Press: Vox Graeca: A Guide to the Pronunciation of Classical Greek
ISBN 9780521335553
© Cambridge University Press 1968,1974
This Simplified-Chinese translation for the People's Republic of China (excluding Hong Kong, Macau and Taiwan) is published by arrangement with the Press Syndicate of the University of Cambridge, Cambridge, United Kingdom.
© Northwest University Press Co.,Ltd.,2022
This Simplified-Chinese translation is authorized for sale in the People's Republic of China (excluding Hong Kong, Macau and Taiwan) only. Unauthorised export of this Simplified-Chinese translation is a violation of the Copyright Act. No part of this publication may be reproduced or distributed by any means, or stored in a database or retrieval system, without the prior written permission of Cambridge University Press and Northwest University Press Co.,Ltd.
Copies of this book sold without a Cambridge University Press sticker on the cover are unauthorized and illegal.
本书封面贴有 Cambridge University Press 防伪标签，无标签者不得销售。

古典希腊语语音

［英］威廉·西德尼·阿伦 著　黄瑞成 译

出版发行：西北大学出版社
（西北大学校内　邮编：710069　电话：029-88302621　88303593）

经　　销：	全国新华书店
印　　装：	陕西博文印务有限责任公司
开　　本：	889mm×1194mm　1/32
印　　张：	8.5
字　　数：	180 千字
版　　次：	2022 年 12 月第 1 版
印　　次：	2022 年 12 月第 1 次印刷
书　　号：	ISBN 978-7-5604-5081-0
定　　价：	59.00 元

本版图书如有印装质量问题，请拨打电话 029-88302966 予以调换。